PIDO LA PALABRA

OPINIONES EN LA HABANA

COLECCIÓN FÉLIX VARELA # 54

EDICIONES UNIVERSAL, Miami, Florida, 2017

Orlando Márquez

PIDO LA PALABRA

OPINIONES EN LA HABANA

Copyright © 2017 by Orlando Márquez

Primera edición, 2017

EDICIONES UNIVERSAL
P.O. Box 450353 (Shenandoah Station)
Miami, FL 33245-0353. USA
(Desde 1965)

e-mail: ediciones@ediciones.com
http://www.ediciones.com

Library of Congress Catalog Card No.: 2017943588
ISBN-10: 1-59388-285-8
ISBN-13: 978-1-59388-285-3

Composición de textos: Esther Acosta

Diseño e ilustración de cubierta: Iván Batista

Diseño final para imprenta: Luis García Fresquet

Todos los derechos
son reservados. Ninguna parte de
este libro puede ser reproducida o transmitida
en ninguna forma o por ningún medio electrónico o mecánico,
incluyendo fotocopiadoras, grabadoras o sistemas computarizados,
sin el permiso por escrito del autor, excepto en el caso de
breves citas incorporadas en artículos críticos o en
revistas. Para obtener información diríjase a
Ediciones Universal.

ÍNDICE

PRÓLOGO 9

DESDE EL JARDÍN 13

SANEAR LAS FINANZAS BIEN, PERO… 18

INSULTOS, INTOLERANCIA
   Y UN CONCEPTO DE DEMOCRACIA 23

EDUCACIÓN Y NACIÓN:
   VARIAS MANOS MECEN LA CUNA 28

ECOS DEL ECO 33

LA ESCUELA AL CAMPO 37

YA ES TIEMPO 43

¿CAMBIA EL AMBIENTE ECLESIAL EN CUBA? 49

REVOLUCIÓN 54

PERSONAS Y LEYES 61

EN CUBA: VER PARA CREER 67

SIN MÁSCARAS 72

ADIÓS A LAS ALMAS 77

LA PAZ COMO TRIBUTO 83

NUESTRA REPÚBLICA 85

EL PROYECTO DE LA IGLESIA 92

PECADO SOCIAL 98

ENTRE EL YUNQUE Y EL MARTILLO 104

¿SERÁ ESCUCHADA LA IGLESIA? 111

UN AÑO DESPUÉS 118

LA INJERENCIA Y LA VIRTUD 124

DIPLOMACIA CUBA-EE.UU.: ¿MISIÓN IMPOSIBLE? . . . 130

ILEGALIDADES, RUMORES Y EL PUNTO COM 136

DARNOS UNA OPORTUNIDAD 142

DOS CARTAS Y DOS TEMAS 147

CUBANOS DE AQUI Y DE ALLÁ 150

DE IDENTIDAD Y REALIDAD 156

A LO CUBANO 162

CONTRA EL OLVIDO 168

PARA SUPERAR LA ANGUSTIA 174

PIDO LA PALABRA 180

COLABORACIÓN IGLESIA-ESTADO EN CUBA 186

¿LA HORA DEL CAMBIO? 192

HERIDOS DE CIFRAS Y DE URGENCIAS 197

LO QUE OIGO, LEO Y CREO 203
¿CUENTA CUENTOS OPPENHEIMER? 209
SOBRE LIBERTAD Y LIBERALIZACIONES 216
¿LA HORA DEL PERDÓN? 222
SIN MIEDO A LA RIQUEZA 228
REFORMAS: TAMBIÉN EN SALUD PÚBLICA 234
LA MEDIACIÓN DE LA IGLESIA 239
ACTUALIZAR LAS RELACIONES HUMANAS 246
UN MOMENTO DECISIVO 252
AMAR LA LIBERTAD 258
OTRO SINCRETISMO Y SU DILEMA:
    UNA OPORTUNIDAD REAL 263
LA VIDA NO ES UN ENSAYO 269
VALORES 275
LA ACTUALIZACIÓN Y EL FANTASMA
    QUE RECORRÍA EUROPA 281
RELACIONES CUBA-ESTADOS UNIDOS:
    LA ACTUALIZACIÓN OPORTUNA 287
TRAS LA VISITA DEL PAPA FRANCISCO 293
ÍNDICE ONOMÁSTICO 299

PRÓLOGO

Es una gran contribución que Manolo Salvat haya recogido esta selección de artículos publicados en *Palabra Nueva,* la revista de la Arquidiócesis de La Habana que el periodista católico Orlando Márquez fundara en 1992 y dirigiera desde entonces hasta 2016. Esta buena iniciativa refleja, en parte, el sueño de san Juan Pablo II, que plasmó en una frase célebre en su histórica peregrinación a Cuba en 1998: «que el mundo se abra a Cuba y que Cuba se abra al mundo». A veces la hostilidad entre las dos orillas de dos países tan cercanos también nos ha llevado a un desconocimiento mutuo. Esta edición de *Pido la palabra* es muy oportuna y relevante para todos nosotros.

Orlando Márquez es arquitecto y lo del periodismo ha sido algo que él ha ido haciendo, formándose, tomando cursos fuera de su tierra, ya que pertenece a una generación a la que no le permitían estudiar carreras sobre humanidades, y mucho menos periodismo. La Iglesia en América necesita entender y apreciar mejor el inmenso sacrificio y coste humano de esta generación de católicos que optaron por permanecer en la Isla, dando un silencioso testimonio, y a veces no tan silencioso, de servicio en fidelidad por amor a Cuba y a su Iglesia.

Sin embargo, él logró una revista que es de las más agiles y al mismo tiempo profunda, de la Isla, pues combina temas informativos de actualidad con temas serios, con lo cual ha alcanzado un creciente nivel de lectores. Es un periodista profundo y equilibrado que ha abordado temas candentes, a pesar de los riesgos y de estar rodeado de cierto grado de intolerancia, y ha sabido no entrar en una polémica inoportuna y fácil. Además, ha sido capaz de ser positivo y de hacer aportes; ha evitado así entregarse a comentarios negativos que no construyen el bien común.

Es un fiel laico hasta la médula que, en la tradición vareliana, ha pensado con cabeza propia y con gran perspectiva crítica y discernimiento espiritual. Márquez ha sabido ejercer con disciplina esa difícil profesión, dentro de un contexto cultural muy adverso; esta porción de artículos demuestra con evidencia un logro fuera de lo ordinario. Prueba de ello son los galardones que ha ganado él y la revista. Sabemos de esto gracias a la entrevista que Araceli Cantero Guibert le hizo en abril de 2005, publicada en su libro *Cuba: una fe que abre caminos*.

Tiene Orlando Márquez el mérito de haber abierto caminos en un país muy difícil, fomentando un pensamiento diferente. Alguien cercano me ha dicho cuánto le conmovió leer su ensayo sobre el Congreso Católico Nacional de 1959. Es un hecho que, ejerciendo en La Habana en tiempos cambiantes, ha tenido que atender a la prensa nacional e internacional en multitud de eventos. Quizás esto le puede haber restado algunas posibilidades a la hora de ser él mismo quien informaba. También ha participado en muchos foros con un análisis acertado de la realidad tan compleja y conflictiva que la Providencia de Dios ha permitido para él y su familia. El pasado abril de 2016, puso punto final a su trabajo como editor de la revista, un oasis para tantos creyentes y no creyentes durante todos estos años.

Al responder monseñor Eduardo Boza Masvidal a un periodista que le preguntaba por qué Dios se había olvidado de Cuba, le dijo que Dios no la había olvidado, sino que quería que Cuba fuera más misionera. Este pensamiento se puede ver reflejado en esta contribución que la Editorial Universal pone en nuestras manos. Es un ejemplo de que la presencia actuante del pensamiento cristiano en la Isla no es solo para consumo interno sino también para un mundo más amplio, el de una Iglesia en salida con pasión para que el amor y la justicia, la verdad y la libertad sean valores de una sociedad feliz con todos y para el bien de todos.

Mons. Felipe de Jesús Estévez Montero
Obispo de San Agustín, La Florida
Julio 25, 2017, Fiesta de Santiago Apóstol

*Para Nory, mi más fiel lectora,
mi más fuerte y amorosa crítica,
mi sacramento de cada día.*

DESDE EL JARDÍN

En la edición dominical del 23 de enero de 1994, *Juventud Rebelde* presentaba un trabajo interesante titulado «Flores de la 5ta. Avenida», interesante, además, por haber hecho público un texto sobre la prostitución, tema algo inusual en nuestros medios, y no por ello escaso en nuestras calles.

A partir de una encuesta realizada a «decenas de personas» y «entrevistas con 33 de ellos», los investigadores y autores de este artículo nos presentan los ejemplos de tres «flores», un «jinete» y un «intermediario». Cada uno de ellos expresa algo y estos «algos» constituyen el eje sobre el cual giran las conclusiones de los autores —sin olvidar una investigación previa— en cuanto a causas, condiciones de vida de los encuestados, relaciones familiares, condiciones morales, etc.

Sin dudas, como se señala en un texto adjunto titulado «Vergüenza sembrarás», «...la depresión económica catalizó el fenómeno, pero la mala semilla existía antes», lo que dudo es que «sus orígenes están en el hogar que se hace culto a la pacotilla», aun cuando estos hogares tienen, como expresa el mismo texto, «una entrada económica solvente».

La tendencia a la prostitución está condicionada por la formación moral de la persona, a partir de los valores morales predominantes en la familia, la cual está fuertemente condicionada por los valores morales que propone la sociedad, sin olvidar las condiciones económicas y sociales, que también imponen sus leyes.

Los treinta y tres entrevistados son jóvenes con edades entre dieciocho y veinticinco años, lo cual significa nacidos entre 1968 y 1975, precisamente en los años en que se desataba una campaña para eliminar los «rezagos del pasado». Y regresa hoy el mal nuevamente, como una recidiva, como mal lanzado contra una pared invisible, produciendo un rebote inevitable. ¿Dónde está el hombre nuevo? ¿Debería existir el hombre nuevo en Cuba? ¿Acaso el hecho de implantar un cambio político y social habría de provocar mutaciones genéticas en el hombre y la mujer cubanos? ¿Qué nos diferencia de otros pueblos y culturas: el *status* político, tener un sistema social marxista? Eso es un accidente. En esencia seguimos siendo como todos: seres humanos, hombres y mujeres, personas comunes. Ni más ni menos.

«Todos tenemos en la punta de los labios, dispuesto a darlo en cualquier momento, el beso de Judas», dijo alguien cuyo nombre confieso no recordar, pero la sabiduría de esta sentencia sirve para reafirmar nuestra fragilidad y miseria, nuestra pequeñez e imperfección dondequiera que estemos. Considero que la bondad es inherente al ser humano, después, con el crecimiento, vendrán los intereses personales egoístas, las ambiciones desmesuradas, el placer irracional, la estimulación desatada, no estética, de los sentidos; todo ello entablará una lucha con lo opuesto: los intereses colectivos, la solidaridad, la fraternidad, la dignidad propia y ajena, el crecimiento no como animales racionales sino como seres humanos.

Hoy nos duele no solo la prostitución, también nos duele la violencia, el robo, la corrupción, el hastío, la inseguridad, nos duele, en las actuales circunstancias, la vida. Estos males emergen donde está el hombre y un entorno apropiado para ello; lo conveniente entonces es adecuar el entorno, transformar el contexto económico y social, y aún político, para ir eliminando todo lo que impide una vida más digna, una alimentación adecuada, una retribución salarial correspondiente a la realidad, para que el turismo extranjero sea precisamente eso, turismo, y no una bofetada humillante —por discriminatorio o por potenciador de vicios sociales— al rostro de los nacionales; para eliminar todo lo que hoy nos duele, para que no nos duela la vida, sino que la deseemos. Los males que padecemos hoy sirvan para recordarnos que estamos vivos, lo cual nos lleve a reflexionar que el efecto tiene una causa. Podríamos comprender mejor la creciente prostitución.

Muchos de los entrevistados «proceden de familias con una solvencia económica por encima de la media nacional», afirma el trabajo de *Rebelde*, quizás sea este el caso de las «flores de la 5ta. avenida», pero no creo que sea el caso de las «flores» del Malecón, de la Plaza de la Catedral o del Parque Central; pero ¿qué significa tener solvencia económica media o por encima de la media nacional?, ¿qué significa hoy tener un salario de 300 o 400 pesos al mes? Es cierto que existe toda una estructura económica gubernamental establecida, legalmente respaldada, pero no es menos cierto que la realidad económica y social impone, sobre aquella, sus propias leyes de mercado, una «economía sumergida» —más bien como un *iceberg*, pues está a la vista de todos— que nos dice que con nuestra moneda podemos adquirir los productos subsidiados en los mercados oficiales, pero productos que no alcanzan ni cubren las necesidades alimenticias del cuerpo humano; esta economía nos dice que es necesario tener dólares para adquirir el complemento de nuestra dieta; y esta economía, finalmente, nos dice que hoy, un dólar vale 90 pesos, que un salario de 300 pesos equivale a 3,3 dólares. Y esto afecta a todos por igual sin distinción académica.

¿Cómo juzgar a una madre que se prostituye para dar a su hijo de siete años la leche que se ha sustraído de su cuota mensual, si no tiene otra forma de conseguirla? No es para aplaudir, pero tampoco para apedrear. Por suerte, consuela saber que no todas acuden a la prostitución como única salida a las penurias económicas, asumen con admirable resignación la espantosa embestida del hambre.

Nuestra prostitución actual se define en una trama conformada por muchos elementos: complejidades psicológicas, valores morales, condicionamientos económicos, valores familiares, oportunismos, etc., etc. Así, unos ponen precio a lo que antes regalaban (recordar «El caso Sandra» aparecido hace varios años en la revista *Somos Jóvenes*); otros venden el cuerpo para alimentarse; no pocas, y no pocos, procuran la salida del país; y algunas, y algunos, persiguen obtener una vivienda, quedar «instalados». Por otro lado, no todos los casos necesitan exhibirse en la vía pública, algunos lo logran desde su oficina o centro de estudios. Las condiciones existían, solo faltaba el turismo, la despenalización de la divisa y la aguda crisis económica. Nada es espontáneo.

Por suerte, la prostitución sigue siendo minoritaria, aunque crezca un punto cada día. Una vez restablecidas las posibilidades económicas debe ir disminuyendo, así sucedió en muchos países europeos después de la Segunda Guerra Mundial, así ocurre en muchos países con una profunda crisis económica. Aunque cueste aceptarlo, me inclino a pensar que nunca desaparecerá del todo, porque es de esas lacras que acompañan a la humanidad desde su nacimiento. Habrá prostitución, como habrá pobres y delincuentes, mientras el hombre no se empeñe en vivir y asumir la ley del amor, como puede ser, por ejemplo, en nuestra cultura, el llamado hermoso e inquietante de Jesucristo, lo cual no significa precisamente (crear) una teocracia, sino una sociedad fraterna, con ideales trascendentes.

Mientras, sería provechoso no olvidar el pasaje bíblico: un grupo de fariseos le presentó a Jesús una mujer adúltera, debía ser apedreada pues así lo mandaba la Ley. Jesús, en cambio, dijo «el que esté libre de pecados que tire la primera piedra». Cuenta el evangelio que, al oír aquello, comenzaron a irse todos, «empezando por los más viejos». Los dejaron solos, al ver que ninguno la condenó Jesús le dijo:

«Tampoco yo te condeno. Vete y en adelante no vuelvas a pecar» (Jn. 8, 1).

Es tiempo, efectivamente, de poner remedio al mal, «de atajar su extensión a tiempo», pero no cortando las flores, sino mejorando el jardín.

Febrero de 1994.

SANEAR LAS FINANZAS BIEN, PERO...

Sacrificio, sacrificio, sacrificio... Resistir, resistir, resistir... He ahí el desayuno de cada día; pero la realidad nos habla de otra forma: no todos resisten, no todos aceptan el sacrificio que se torna ya largo, excesivamente largo, tanto que para algunos —no pocos— ha sido cuna y nicho: sacrificio del nacimiento a la muerte.

Se reúne el Parlamento, se habla de saneamiento financiero, económico y social, se discuten posibles medidas de choque o una «especie de *shock* eléctrico» para estimular la reacción económica, como dijera un diputado. Las medidas sin dudas tendrían consecuencias políticas, por cuanto no encajan en la línea tradicional de las últimas décadas. De hecho ya, con la despenalización de la divisa, comienza a producirse una decantación social, así los que más divisa tienen permanecen en la superficie o en capas intermedias según la solvencia monetaria, los que nada tienen van al fondo.

Pero ¿cómo lograr que las medidas que se tomen hoy surtan efecto no a corto, sino a largo plazo?, ¿cómo lograr que con el cobro de servicios que hasta ayer fueron gratuitos, reajustes de plantillas laborales, congelación de cuentas bancarias o un posible cambio de moneda, se pueda sanear de una vez por todas la enfermiza economía cubana? ¿Desaparecerá así el robo, la corrupción y la bolsa negra? Con el control absoluto, con la cacería en masa de esa hoy débil manada de billetes nacionales, ¿se logrará estimular la economía al punto de estimular la producción y la productividad?, ¿habrá de incrementarse así la producción de huevos, leche y carne y otras riquezas exportables?, ¿estaremos en condiciones de decirle adiós definitivamente al picadillo de soya, a la pasta de oca (¿¡!?), al cerelac y a otros intentos científico-gastronómicos exquisitos solamente en el periódico?

No dudo que las medidas anunciadas sirvan para reducir las toneladas de papel moneda circulante, pero no es este —ojalá lo fuera— el único problema. Reducir el exceso de circulante es una propuesta que debe ir acompañada del propósito tácito de aumentar la producción y la productividad. Lamentablemente, es más fácil cobrar que pagar, recoger dinero que entregarlo. En otras palabras: es más fácil recoger dinero circulante con aumento de precios y otras medidas, que estimular la producción y generación de riquezas exportables, pues esto último requeriría hoy —sin el subsidio soviético— otros conceptos económicos, empresariales, de producción y propiedad sobre los medios de producción, así como ganancias y participación en las ganancias, de manera que el obrero, poseído por el virus de la inercia y el desinterés, y ante la escasez de la vida diaria, reaccione con la posibilidad de mejorar su situación económica, lo cual es ya una urgencia y necesidad incuestionable, por encima de diplomas y aplausos de asambleas.

Una vez equilibrado el déficit monetario estatal la población tendrá un poder adquisitivo menor… en moneda nacional. Si no se logra abastecer con lo necesario las bodegas y mercados del comercio interior, más apremiante será acudir a los mercados de dólares, afianzándose así el predominio de la moneda extranjera. Entonces todo el que tenga una posibilidad, en el lugar donde esté, procurará por cualquier medio —legal o ilegal— obtener el magnético dólar. Las leyes serán más duras y muchos caerán bajo el peso del Decreto 149, aun aquellos que nunca pensaron robar o vivir al margen de la ley: *Necessitas caret lege*. La lucha por la subsistencia se incrementará, una selección no natural de la especie retará al instinto de conservación.

A fines de los años setenta y principios de los ochenta, el país conoció una experiencia singular dentro de la estatización económica: el mercado libre campesino. Al margen de las irregularidades especulativas, corrupción de funcionarios, ausencia de mecanismos de control o comportamientos poco escrupulosos por parte de algunos vendedores, el mercado libre campesino puso de manifiesto que el campesinado cubano estaba —y potencialmente lo está hoy— en capacidad de abastecer de alimentos a buena parte de la población, cosa que las Cooperativas de Producción Agropecuaria (CPA) no lograron hacer, como no lo han conseguido hasta ahora las Unidades Básicas de Producción Cooperativa (UBPC). Desde que el hombre, en los inicios, estableció la división social del trabajo se produjo, *ipso facto*, el intercambio natural de lo producido, la oferta y la demanda: el mercado, anterior al barco de vela, las sinfonías, el marxismo y la televisión por satélite. No escapa el mercado a la influencia o matiz negativo que muchos hombres, con ambiciones desmedidas y carentes de la más elemental ética humana, pueden poner en juego para convertirlo en un instrumento de abuso, egoísmo y explotación. De ahí la importancia del Estado, pero no como destructor de una propiedad o característica inherente al hombre, no como productor absoluto y controlador de las potencialidades humanas, lo cual lo mantendría, inevitablemente, siempre en déficit y atado por una aplastante burocracia que él mismo genera y alimenta, sino como regulador y árbitro, como protector de los más débiles y atento al bien común. Crear un sistema eficiente de control e impuestos, hubiera sido más efectivo que barrer por decreto o resolución gubernamental el antes dicho mercado campesino. Esto, desde luego, chocaba con la ideología; pero las ideologías, aun cuando sean útiles y buenas (o inevitables), no sirven para combatir la anemia, el hambre, la debilidad física o las enfermedades.

Carlos Marx, ante la barbarie del capitalismo industrial de su época, actuó —no lo dudo— motivado de buenas intenciones para realizar su proyecto de sociedad comunista. Pero Marx era un ser humano; no fue dueño de industrias, ni obrero, ni campesino jornalero, ni terrateniente; agudo observador sí, pero teórico. No pudo prever —ni ver en la práctica— que su proyecto social tenía una congénita enfermedad: el olvido de todas las dimensiones, posibilidades e intereses de la persona humana. Concebía al hombre como fuerza generadora de bienes colectivos solo de forma centralizada, dirigida desde arriba, sin consultas, amputando así su iniciativa, su capacidad de idear, de crear, de producir y obtener ganancias de lo producido para poder continuar ideando, creando y produciendo.

No dudo tampoco de la buena intención de los diputados reunidos hace unos días en la Asamblea Nacional, pero opino que no se llegó al fondo del asunto. ¿Por qué no se puede pensar en trabajadores con intereses económicos en las fábricas? ¿Por qué no se puede pensar que un determinado por ciento del valor total de una empresa sea propiedad de su colectivo de trabajadores, lo cual les daría parte en las ganancias, estimularía la producción y la productividad y serviría para revalorizar el trabajo? ¿No es posible pensar en una empresa mixta entre inversionista extranjero y los propios trabajadores? Si el país, el Estado, no recibe créditos financieros por detener el pago de su deuda externa, ¿no habría de recibir créditos tampoco esta nueva modalidad de propiedad y productividad que generaría riquezas tanto para el consumo interno como para la exportación? ¿No han demostrado los cubanos residentes en el exterior su capacidad productiva cuando existen las condiciones para ello? Si ha habido que hacer concesiones en otros aspectos, por qué no hacerlo en esto, lo cual no sería una concesión ideológica o política, sino el derecho justo al trabajo que revierte no solo ganancias materiales, sino también espirituales al hombre que puede, con sus ingresos, disfrutar sus vacaciones en las playas del país, reparar su casa, cambiar sus muebles o pasear en auto con su familia por las ciudades y campos de esta tierra hermosa, y no resignarse únicamente a ver cómo lo hacen los turistas extranjeros. ¿No sería mejor pensar en una fórmula que, a la vez que garantice la producción, garantice también la creación de una economía nacional suficientemente poderosa como para competir con la que desde el exterior compra hoy nuestras riquezas industriales y naturales con todas sus consecuencias?

Tal vez haya en toda esta opinión más de un error, es solo una opinión, pero con no menos buena intención. Soy de los que teorizan sin ser teórico. Marx era un teórico, pero le aventajo en la experiencia crítica, pues he experimentado en la práctica, toda mi vida, lo que él concibió como teoría.

Mayo de 1994.

INSULTOS, INTOLERANCIA Y UN CONCEPTO DE DEMOCRACIA

En la palpitante y culturalmente inquieta provincia de Pinar del Río tengo un hermano: hermano en la fe por amor a Cristo y a su Iglesia; hermano por nacionalidad, por ocupación —limitada— en aquello que concierne y afecta este país. Su nombre es Dagoberto Valdés.

Desde su posición, al frente del Centro Cívico-Religioso de la diócesis pinareña y de su revista *Vitral*, Dagoberto se ocupa de asuntos eclesiales y nacionales, procura que prevalezca lo moral sobre lo inmoral, la verdad sobre la mentira, el civismo sobre el cinismo; intenta, con sumo esfuerzo y celo, que los valores que sustentan el edificio de la dignidad humana no desaparezcan provocando la catástrofe irremediable. No hay nada oculto en las charlas del Centro Cívico que él dirige. Es la vivencia sana de la Doctrina Social de la Iglesia Católica. Allí asisten católicos de diferentes templos, allí han concurrido militantes de carnet comunista, ateos, agnósticos, profesionales, técnicos, obreros, estudiantes y amas de casa. Allí van para conocer qué es Iglesia, qué es Derecho, qué es persona humana, qué es sociedad; todo de la mejor forma posible, dando de sí y recibiendo de otros.

Labor inaudita para algunos, de locos dirán otros. Porque pareciera que hemos llegado a un punto en que decirle al compatriota «hombre, tú tienes derechos y deberes», o decirle «hombre, yo pienso diferente a ti, pero podemos trabajar juntos», es cosa de locos, desclasados o alienados sociales. Como si, acostumbrados a recibir órdenes y cumplirlas sin discusión ni reflexión, o, por ese mecanismo de reflejo instintivo que nos activa los ficheros de «buena conducta», las cumplimos aún antes de ser dictadas por ley o por decreto, o por simple palabra anunciada en los medios masivos de comunicación, como si, acostumbrados a no pensar, sancionáramos y ejecutáramos una ley no escrita y nunca dictada, pero sí perceptible y legitimada por no ser nunca condenada, una ley perniciosa y dañina, por la cual la condición de ser humano es decapitada por la condición de ser revolucionario, según interpretaciones personales.

Así, y no de otra manera, ha pensado y actuado el cubano infeliz que gritó e insultó a Dagoberto a las puertas de su casa en días pasados. No hubo respaldo ni aliento oficial a este acto individual y aislado, y es de suponer y de pensar que no se repetirá otra vez. Pero la reflexión se impone a partir de este hecho.

Este año conmemoramos el centenario de la muerte de José Martí. El acontecimiento es celebrado por el Gobierno y sus dependencias, por las diferentes Iglesias que existen en el país, es recordado por los emigrantes y por todo cubano que guarde respeto hacia aquel que llamamos apóstol. Para recordar esa fecha, las diferencias ideológicas o políticas no cuentan. Si bien cada acto memorial es celebrado de forma independiente entre quienes ven las cosas de diferente manera, la memoria martiana une a todos en el momento preciso de esta recordación. Es interesante, y sintomático, que casi todos los discursos, conferencias, vallas y otros medios, recuerden la frase hermosa: «Con todos y para el bien de todos». No es simplemente una frase bonita, bien combinada y articulada. Es la voluntad expresada por un pensamiento noble, es lo que, en lo más profundo de nuestro ser, todos queremos y deseamos. Pero los egoísmos personales, tanto dentro como fuera de Cuba, se imponen haciendo trizas la noble voluntad de José Martí.

El acontecimiento revolucionario de Cuba, en su realización, coloca hoy a hombres de diferentes criterios en situación similar. Si nos limitamos a los hombres abstractos y puros, despojados de la carga ideológica o política, podemos ver que, en ambos lados del muro, los criterios intolerantes los conducen a actuar de forma similar. Si bien las corrientes moderadas y pro-diálogo ganan en su pequeñez un centímetro cada día, aún prevalece el criterio de los intolerantes, los mismos que aplauden, como cubanos, que la guerrilla salvadoreña haga las paces con Arena; que los negros y blancos en Sudáfrica se pongan de acuerdo para gobernar juntos, o que palestinos e israelíes, después de siglos de muerte y odio, hayan sido capaces de estrechar las manos con intención de vivir en paz. Es increíble que lo que deseamos para otros no intentemos lograrlo para nosotros.

No son estos los años de la guerrilla en el Escambray, de bombardeos a la ciudad ni de invasiones a nuestras costas. Si bien es cierto que la Base Naval de Guantánamo y la CIA existen, es difícil aceptar que todo cubano que disienta en Cuba sea un peón de intereses estadounidenses. Las manipulaciones cobran espacio cuando se trata de expresiones de diverso tipo que cuestionan la realidad nacional actual. Muchos hombres y mujeres que expresan en Cuba inconformidad con la situación que se vive, no pensaron nunca que sus nombres serían conocidos internacionalmente: hablaron dentro de Cuba, «dentro de la Revolución», con la esperanza de ser escuchados. En más de una ocasión la respuesta ha sido el acto de repudio o la prisión. Ante esta triste realidad, otra parte de la población saca sus propias conclusiones: aceptar con sumisión y conformismo lo establecido o marcharse de Cuba.

Los que apoyan a ultranza la revolución marxista, son tan reales como los que no la apoyan, y no menos reales son también los marxistas que cuestionan hoy ideas germinadas hace más de cien años e incapaces de producir por sí mismas, sin ser modificadas en lo más mínimo, el bien que todos queremos. Los extremistas quedarán a un lado por el propio desequilibrio que ponen en la balanza. Este tiempo difícil que vivimos, no debería asumirse como el de la batalla decisiva por la ideología decimonónica, sino como el tiempo precioso y la oportunidad única de encontrar la salida decorosa y mejor para la nación. Cuba podría asombrar nuevamente a muchos, pero ya no como el David enfrentando a Goliat, sino por actuar con la sabiduría de Salomón, hijo de David.

¿Por qué no hay asientos para marxistas de diferentes tendencias y no marxistas en la misma mesa, si el interés por el bien nacional es compartido por todos? ¿Por qué agredir, insultar y humillar a quien cuestiona lo que ocurre hoy con respeto pero con sinceridad? ¿Por qué no aceptar que tienen derecho a existir hombres y mujeres que sí aceptan un gobierno real con el cual desean dialogar? ¿Por qué tener un diálogo con la emigración, lo cual es positivo, y desestimarlo con los que no quieren emigrar? ¿Por qué hay que convertirse en emigrante para tener derecho a dialogar? El Año Internacional de la Tolerancia declarado por la ONU, sería buena ocasión para asumir una actitud tolerante entre quienes piensan de modo diferente pero desean igual bien para el país.

En días pasados, las autoridades cubanas pusieron en libertad a un grupo de disidentes u opositores, en lo que constituye un acto verdaderamente plausible, por cuanto es un acto que deja —es de suponer— en libertad de movimiento a hombres sinceros que han aceptado todo por decir su opinión y decirla aquí, mientras otros callan.

Tal vez en lo que ellos plantean no falten errores o desatinos, como no faltan tampoco en la obra de Dagoberto o en la que es puesta en práctica por el Gobierno. Nadie es infalible. Pero de las verdades aisladas puestas en común puede salir la verdad de todos. El Gobierno, sin embargo, tendría una ardua tarea en restringir esas furias aisladas de «pueblo indignado» que agrede a quien alguien, sin basarse en definiciones escritas y solo por su propia experiencia interpretativa, quiso llamar «contrarrevolucionario». Para el infeliz cubano que insultó a Dagoberto, y para muchos otros que piensan y actúan como él, dedico la frase con que termino, en la cual se expresa un concepto de democracia que comparto y que difícilmente alguien pueda desmentir: «[…] democracia es aquella que garantiza al hombre, no ya el derecho a pensar libremente, sino el derecho a saber pensar; el derecho a saber escribir lo que se piensa, el derecho a saber leer lo que se piensa o piensen otros […]».[1]

Junio de 1995.

---

[1] Fidel Castro: «El pueblo aprende en qué consiste su fuerza», discurso por el Día Internacional de los Trabajadores, en la Plaza Cívica, La Habana, 1ero. de mayo de 1960, en *El pensamiento de Fidel Castro. Selección temática*, t. I, vol. 2, enero 1959-abril 1961, La Habana, Editora Política, 1983, p. 426.

EDUCACIÓN Y NACIÓN: VARIAS MANOS MECEN LA CUNA

Hace unos días vi nuevamente a mis hijos cargar sus mochilas con libros y libretas, vestir uniforme rojo y blanco y dirigirse —después de dos meses de vacaciones, durante los cuales pudieron disfrutar de unas horas de mar y sol y de breves, pero buenos, ratos familiares— al deteriorado edificio de lo que fue una magnífica escuela pública de barrio.

Es casi inevitable el recuerdo de mis años escolares, desde aquellos primeros en Ciudad Libertad, inolvidables con mi tiránica maestra «makarenko», durante los primeros cuatro años, repitiendo con cada «reglazo» su nombre y apellidos para que no la olvidáramos, lo que se ha cumplido.

Recuerdo que éramos millares en aquel complejo de edificaciones que había albergado la más importante fortaleza militar en los años anteriores a la revolución: Columbia. Los cuarteles se habían convertido en escuelas, también Columbia, rebautizada como Ciudad Libertad. Recuerdo también que con cierta frecuencia, en la tarde, nos quedábamos solos, no sabíamos por qué; eran los momentos de juego fuera de control, o de broncas, o de expandir el vocabulario con aquellos compañeros de aula que por su edad deberían haber estado en nivel secundario, pero que hasta la fecha no habían asistido a la escuela. Y en medio del apogeo estudiantil, sin avisar, aparecía la inolvidable «makarenko» rugiendo y vociferando, esgrimiendo sus reglas y dejándolas caer de vez en cuando sobre los más rebeldes.

Entiendo que una de las más nobles y provechosas acciones que pueda emprender un Estado es, precisamente, la educación. Ya algunos países europeos tenían establecida la enseñanza primaria obligatoria en el siglo XIX, los frutos los recogen hoy.

Un pueblo instruido lleva en sí los códigos del progreso social, aunque en ocasiones el contexto no permita la explosión del progreso. Hoy en Cuba es obligatoria la enseñanza hasta el noveno grado. Cuantos recursos se dispongan para la educación, cuanto esfuerzo se haga por mantener este nivel o superarlo merece reconocimiento. Yo lo aplaudo. Lo aplaudiría más, pero no todo es para ser aplaudido. No solo debo aplaudir, como simple espectador de un drama en el cual no tiene participación alguna. No. Expongo entonces algunos criterios.

J es una joven de quince años, fue el primer expediente en su graduación de noveno grado. **J** no estudiará el preuniversitario porque para ello tendría que ir becada (interna) a un instituto preuniversitario en el campo y sus padres, con todo el derecho que les asiste, no quieren que sea así. Ellos, como cualquier padre y madre buenos, quieren lo mejor para su hija, quieren que llegue a la universidad, sea profesional y prepare su futuro, y se duelen y sufren cuando niegan esa posibilidad, porque consideran que lo mejor para su hija no está en la beca. Por si fuera poco, **J** tampoco desea estar en la beca. El preuniversitario urbano resultó imposible. Ni las cartas ni las entrevistas resolvieron algo. Nadie pudo defender sus intereses, porque el sistema educacional vigente, tal como está concebido, no da más alternativas, ni más opciones: o el preuniversitario becado o el técnico medio.

T es un joven de dieciséis años, también ha terminado los estudios secundarios. Él no es primer expediente, tal vez sea uno de los últimos expedientes. A él no le preocupa, él solo quiere aprobar, no quiere altas notas, él sabe que lo atrapará el servicio militar antes de pisar un aula universitaria. La universidad es para él como un viaje a la luna, y el preuniversitario resulta una pérdida de tiempo. «Más valen dos o tres años de técnico medio, al menos ya tengo un oficio cuando sea reclutado», así piensa.

La educación es una inversión sumamente costosa para cualquier país, máxime cuando se universaliza —como es nuestro caso— y no hay que pagar dinero por ella. La inversión en educación no se recupera en dos, tres o cinco años. Cuando un país invierte en educación en un niño desde los cinco años hasta los dieciocho, se hace una inversión a largo plazo, para el futuro del país, para el progreso del mañana. Es un error en ese caso confundir los medios con el fin. El fin no es tener las escuelas llenas, el fin es que cada ciudadano tenga efectivamente el derecho a estudiar y crecer como persona, por un lado, y por otro, contar mañana con la capacidad intelectual de aquellos que asisten hoy a las escuelas. Esa sería la verdadera riqueza de este país.

Al entrar en la adolescencia, el estudiante necesita sentir desde entonces confianza en el mañana; no un mañana que le asegure un puesto de trabajo donde podría estar insatisfecho, lo que motivará índices bajos de empleo, el joven estudiante no quiere ni necesita que piensen por él, antes bien él quiere y necesita el desafío de probarse a sí mismo.

Necesita creer que el futuro es palpable y que todo esfuerzo hecho hoy le garantizará el éxito mañana. Él necesita sentir que el futuro se acercará o se escapará en la medida en que él aumente o disminuya su esfuerzo de hoy. Pero si el adolescente percibe que el futuro le ha sido programado, si se da cuenta de que no hay más de una opción, el futuro pierde para él todo su encanto, al entrar en la juventud su sueño ha comenzado a envejecer. Si esto ocurre, no solo pierde él como persona, pierde también el país. Es evidente, además, una fuerte desorientación vocacional, explicable tal vez por esa incertidumbre hacia el futuro, sin embargo, cualquier intento de apoyo o estímulo por parte de los adultos podría resultar positivo.

El preuniversitario internado es una posibilidad de estudio, quizás la mejor para algunas familias, pero no para todas, no debe ser la única opción, debe haber otras opciones; un hombre sin opciones ha llegado al umbral de la frustración, las consecuencias de la frustración son desastrosas y lo invertido durante tantos años podría perderse, de hecho se ha perdido y se sigue perdiendo en muchos casos.

Los padres no poseen escuelas, deben enviar a sus hijos a las escuelas estatales, pero la política educacional no debe desestimar los intereses de las familias, la aceptada y proclamada «célula fundamental de la sociedad». La política educacional debe tener en cuenta que no todos los padres están contentos con el preuniversitario interno o con los cuarenta y cinco días de escuela al campo —criterio este que comparten muchos campesinos—. La interpretación del concepto martiano no ha sido muy feliz. ¿No habrá otras formas de combinar el estudio con el trabajo?

Cualquier Estado o gobierno, de corte centralizado o no, dirige la política educacional hacia aquellos objetivos que considera de su interés y establece prioridades. Pero establecer prioridades no debe significar establecer métodos que impliquen exclusiones forzosas. Muchos jóvenes logran acomodarse con dificultades a las propuestas únicas que se dan hoy, para otros esa es, precisamente, la propuesta ideal; pero hay otro grupo, considerable también, que no acepta esa propuesta, no deben ser olvidados. No todos podrán ser técnicos, graduados de preuniversitario o profesionales, pero deben estar dadas todas las condiciones para que todo aquel que tenga capacidad para serlo lo alcance.

Un mínimo de intuición nos permite pronosticar que se acercan días en los cuales pesará más la capacidad intelectual, técnica o profesional, que aquellos cánones que miden hoy la «actitud ideológica» u otros aspectos, para ocupar determinadas plazas. La aptitud irá ganándole espacio a la actitud, y no actuar en consecuencia, desde ya, sería una falta de previsión lamentable.

La mano de los padres no es la única que mece la cuna, por cuanto no depende solamente de ellos la educación de sus hijos. Los que gobiernen y trabajen mañana en el país serán la obra de varios responsables.

Yo «meceré la cuna» de la mejor forma posible, cuando los acompañe, con mi esposa, a la escuela o cuando hagan sus tareas en casa, mientras me pregunto también: ¿qué podrá hacerse para que este edificio, donde aprenden hoy en compañía de otros niños, llegue a parecer otra vez una escuela?

Septiembre de 1995.

ECOS DEL ECO

El Encuentro Conmemorativo (ECO) definió el perfil de nuestra Iglesia para los años que vivimos, últimos del siglo XX. Se habló de tres elementos que deben caracterizarla: Iglesia profética; Iglesia participativa; Iglesia inculturada. Se escogieron también las tres prioridades de acción eclesial, las cuales cobrarán vida mediante cuatro proyectos que comprometen a todos los fieles sin excepción, expresados en términos muy realistas pero muy consecuentes con el compromiso cristiano. Estas prioridades no se establecen por orden jerárquico, marchan paralelas y son inexcluibles: como *prioridad de fines* la *promoción humana*, la promoción total del hombre cubano cualquiera sea su nombre o condición, un hombre «en ciertos aspectos despersonalizado y empobrecido por los fallos de un modelo antropológico»[1] que lo ha reducido; como *prioridad de medios* para lograr el fin anterior, la *formación integral* de los miembros todos de la Iglesia, una formación «antropológica y cristocéntrica»,[2] es decir, basada en la naturaleza humana y arraigada en Cristo, «que forje a la persona humana y la abra a la Trascendencia»;[3] y, como *prioridad de protagonistas*, las *comunidades vivas y dinámicas*, encargadas de ejecutar estos proyectos eclesiales, comunidades donde se debe promover un laicado «comprometido con la Iglesia y con la sociedad».[4]

---

[1] «Mensaje del Encuentro Conmemorativo (ECO) al pueblo de Dios en Cuba», *Palabra Nueva*, No. 45, año IV, La Habana, marzo de 1996, p. 15.

[2] Ibídem.

[3] Ibíd.

[4] Ibíd.

El compromiso es serio, aunque se puede resumir en unas pocas líneas. Por supuesto que no todo quedó definido en aquellas cuatro jornadas de intenso trabajo. Cada día traerá su modo, y para cada diócesis la forma de lograrlo tal vez sea diferente, pero en el ECO estuvieron todas representadas y es preciso decir, para que permanezca en la memoria, que el ejercicio democrático no estuvo ausente. Ciertamente hubo opiniones diferentes, algunos afianzados en el ENEC, otros con propuestas buenas pero no aceptadas por la mayoría; cabe decir también que el interés por la vida nacional no desapareció jamás del pensamiento de los presentes, no podía ser y no fue. El ENEC había marcado un salto hacia delante en la Iglesia cubana, la abrió a otras posibilidades, pero han transcurrido diez años del ENEC, diez años que han estremecido la vida nacional y la vida de la Iglesia; es evidente que, al trabajar —como se trabajó— teniendo en cuenta la realidad eclesial y la realidad social, las propuestas habrían de ser diferentes.

Gran trascendencia dio al Encuentro la presencia del cardenal Carlo Furno, delegado extraordinario del papa Juan Pablo II, de quien trajo un mensaje especial; estuvieron como invitados monseñor De la Rosa, obispo de Higüey y presidente de la Comisión de Catequesis del CELAM, dos religiosos italianos miembros de la Congregación para la Causa de los Santos, dos sacerdotes cubanos residentes en Nueva York, encargados de iniciar el proceso de beatificación del siervo de Dios, padre Félix Varela y Morales —algo que debe producir alegría y orgullo en cualquier buen cubano, por lo que Varela representa para nuestra nación—, y dos cubanas residentes en Miami, representantes del grupo CRECED.

El ECO marcó el compás de nuestra Iglesia por esos días, lo cual de una forma u otra incide en la vida nacional, pero otros dos acontecimientos de no poca importancia dejaron oír su eco en la semana del ECO y dentro del ECO. El primero de ellos concierne a la cancelación del anunciado encuentro, y posterior detención, de integrantes de lo que se ha dado en llamar Concilio Cubano, espacio de concertación de numerosos grupos disidentes dentro de Cuba; el segundo hecho, más dramático, es otro aldabonazo de la muerte violenta que no cesa de tocar nuestra historia patria. Ambos acontecimientos no dejaron de ser, y no lo son, inadvertidos para la Iglesia, máxime para la Iglesia definida en el ECO.

Si bien la Iglesia ha mantenido que no apoya a grupos políticos, ni tampoco lo que resulte de la unidad política de estos grupos, su pronunciamiento respecto al conflicto cubano ha permanecido invariable: ninguna realidad humana es incuestionable y el diálogo es la única solución al conflicto. Hoy se le pide ser veladora, mañana tal vez tenga otra responsabilidad. La credibilidad social de la Iglesia ha crecido considerablemente.

La muerte de cuatro personas en el mar es el capítulo sangriento de nuestra historia contemporánea, cuya página última no nos atrevemos a pasar. No debieron morir. Pocos exilios, quizás por su cercanía o por la permanencia de los protagonistas de nuestra historia reciente, han estado tan vinculados a su tierra patria y buscan tan marcadamente influir en esa misma historia. ¿Quién podrá aparentar que es algo sin importancia? ¿Acaso no continuará creciendo ese exilio, lo cual, a diferencia de otros, podría mantener latente la llama de la rivalidad? ¿No es hora ya de encarar con nuevas ideas esta realidad inevitable como el sol, es decir, sin pretender excluir a ninguno? ¿No es para el exilio, o al menos para parte de él, la hora de buscar otras vías que no sean las del desafío? ¿No es hora de que nos preguntemos todos quién se beneficia con nuestros enfrentamientos? Me resisto a creer que debamos permanecer en un temporal fatalismo histórico inevitable, al cual solo nuestros hijos darán solución.

Algún día todo esto acabará, sin dudas, como acabó el *apartheid* en Sudáfrica, o el odio oficial entre palestinos e israelíes, pero ¿no sería más sensato comenzar a enterrar el hacha de guerra desde hoy? ¿Qué dioses pueden reclamar un sacrificio mayor de vidas humanas, o el dolor de nuestras familias cubanas divididas? ¿Qué significa para nosotros María de la Caridad, Madre de los cubanos?

La Iglesia también tiene algo que decir, y el Papa ha sido muy claro en el mensaje enviado a este encuentro: «La paz, y también la paz social, exige en todos un cambio de mentalidad para que las tensiones que generan conflictos den paso a la comprensión y al diálogo. Por eso, la Iglesia dirige su mensaje a seres humanos inmersos en realidades múltiples y cambiantes, a veces angustiosas y a veces desafiantes. La palabra de Dios, de la cual la Iglesia es portadora, se proclama así en situaciones concretas, buscando incidir, con su fuerza bienhechora, en la vida de los hombres y de los pueblos».[5]

La Iglesia ha trazado su perfil y ha escogido sus prioridades. Sería absurdo pretender que de ella venga la solución, pero sí sería bueno que comiencen a sentirse los ecos del ECO.

Marzo de 1996.

---

[5] «Mensaje enviado por Su Santidad el papa Juan Pablo II al Encuentro Conmemorativo (ECO) por el décimo aniversario del ENEC», *Palabra Nueva*, No. 45, año IV, La Habana, marzo de 1996, pp. 23-24.

LA ESCUELA AL CAMPO

Pensé escribir una carta a los lectores de *Palabra Nueva* con motivo del primer lustro de vida de nuestra publicación y el inicio de nuestro sexto año de vida. Hubiera escrito sobre algunas memorias y anécdotas; hubiera agradecido a los sacerdotes que aceptaron subirse a esta nave desde el primer vuelo, y permanecen; hubiera escrito también un agradecimiento a los fundadores que están cerca y a los que están lejos, no solo a los que han escrito sino a todos los que han participado de este esfuerzo; hubiera tal vez redactado dos párrafos agradeciendo a nuestros lectores su amabilísima atención, su recepción constante, su comprensión por nuestras dificultades y retrasos… Agradecería de modo especial a los que me han escrito, tanto amas de casa como profesionales o a los presos de las distintas prisiones. Hubiera tenido agradecimientos especiales para aquellos que, residiendo fuera de la Isla, nos hacen llegar sus colaboraciones y se sienten cerca de nosotros, y para los otros que se han añadido a nuestro trabajo. Hubiera buscado especiales palabras de agradecimiento para nuestro arzobispo, atento siempre a cuanto nos afecta, desde aquel primer número en la primavera de 1992. Pero el tema para este número ha variado a partir de una información de Radio Reloj.

La información de aquella mañana del 8 de mayo tuvo el poder de seducirme. En síntesis, y citando libremente, transcribo lo que recuerdo: «revitalizar la escuela al campo», «la posibilidad de que estudiantes de secundaria básica realicen su período de escuela al campo en provincias ajenas a la suya» y «la familia cubana apoya la escuela al campo»… La memoria se activa. Personalmente participé en cada «etapa de la escuela al campo», excepto en una ocasión por motivos de salud. Mi primera experiencia fue a los once años, en séptimo grado, la última a los diecisiete, cuando cursaba el grado doce. Mis recuerdos son míos, pero similares a los de cualquier estudiante cubano, la mayoría, que haya pasado por tal experiencia. No tengo nada en contra del trabajo, ni contra aquella idea martiana de combinar el estudio con el trabajo. Tampoco pretendo imaginar qué hubiera escrito José Martí sobre la forma de poner en práctica su idea.

Recuerdo mis tiempos de escuela al campo, la preparación, el «embullo» que compartíamos y la posibilidad de estar, unas seis semanas, fuera del control familiar… Entonces ignoraba muchas cosas. La maleta, el candado, la ropa, las medicinas, el mosquitero y hasta el sombrero, significaban separación temporal, pasar un poco de trabajo, no ser un flojo y, muy importante, estar decidido a «no rajarse». Ser un «rajao» era algo mal visto por la mayoría, incluso por los profesores. Más bien se enfatizaba la condición de «rajao» cuando algún compañero de estudios abandonaba el campamento en compañía de sus familiares.

Mis padres, al igual que otros padres, hoy lo sé, veían las cosas de otra manera. Para ellos era diferente. Un hijo siempre será un hijo, aunque tenga cincuenta años. No es egoísmo, es amor, un amor que provoca celos, dudas, preocupaciones e insomnios. A ello habría que añadirle las reales dificultades de transporte para realizar las visitas dominicales. El resto de la semana, hacían un esfuerzo para conseguirnos otras cosas que necesitábamos. La comida no nos alcanzaba, era poca, siempre fue poca y de mala calidad; pero entonces los padres podían hacer alguna inversión y comprar dulces, leche condensada, chocolate en polvo, carne rusa enlatada. Otro tanto ocurría con los artículos de aseo personal.

Desde el «de pie» hasta la hora de «silencio», nuestra vida era una activa monotonía cuyo mayor énfasis debía ser la productividad; una productividad dudosa, amenazada siempre por nuestra inexperiencia, nuestra apatía laboral, o por algunas horas robadas al trabajo para buscar frutas, algún caballo para demostrar nuestra habilidad como jinetes o para bañarnos en la turbina. Los estudiantes destacados —siempre los había— tenían el honor de ver su nombre en el mural, al igual que «el majá». Todo debía ser dicho en el matutino, para que todos supieran que al destacado le daban papelito impreso, mientras que al «majá»..., pues eso, repetir su nombre por los micrófonos para que sintiera la vergüenza desbordante desde la cabeza hasta los pies.

Era interesante ver, durante ese tiempo, que muchas veces —no siempre— los estudiantes más negativos en la escuela, también los de más bajo índice académico, pasaban entonces a ocupar los puestos claves: ellos se convertían pronto en los jefes de brigada, el personal ideal para establecer el «orden» haciendo uso de su reconocida guapería. De los profesores, no recuerdo muchos que hayan conservado su dignidad intacta durante y después de la experiencia; no tanto por las relaciones «amorosas» que persiguieran, algo que no pasaba con la mayoría, sino más bien por las situaciones difíciles que se presentaban, como podía ser el imponer orden en medio de una guerra con pomos y piedras en un albergue a oscuras, donde centenares de adolescentes y jóvenes no podían encontrar mejor entretenimiento que esta «guerra» atípica, por lo poco atractivas o escasas que resultaban las «actividades culturales» programadas; sobre los maestros caía también la temida «artillería», cuando no las ofensas más soeces pronunciadas desde la garantía de la oscuridad; además de las peleas que alguno mantenía con otro alumno, un espectáculo lamentable donde maestro y alumno se golpeaban mutuamente en medio de un ruedo improvisado de espectadores vociferando a favor o en contra. Las escuelas donde estudié no eran de las más negativas, los campesinos no tenía mucho de qué quejarse, como no fuera por motivos de trabajo.

¿Qué quedó de todo aquello? Algunos momentos de «diversión», bastantes tal vez, pues inventábamos la diversión para alterar lo monótono de permanecer allí; conocer qué es el trabajo agrícola, saber de la humedad de la mañana y del fango que no deseábamos para nuestras manos; anhelar la lluvia para evitar ir al surco aunque nuestros albergues destilaran agua por los cuatro costados; recordar la angustia de los maestros porque no siempre existían los recursos médicos necesarios; conocer del campesino que se esfuerza por que todo salga bien y de otros que no esperaban gran cosa de unos muchachos con poco interés en la agricultura y sin posibilidades de comer los frutos que cosechaban; ver compañeros nuestros esforzarse en el trabajo por puro placer y otros que lo hacían para ganarse una visita a otro campamento un sábado en la noche. Adelantarnos al futuro era aquello, mientras nos repetían que así nos hacíamos hombres y mujeres, y «contribuíamos al desarrollo del país»; ver a nuestros maestros, los que nos educaban y trasmitían los conocimientos, sometidos a situaciones embarazosas delante de aquellos a quienes debían inspirar solo respeto; descubrir allí la debilidad y el pudor puestos a prueba a cada momento; esperar el domingo por la visita de nuestros padres y amigos, leer las cartas de los que estaban lejos y buscar un sitio solitario para tomar la comunión —los poquísimos católicos— que el sacerdote nos enviaba; almorzar una comida fría, cocinada con mucho amor, compartida en ocasiones con los no visitados, a la sombra de algún árbol y evitando el hormiguero; esperar el último día y partir de regreso a casa, a «la urbe» decíamos, con la «la pura» y «el puro», ir «echando de allí», dejando en aquellas colchonetas mugrientas nuestros últimos desperdicios: alguna ropa irrecuperable o un par de botas dignas de ser botadas.

¿Qué queda de todo aquello? Saber que fuimos poco productivos; que la experiencia era necesaria para no afectar el expediente, y tratar, mediante la fe y el paso de los años, de encontrar un sentido a lo vivido; descubrir que habíamos nacido para el sacrificio…

Y lo que creíamos que era algo del pasado, que a nosotros nos correspondía hacer por las generaciones venideras, no es un recuerdo, sino una realidad que nos golpea otra vez en nuestros hijos, en los mismos campamentos, en peores condiciones. Y escuchar ahora que hay que reactivar esa «actividad», aunque cada año menos jóvenes quieren tomar parte, asustarnos mientras escuchamos que cada vez más los estudiantes deben ir a otras provincias y, lo más patético, dar crédito a nuestros oídos cuando la radio nos comunica el criterio de un especialista: «la familia cubana apoya la escuela al campo», como si se hubiera hecho ya el sondeo o los padres tuvieran la oportunidad de elegir sin afectar el futuro de los hijos, es increíble. Podrá haber padres que les agrade que sus hijos asistan a la escuela al campo, o hijos que quieran ir, pero no debe ser tomado como una generalidad porque no todos lo apoyan. No, no es cierto.

¿Qué queda de aquello? ¿Qué quedará mañana de esto? ¿Es necesaria la experiencia en las circunstancias en las que se desarrolla? ¿Reactivar significa mejorar esas circunstancias? ¿El objetivo es formativo, productivo o que los muchachos «se diviertan»? El último tal vez se cumpla, sobre los otros dos tengo serias dudas, motivadas por mi propia experiencia. En las condiciones en que se practica, no es la escuela al campo el ideal de formación. Tampoco es la vía para producir más de lo que el país y todos necesitamos. Pienso que la escuela al campo mostró todo cuanto podía mostrar. Otra variante productiva debe ser estudiada, pues creo en la utilidad de combinar el estudio con el trabajo. Pero considero que no es necesario ir tan lejos, ni separar a los padres de los hijos, si no lo desean y las condiciones no garantizan el interés de la familia, ni atribular más a esta con movimientos y gestiones que desbordan las posibilidades de la economía doméstica.

Enfrentar el presente y el futuro con fórmulas del pasado es un error que, inexorablemente, nos mantendrá atados al pasado. Es cuestión de enfoques o intereses y necesidades, pero también de respeto al derecho de opción que corresponde a los padres y a los hijos: el derecho de la familia cubana, tanto o más necesario que el desarrollo agrícola o turístico para el bien común.

Mayo de 1997.

YA ES TIEMPO

Es evidente que, en el diferendo Cuba-Estados Unidos, los políticos no siempre han considerado los intereses de la población. Paradójicamente, al defender posturas políticas que deberían proteger a los ciudadanos, en ocasiones han llegado a afectar a buena parte de ellos, pues en medio del enfrentamiento entre ambos países existe un conjunto humano que vibra entre la desesperanza y la desilusión, la separación y el reencuentro, el cariño y la violencia, mientras grita, sin ser escuchado, para que este conflicto termine y, por cierto, ya es tiempo.

Mis primeros recuerdos sobre el asunto se remontan a los actos políticos y matutinos de primaria en Ciudad Libertad, sobre un incidente con unos pescadores: alguien que vivía en Estados Unidos los había secuestrado mientras realizaban su faena y estuvieron varios días por allá, al final los soltaron y regresaron a Cuba, como héroes regresaron. Después los vi en la televisión, vi sus fotos en el periódico, también en el semanario *Bohemia*, y en la matiné del domingo, en el cine Alba, los volví a ver en el noticiero ICAIC. En mi mente infantil, necesitada de síntesis y simplificación, comencé a definir aquello de la forma más rápida posible para poder entender. Como en las aventuras y los muñequitos, el mundo se me dividió en malos y buenos. En ello también me ayudaban mi maestra «makarenko» con sus charlas sobre el imperialismo —término nuevo para mí—, y el matutino, donde un niño leía de vez en cuando un texto escrito en un papel que le entregaba algún maestro... ahora recuerdo que hasta yo una vez leí uno de esos textos, pero no puedo recordar qué fue lo que leí.

Durante todo aquel tiempo, una serie de acontecimientos graves, de los cuales entonces no era consciente, y otros que no viví, fueron definiendo una manera de comportarse en la población cubana que todavía deja ver sus huellas, también sus heridas. Desde los ametrallamientos y bombardeos por aviones que venían del norte, pasando por la crisis de los misiles nucleares, hasta la situación precaria en que se veían envueltos los que deseaban abandonar el país o decidieron actuar abiertamente como opositores, siendo todo ello alimento de un fuego que de forma creciente iba envolviendo las relaciones entre las dos naciones. Dos países que pertenecen a la civilización occidental e inevitablemente comparten las fronteras marítimas y hasta el huso horario, han vivido en un estado de guerra no declarada donde los tiros no han faltado, ni las bajas ni los daños económicos. No han faltado tampoco, he aquí lo más terrible, el daño moral y humano que han sufrido dos generaciones de cubanos... crecidos escuchando un lenguaje de guerra y resistencia ante el imperio; en una sociedad de familias divididas por la separación; mudando tallas de ropas y zapatos en medio de movilizaciones militares que nos salven de la inminente agresión militar; enviando mensajes escondidos al hermano que se fue; incapaces de comprender por qué Estados Unidos mantiene relaciones plenas con países con características similares a las que aquí vemos; sin poder discernir quién es culpable, si algún desdichado no logró su objetivo de ver a su familiar aquí o allá; sin neuronas suficientes para asimilar la proposición de que «yo cambiaré cuando el otro cambie»; atontados de escuchar los más variados, contrapuestos, e imprecisos conceptos de democracia —que en esto nadie lo tiene todo claro, ni en el norte ni en el sur, ni en el este o el oeste—; entonces, para los cubanos, tal vez nos asista el derecho de preguntarnos: *¿por qué?, ¿hasta cuándo?* ¿No es acaso más civilizado encontrar ya el momento y el lugar para sentarse a resolver los problemas? ¿Qué actos pueden esperarse de la población, si los responsables de las naciones y del bien común se resisten a sobreponerse al pasado y se muestran incapaces de dialogar y resolver problemas de vecinos? Cierto es que los problemas son antiguos, tanto como un siglo o más, y que no todo el que tiene influencias muestra interés por resolverlo.

¿Qué se traicionaría si ambas partes dieran el paso para el encuentro necesario? ¿A quién traicionó Nelson Mandela cuando tomó la iniciativa y se sentó a conversar con los líderes del *apartheid*, aquellos hombres que representaban al «enemigo común», culpable de tanto dolor del pueblo sudafricano? ¿A quiénes traicionaron Rabin y Arafat cuando acordaron firmar la paz? A los intolerantes tal vez, pero en realidad los intolerantes *se sintieron* traicionados, *no fueron* traicionados, pues en su limitación no fueron, y no son, capaces de ver más allá de sus envejecidas posturas. Con frecuencia se echa mano al dolor causado, sin darse cuenta de que así solo se alarga y se multiplica el dolor.

Aquellos hombres más bien demostraron al menos cuatro cosas: primero, ser hombres valientes, que asumieron su posición en tiempo y espacio; segundo, que la esperanza se puede rescatar; tercero, que es posible y necesario ver en el oponente a otro yo; por último, que hay un futuro del cual eran responsables, pero no les asistía el derecho de condenarlo al sufrimiento cargando con los dramas del pasado. No se es político solo para los votos o los aplausos. Hay una mayoría que se extiende más allá de los colaboradores más cercanos y de las ideologías partidistas, que pocas veces opina, que sufre y desespera, mientras quiere mantener la esperanza en que los responsables se acuerden que ella existe. La grandeza del político no está precisamente en la consecución del objetivo personal aislado, sino en procurar la confluencia de todos, o de tantos como sea posible, en bien de la sociedad, y ser político hoy, es aceptar ser político a escala global, por tanto se debe pensar más allá de las fronteras nacionales.

Como católico me satisface la postura del papa Juan Pablo II durante su reciente visita a Cuba. El Santo Padre demandó que Cuba se abra al mundo con sus magníficas posibilidades y que el mundo se abra a Cuba. Lo hizo en la forma que le corresponde, como Pastor de la Iglesia y como jefe del Estado Vaticano, y lo hizo públicamente, con la fuerza de la autoridad moral que le asiste.

Con el reciente anuncio hecho por parte de Estados Unidos, de algunas medidas que beneficiarán a cubanos tanto residentes en aquel país como en Cuba, ha renacido cierta esperanza. Para quienes desean el fin de esta tragedia, es motivo de alegría. Es un buen paso del presidente Clinton, y deseamos creer que otros pasos se darán, que la época de guerra fría termine ya para los cubanos y los norteamericanos; que Cuba dé pasos positivos también, como ocurrió con el indulto de prisioneros, y que no se condicionen más los actos interiores, a las malas relaciones que existen con Estados Unidos.

No faltarán quienes se rasguen la vestidura. Incluso en ámbitos cristianos o católicos, no faltan los que rechazan una condena al embargo o bloqueo —da igual el nombre, si lo que importa son las consecuencias—. No faltan las ofensas si algún miembro de la propia Iglesia católica desaprueba tales medidas, máxime si lo hace algún miembro de la jerarquía cubana. Pero la motivación no es otra que la inspiración cristiana, una ética que rechaza todo cuanto divide o enfrenta la comunidad humana.

Es esta misma razón la que hizo posible que el cardenal Bernard Law, arzobispo de Boston, se refiriera en términos críticos a la política que mantiene Estados Unidos para Cuba, en un discurso pronunciado ante la Academia Americana de Artes y Ciencias el pasado 13 de marzo, haciendo incluso una valoración moral del asunto: «Es imposible apoyar razonablemente el embargo contra Cuba al mismo tiempo que se concede el estatus de Nación más favorecida a la República Popular China, y se dan pasos hacia unas relaciones más estrechas con Vietnam. Ambas naciones tienen un récord deplorable en asuntos de derechos humanos en general y específicamente en cuanto a libertad religiosa. Si la apertura es con el propósito de lograr mayor libertad en aquellos países donde el cambio no es tan evidente, ¿por qué un criterio diferente es aplicado a Cuba, donde el cambio es evidente?».[1]

Para el cardenal Law, la visita del Papa y su preparación, sus encuentros con el Presidente, las misas públicas antes y durante la visita, la puesta en libertad de cerca de trescientos prisioneros, entre otras cosas, son cambios tangibles. No suficientes, pudiera decirse, pero cambios reales que también aprecio. Va más lejos el arzobispo de Boston cuando apunta: «No hay justificación moral para el actual embargo. En términos de efectividad, como agente de cambio, ha probado ser un fracaso completo. Los más escandalosos aspectos del embargo, específicamente los referidos a la venta de alimentos y medicinas, deben ser levantados inmediatamente… Lo que se necesita en Cuba es poder adquirir alimento y medicina en Estados Unidos. Concentrarse simplemente en facilitar donaciones caritativas de alimentos y medicinas es insuficiente. […] El cambio está ocurriendo en Cuba. La pregunta es: ¿tenemos nosotros la voluntad política y el coraje moral para cambiar?».[2]

Ya no voy a los actos políticos de Ciudad Libertad. Ahora son mis hijos quienes asisten a los matutinos y me han preguntado «¿quiénes son los yanquis que nos quieren atacar?». Les explico quiénes son los ciudadanos de Estados Unidos, y que no hay razones mayores para esperar que se produzca una guerra —al menos militar—, trato de hallar las mejores palabras para explicar por qué no hay relaciones

---

[1] Cardenal Bernard Law: Discurso pronunciado ante la Academia Americana de Artes y Ciencias, 13 de marzo de 1998.
[2] Ibídem.

normales entre los dos países. Me doy cuenta de que ya crecen oyendo hablar de enemistad… No quiero para ellos el lenguaje de guerra, no quiero que conozcan de «gusanos» y «traidores», no quiero que vean «mítines de repudio», ni «marieles», no quisiera para ellos las leyes duras hechas por los duros de otros países. Les deseo lo que cualquier padre puede desear para sus hijos, no el paraíso terrenal, pero sí un mundo más amante de la paz, solidario y respetuoso. Señores políticos: ¿es mucho pedir?

Mayo de 1998.

¿CAMBIA EL AMBIENTE ECLESIAL EN CUBA?

Hace unos días, durante el Encuentro diocesano de pastoral, se trataron aspectos medulares de la pastoral diocesana sobre el futuro-presente que encara la Iglesia. Durante las sesiones plenarias se desarrolló una dinámica interesante con breves exposiciones que pretendían ubicar a los participantes en un marco de acción, y de ahí pasar a las sesiones por grupos o equipos donde desarrollar un trabajo más «aterrizado» para hacer práctico el trabajo pastoral. En las sesiones de «pasillo» saltaron también otros aspectos, entre los que quisiera destacar uno.

Se trata del nuevo ambiente que comienza a percibirse en nuestras iglesias con la llegada de nuevos conversos, cuya ética, criterios, lenguaje —no me refiero precisamente a «compañero», término que, según algunos, antes de ser asumido por comunistas e izquierdistas ya había sido bastante utilizado por los miembros de la Compañía de Jesús— y comportamientos generalmente diferentes, en mayor o menor grado y, estoy seguro que de forma involuntaria, de aquello que estamos acostumbrados a ver. Destaco que estos comentarios provenían, principalmente, de personas que han vivido su fe eclesial desde hace muchos años, desde la infancia o la adolescencia, acostumbradas a bregar en complejas situaciones, a probar su fe en singulares momentos, a esforzarse por mantener una actitud moral acorde con sus creencias, a declarar públicamente su fe en un tiempo en el que tal actitud era mal vista por la mayoría y podía provocar, y provocó, consecuencias desafortunadas para muchos de ellos —o nosotros, aunque no suelo incluirme entre «los afectados» por motivos de fe— y para aquellos que compartieron igual creencia. Eran tiempos, recuerdo hoy, en que oír misa durante días entre semana significaba compartir el espacio del templo con solo dos o tres personas de edad avanzada, mientras el domingo tal vez lográramos ver ocupada la mitad del templo; ir de convivencias era movilizar a todos los jóvenes o adolescentes de una vicaría, pues eran tantos como los que suelen encontrarse hoy en un solo templo, o saber, viviéndolo, que siempre había un dedo apuntándonos, una voluntad de cerrarnos alguna puerta o algún «padrino» que nos «atendía» para ayudarnos —en el mejor de los casos— a salir de nuestro «problema ideológico». No lo digo como queja, no me quejo, no hay nada nuevo en esto. El «escándalo» de la fe cristiana se remonta a los comienzos de nuestra era, justo donde comienza, para asumir a plenitud la historia del hombre, la era cristiana.

La preocupación —si es que puede llamarse así—, viene dada por una especie de alteración del ambiente católico, originada en la asimilación, bienvenida claro está, de personas que crecieron al margen de la tradición católica o cristiana. Para ellos, lo que equivale a decir para la mayoría de la sociedad cubana, la tradición cristiana se quebró hace más de tres décadas, suplantada con nuevas propuestas cuyo origen ya conocemos. La consecuencia de esta interrupción la podemos apreciar ahora a escala social, y las personas que ocupan hoy espacio en la Iglesia católica son, mayormente, aquellas mismas que no conocieron esa tradición cristiana o, al menos, la vieron interrumpirse en sus vidas tanto voluntaria como involuntariamente.

Suele ocurrir que muchos de estos hermanos y hermanas de conversión más reciente, van ocupando algunos espacios de responsabilidad en la comunidad, la vicaría o la diócesis. Indudablemente, en su acción reflejarán también lo que han sido hasta hoy. Hay, sin dudas, una especie de interacción recíproca entre los que estaban y los que llegan, algo natural e inevitable. Para algunos que ya estaban dentro, los «históricos» para llamarlos de alguna forma, se presenta en ocasiones una situación traumática, no de fe pero sí de existencia, cuando se comparte el espacio sagrado del templo con alguien que, por ejemplo, le atacó en el pasado y ahora manifiesta su fe en público, o mantuvo una vida pública bastante liberal. Lo traumático es comprensible, pero no lo es permanecer en el trauma. Trauma parecido experimentó Ananías cuando el Señor le pidió ir al encuentro de Pablo (He 9, 13-15). Los «históricos» no somos perfectos y sabemos, además, que el cristianismo no es religión de sanos sino de aquellos que necesitan medicina; sabemos también que el pastor es capaz de abandonar noventa y nueve ovejas para ir a buscar la número cien que se ha extraviado; o que el padre se alegra y salta de satisfacción y celebra un gran banquete por el hijo que ha regresado. Sabemos que en este mundo, donde luchamos y damos testimonio, no agotamos nuestra esperanza, aunque empecemos aquí la construcción de un mundo nuevo. Sabemos además, y no debemos olvidar, que la fe es un don, un regalo o gracia que proviene de un Dios único e irrepetible que establece comunicación directa y personal. Intentar penetrar o interferir en esa comunicación individual de Dios con cada persona es tan absurdo como intentar vaciar el océano, pero también peligroso y no recomendable. Si vale de algo, nos queda la satisfacción del testimonio, pero una satisfacción que solo es válida cuando se regocija en Dios y no en nuestra pobre condición. Y tal satisfacción no es suficiente, si no se pretende compartir la fe con otros.

El desafío no está entonces en gastar energía en esta situación, por la cual más bien debemos estar satisfechos, sino en preservar la esencia de nuestra fe, íntegra tal cual la recibimos, y anunciarla a todo aquel que quiera escucharla sin reacomodos ni adaptaciones de conveniencia ante frustraciones políticas o socioculturales, y todo el que quiera abrazar esta fe, es esto lo que debe encontrar, pues «los judíos piden señales, los griegos buscan sabiduría, mientras nosotros predicamos a Cristo crucificado: escándalo para los judíos, necedad para los gentiles» (1 Co 1, 22-23).

¿Qué vienen buscando?, se preguntan algunos, ¿consuelo?, ¿espacio de libertad?, ¿sabiduría que responda a insatisfacciones o frustraciones?, ¿reencuentro consigo mismo?, ¿verdaderamente a Dios?... Todo eso es válido. «Vengan a mí los que están cansados y yo los aliviaré», dice Jesús, pero ante los destinos de este mundo no se debe pretender alcanzar en la Iglesia lo que ella no tiene en realidad, como muy bien expresara san Agustín en sus *Confesiones*: «Más vale que buscando no encuentre, a encontrando no encontrarte a Ti, Señor».[1] Acaso para los «nuevos», para llamarle de alguna forma, no todo está totalmente claro, pues ante determinadas situaciones las actitudes de los «históricos» no son siempre coincidentes. No se trata tampoco de buscar uniformidad a cualquier precio, pues el fundamentalismo no es agradable a la caridad y misericordia cristianas.

K. J. Saunders, citando a Vittorio Messori en su libro *Hipótesis sobre Jesús*, plantea la cuestión del hombre ideal que proponen las religiones para imitar. Según Saunders, es el hombre bello y valeroso para los griegos; el guerrero disciplinado para los romanos y sintoístas japoneses; el justo para los hebreos; el hombre «real» para los confusionistas chinos; el asceta para los hindúes, el hombre totalmente sumiso a Dios para los musulmanes; el «santo», es decir el hombre que ama, para los cristianos. Este es el anuncio.

Pero el amor cristiano exige sacrificios y renuncias, esto también debe ser anunciado. Exige cambios de actitud, de vida, exige conversión constante, esto debe ser anunciado, pues «todo me es permitido, pero no todo es provechoso, no todo es constructivo» (1 Co 10, 13).

---

[1] San Agustín de Hipona: *Confesiones*.

Vivamos sin desgarraduras ni lamentaciones, sin evocaciones de un pasado que no regresará, sino más bien felices de vivir la hora presente de la Iglesia en este país, en el que las fuerzas de cambio reales que se suceden en la sociedad llegan también a la Iglesia, anticipo tal vez de cambios más universales a escala nacional donde todo lo bueno ha de ser sumado y asumido, antes de ser expandido. En todo caso, podemos repetir las palabras de Ananías cuando encontró a Pablo: «En adelante tú serás testigo ante todos los hombres, para decirles cuanto has visto y oído. Y ahora ¿qué esperas? Levántate, bautízate y lávate de tus pecados invocando su nombre» (He 22, 15-16). Y amén.

Septiembre de 1998.

REVOLUCIÓN

Cuando la Revolución cubana de 1959 ha cumplido cuarenta años, se puede hacer un paréntesis de reflexión. ¿Quién no lo ha hecho? En realidad, se reflexiona sobre ella con frecuencia. Por varios años, hemos vivido en una dinámica que condiciona nuestros actos y relaciones sociales; pudiera decirse que *revoluciona* nuestras vidas. Más aún, durante siglo y medio nuestra existencia como nación ha estado marcada por este fenómeno social llamado revolución.

El término, según el diccionario de la Real Academia, proviene del latín *revolutio*, que significa: «Acción y efecto de revolver o revolverse / Cambio profundo, generalmente violento, en las estructuras políticas y socioeconómicas de una comunidad nacional. / Levantamiento o sublevación popular. / Cambio rápido y profundo en cualquier cosa».[1]

Son varias las naciones del mundo donde los ciudadanos han desarrollado revoluciones sociales, diferenciadas por sus promotores, sus objetivos, sus alcances o nivel de compromiso, sus causas y efectos.

En Cuba se habla de revolución desde el siglo pasado. Pudiera decirse que el pensamiento cristiano tiene parte de responsabilidad en el asunto. Fue, precisamente, nuestro primer candidato al honor de los altares, el siervo de Dios padre Félix Varela, pionero en promover la idea de impulsar una revolución para lograr la independencia de la Isla, según alegan los historiadores. Pero el padre Varela, por entonces ya residiendo en los Estados Unidos,

---

[1] Real Academia Española: *Diccionario de la lengua española*, Edición del Tricentenario, consultada en http://www.dle.rae.es/?id=WQ0Bykx.

en un exilio forzado y con amenazas de muerte, imaginaba y deseaba una revolución que evitara la revolución violenta. En efecto, según escribió en 1824, «[…] la revolución de aquel país es inevitable. La diferencia solo estará en el tiempo y en el modo […] ¿es la revolución de la Isla de Cuba lo que intenta persuadir un hijo de este suelo? ¡La revolución, que equivale a la ruina del país […]! ¿Es la sangre de sus compatriotas la que quiere que riegue unos campos donde ahora, tranquilos y felices, recogen los frutos con que la naturaleza premia su trabajo y los regala abundantemente? […] esa sangre es la que yo quiero impedir que se derrame, esos bienes son los que yo quiero ver afianzados, esa paz es la que yo anhelo por que se cimente. Deseando que se anticipe la revolución, solo intento contribuir a evitar sus males […]».[2]

La revolución de 1868, por la independencia, fue gesta grande, de la que mucho se ha dicho y nunca se dirá lo suficiente. No alcanzar el éxito entonces, se debió no solo a la hábil labor pacificadora de Martínez Campos, en el momento oportuno. La unicidad de criterios, y la capacidad de renuncias personales no estuvieron a la altura de las demandas. No es un juicio desde la distancia y el tiempo. ¿Quién juzgará a los nobles, con títulos y sin títulos, del pasado siglo? Esa revolución cruenta fue el anuncio, el estremecimiento y el sacudir de la incipiente conciencia nacional.

Con José Martí se alcanzó la más sublime y acabada expresión y deseo de fundar la patria nueva. Martí, como antes el padre Varela, asumió la revolución como la única vía para alcanzar no solo la independencia, sino la libertad que, en todo su esplendor, no llegaba

---

[2] Félix Varela y Morales: «Tranquilidad en la Isla de Cuba», *El Habanero. Papel Político, Científico y Literario*, t. 1, No. 2, Filadelfia, 1824. Edición Facsimilar, Miami, Florida, Ediciones Universal, 1997, pp. 55-57.

necesariamente de manos de la revolución independentista. Pero Martí, como antes el padre Varela, era también portador de una misión de redención, de propagación de amor y encuentro, sin odios y sin rencores. Para Martí, como antes para el padre Varela, la revolución era el mal, inevitable, que debía impulsarse para que no se desbocara, multiplicarla en las mentes para que no fuera irracional: «[…] fue por todo concepto necesario, como única obra inmediata y oportuna, dirigir y hacer entrar en borde, una revolución inevitable que, entregada a sí misma, nos hubiera llevado a graves riesgos en su desbordamiento torrentoso. Cuando un mal es preciso, el mal se hace. Y cuando nada basta ya a evitarlo, lo oportuno es estudiarlo y dirigirlo, para que no nos abrume y precipite con exceso».[3] Y la guerra no fue solo necesaria, sino también «la guerra triste», único camino de obtener «justicia para todos», una guerra hecha «por la política del amor a la humanidad, que no puede desertarse sin delito».[4]

Algo desbordante de nuestras fronteras se podría desprender también del ímpetu y celo revolucionario de Martí, lo cual habla del pensamiento humanista amplio, sin límites, de una razón no menos importante en su carrera sin fronteras contra el tiempo: «[…] ya estoy todos los días en peligro de dar mi vida por mi país y por mi deber —puesto que lo entiendo y tengo ánimos con qué realizarlo— de impedir a tiempo con la independencia de Cuba que se extiendan por las Antillas los Estados Unidos […]».[5]

---

[3] José Martí: «Lectura en la reunión de emigrados cubanos en Steck Hall, Nueva York», 24 de enero de 1880, en *Obras completas*, La Habana, Editorial Nacional de Cuba, 1963, t. 4, p. 194.

[4] José Martí: «La política», *Patria*, 19 de marzo de 1892, en *Obras completas*, La Habana, Editorial Nacional de Cuba, 1963, t.1, p. 336.

[5] José Martí: «Carta a Manuel Mercado», Dos Ríos, 18 de mayo de 1895, en *Obras completas*, La Habana, Editorial Nacional de Cuba, 1963, t. 4, p. 167.

Exageración martiana y exceso de cubanismo egocéntrico, han pensado algunos, pero la historia de Puerto Rico demostró que no le faltaba razón. De hecho, la revolución se vio muy disminuida en sus objetivos finales con las limitantes que encontró en la nueva república después de la guerra, y es que los caminos de nuestra historia nacional han estado muy marcados por la influyente cercanía de los Estados Unidos, lo cual no debe ser motivo de lamentos, aunque sí dato fundamental que considerar cuando se pretende comprender mejor nuestra realidad. Pero también esto —las dificultades y no una enmienda paralizante— había previsto Martí. Consideraba que «se empieza por la guerra, se continúa con la tiranía, se siembra con la revolución, se afianza con la paz [...]».[6] La revolución era para Martí medio, no un fin en sí misma, no un programa acabado e infinito. El fin era la república con todos y para el bien de todos.

En los primeros años de aquella incipiente y nunca bien desarrollada república, cuando los partidos de oposición en Cuba se manifestaban contra lo establecido, muchas veces la respuesta del partido gobernante fue la reacción dura que los silenciara rápidamente; la oposición respondía con el llamado a la revolución. No era difícil iniciar la revuelta para un grupo de veteranos de la Guerra de Independencia, con las vivencias del combate frescas en la memoria y las armas a la mano. Oposición-reacción-revolución es una fórmula muy repetida durante buena parte de aquella historia: ausencia de diálogo, de consenso y de entendimiento. Se utilizó siempre el adjetivo revolucionario para acompañar la insatisfacción por los problemas existentes. Una especie de caricatura de revoluciones se sucedieron, y aún la más sonada de la primera mitad de este siglo, la de los años

---

[6] José Martí: «La democracia práctica», *Revista Universal*, México, 7 de marzo de 1876, en *Obras completas*, La Habana, Editorial Nacional de Cuba, 1963, t. 7, p. 348.

treinta, donde vibró el espíritu revolucionario de una nueva generación, no pudo garantizar una vida republicana con todos y para el bien de todos.

No falta razón a quienes afirman que la revolución se inició en Cuba hace más de 150 años. Esta última etapa revolucionaria de nuestra historia, iniciada en los años cincuenta, se inspiró ciertamente en todo lo anterior, cuando una vez más se cumplió la fórmula ya mencionada. La más radical de las revoluciones del presente siglo, tenía como propósito inmediato poner fin a un gobierno nada democrático y saturado de despotismo. Esta revolución que cumple cuarenta años, sin dudas el más grande movimiento político de nuestra historia reciente, se convirtió también en acontecimiento social, económico y cultural de tal magnitud, que la vida de la nación se transformó en menos de una década y marca ya, definitivamente, nuestro futuro.

Toda la vida nacional se transformó. La vida de millones de personas cambió totalmente. Cuando la Revolución asume el programa socialista de tipo soviético, asume las consecuencias de tal programa, sus virtudes y sus defectos, sus triunfos y sus fracasos, lo positivo y lo negativo. Por ello, y por la rápida radicalización, la revolución es, todavía cuarenta años después, motivo de unión y de separación de los cubanos. La revolución formó médicos y maestros, universalizando la salud y la educación hasta el punto de alcanzar índices impensables para un país del tercer mundo; la revolución dio oportunidad a los pobres, afianzó el sentimiento nacional y de independencia, amplificó el carácter solidario y, en grado considerable, motivó un cambio en aquellos que miraban al sur latino con poco aprecio, y esto es logro positivo que se muestra con orgullo y derecho de responsabilidad. A esta revolución avanzada en el tiempo, le corresponde asumir también lo negativo que hemos experimentado, los recelos y desconfianzas, los momentos injustos y de división, la discriminación programada o no que en su nombre se practicó, la imposibilidad de participación social para otros considerados no revolucionarios, que provocó la enajenación voluntaria e involuntaria, la doble moral e, incluso, el buscar en la emigración la solución de los problemas.

No se trata, sin embargo, de ser fiscales y defensores, jueces y testigos, acusados e inocentes a una vez. En efecto, la revolución aún moviliza los ánimos, une y separa, convoca y aísla, ataca y defiende; y todo eso se realiza en nosotros, por nosotros. Nuestra cultura se ha nutrido también de un espíritu de revolución, de un dispuesto espíritu de rebeldía, de «proverbial intolerancia», según palabras del cardenal Ortega. Nos cuesta aceptar otras verdades o que no acepten la nuestra.

Querámoslo o no, la revolución ha penetrado en nuestras vidas, se ha integrado a nuestra historia y modifica nuestras actitudes. Nos une cuando consideramos justas sus actuaciones, nos separa si no es así. En este proceso de cuarenta años, el socialismo fue el accidente, la revolución es la sustancia.

Podríamos desear otra cosa: que el antiguo reino español hubiera renunciado tranquilamente a su colonia, dejándola crecer sola y suficiente; que nuestros antiguos gobiernos no hubieran sido tan intolerantes; que no hubiera existido la Enmienda Platt, que la corrupción y la irresponsabilidad no hubieran imperado en aquella naciente república; que el 10 de marzo no hubiera sido lo que fue; que nadie hubiera tenido que considerar el asalto al Moncada y la guerra revolucionaria en la Sierra Maestra y la entrada triunfal en La Habana del Ejército Rebelde, después de recoger laureles y loas a todo lo largo del país, el 1ero. de enero de 1959. Mas todo eso es parte ya de nuestras vidas, aun de la de aquellos que se fueron, pues por todo ello no están aquí.

Confío en que los cubanos todos —con la ayuda de Dios, los que creemos en Dios, y con la ayuda solidaria de otros, aquellos que no creen—podamos desbrozar el camino para que la revolución cubana, empezada hace 175 años en la mente del padre Varela, llegue a ser lo que su madurez y sus años le tienen reservado: medio, no fin; camino, no casa; fuente, no agua; árbol, no alimento; medio de alcanzar la independencia y preparar el camino hacia la libertad de todos, la libertad del espíritu que convoca y acerca, que anima e invita, que estimula y se da, sin esperar otra cosa que la felicidad compartida… el medio que muchos hombres encontraron, después de haber intentado otras vías, para realizar no los sueños propios, sino los sueños de la mayoría, en justicia, respeto, igualdad, solidaridad, fraternidad, libertad… que la revolución llegue a ocupar su lugar en nuestra historia, donde se acuda para recibir inspiración y aliento, y ejemplo de buenos principios, cuando se ha de buscar un programa social y político siempre mejor, con un espíritu que no suple, que no obstaculice, que no ate, que no divida, que se abra y permita el paso hacia una idea más amplia y abarcadora, aún no definida, mejor nunca totalmente definida, para que no cierre espacio al criterio diferente pero honrado, que puedan tener muchos cubanos o solo un puñado de cubanos; y se cumpla la profecía martiana, como evolución inevitable de la historia humana: «se empieza por la guerra, se continúa con la tiranía, se siembra con la revolución, se afianza con la paz».

Esta es la reflexión que expreso con respeto hacia nuestro pasado y nuestro presente, y con más respeto por el futuro que nos llama. Reflexión de cubano y católico que, como muchos otros, trata de inspirar su vida en Aquel «primer revolucionario», cuya revolución de amor, triunfante y eterna, inspiradora para tantos hombres, se inició sobre dos maderos manchados de sangre.

Enero de 1999.

PERSONAS Y LEYES

Las ya conocidas Modificación al Código Penal (vigente) y la Ley de Protección de la Independencia Nacional y la Economía de Cuba, han vuelto a movilizar los criterios dentro del país y a situar el foco internacional sobre Cuba.

La primera reacción a las nuevas medidas provino, precisamente, de la Iglesia. Mientras los diputados discutían sobre el asunto que afectaba la vida de los ciudadanos, un grupo de obispos de América, reunidos en La Habana durante la XXVII Reunión Interamericana, ofrecía una conferencia de prensa en el Hotel Palco, a pocos metros del Palacio de Convenciones. Era demasiada la coincidencia e inevitable que los reporteros, estando entre los panelistas el cardenal Jaime Ortega, no orientaran la brújula de las interrogantes hacia el prelado cubano buscando conocer el pensamiento de la Iglesia sobre un asunto que podía afectar también a los propios corresponsales extranjeros en aquel momento.

El carácter singular de la nueva ley —tipifica los delitos, pero de modo muy condicionado a las relaciones con los Estados Unidos— motivaba las reacciones del también arzobispo de La Habana: preocupación por la vulnerabilidad a la que puedan quedar expuestos quienes sean acusados como violadores de la ley, dependientes siempre de la interpretación —todas las interpretaciones tienen cierto grado de subjetividad— de un potencial acusador.

La Ley es ya un hecho y no hay razón para pensar que será modificada, al menos por ahora. La reflexión es entonces sobre el modo de aplicar la ley y el efecto que puede tener en la vida de los ciudadanos, es decir de la nación. Un día llegará —esa es mi esperanza y creo no ser el único en tenerla— en que este asunto desbordado e histórico de las malas relaciones entre Cuba y Estados Unidos quede relegado; para entonces no dudo que muchos concluirán que pudo haber sido superado con una dosis de buena voluntad. Pero las realidades históricas son precisamente eso, realidades, y los hombres y mujeres que viven su momento no siempre pueden adelantarse a este, aunque se lo propongan. El contexto social y la comunidad humana más amplia no están siempre disponibles para adelantar o detener la historia porque alguien así lo desee. Por el mismo hecho, las sociedades no pueden ser programables como pudieran serlo los *chips* de las computadoras; ni siquiera los medios de comunicación, con todo su potencial y su capacidad de predecir, y producir, estados de ánimo y opinión, pueden cosechar al ciento por ciento. El ser humano no admite condicionamientos premeditados, más tarde o más temprano se rebela según el fuero interno. Esa subjetividad de la naturaleza humana puede ser un estorbo, pero es también una bendición. Dios creó al hombre libre. Esa libertad desde el Amor significaba, y significa, el derecho de opción que tiene el hombre con respecto a Dios mismo, de aceptarlo o rechazarlo según su voluntad.

Es por ello que la Iglesia, representada en esta ocasión por el cardenal Jaime Ortega, considera «preocupante» la aplicación que pueda hacerse de la Ley de Protección de la Independencia Nacional y la Economía Cubana —no solamente la Ley *per se*—, «porque dependerá mucho del juicio de quien interpreta el tipo de información, el tipo de noticia, el tipo de contacto hecho, la intención de las personas, incluso de las palabras de las personas. Son riesgosas siempre estas formulaciones».[1]

---

[1] Cardenal Jaime Ortega: «Ay de nosotros si no tuviéramos ese empuje evangelizador que tiene que vencer todas las dificultades», *Palabra Nueva*, No. 74, año VII, La Habana, marzo de 1999, pp. 8-11.

El sistema social y político que existe en Cuba tiene defensores y detractores. Eso es también consecuencia de la subjetividad humana. Unos abogan por la transformación social, otros intentarán métodos violentos, siempre rechazables, y otros por la inmovilidad. La política de Estados Unidos hacia Cuba puede estar presta a potenciar los efectos de un grupo opositor —no es un secreto—, del mismo modo que las autoridades cubanas estarán disponibles a desactivar y/o penetrar esos mismos grupos opositores —tampoco es un secreto—. De esta forma volvemos al fuego cruzado y a la necesidad del encuentro que ponga fin a los enfrentamientos que descargan su peso sobre la población.

En el supuesto de que individuos o grupos dentro de Estados Unidos intenten sacar provecho o potenciar problemas internos en Cuba, lo que debe hacerse, sobre todo, es atender las causas que originan esos conflictos y tratar de desvincular, tanto como sea posible, nuestros problemas internos de las relaciones con Estados Unidos. Hubo, hay y habrá personas en Cuba con concepciones ideológicas o políticas y económicas diferentes a las que imperan en el país y eso no se evitará con largas sanciones. Esa es la subjetividad de la naturaleza humana, que necesita natural espacio de expresión, lo contrario es intentar tapar el sol con el dedo.

Otro tema, discutido y aprobado, se refería a la modificación del Código Penal, incluyendo nuevos tipos de delitos y reforzando las sanciones. El recrudecimiento de las sanciones será siempre un recurso extremo. Y aun cuando extremas sean las actitudes negativas de determinados individuos, es muy conveniente no quedarse en el delito mismo, sino ir más allá, y sopesar las causas más que los efectos. Cierto que las sanciones son necesarias y ayudan a detener el desorden o delito común de forma inmediata o permanente, por lo que se hace necesario actuar para contener el mal, pero no serán la solución definitiva. Los diputados mencionaron que la Ley no es la única solución. Válido. Por ello es muy importante actuar, al mismo tiempo, sobre las causas que desatan el delito. Actuar hoy puede significar un inquilino menos en prisión dentro de diez años.

Lamentablemente, siempre habrá delincuentes, lo mismo que pobres o prostitutas. La sociedad perfecta no existe, porque no existe el hombre perfecto. Pero algo puede atenuarse. Es necesario cultivar valores en las personas, auténticos valores humanos, valores que surgen de la misma dignidad de la naturaleza humana y son anteriores a cualquier otro valor: primero se es persona, después se es marxista, liberal o socialcristiano, o verde o radical. La Iglesia católica ha manifestado más de una vez su disposición a contribuir en este aspecto como parte de su misión en la sociedad, lo cual no se hace desde un programa político, sino desde claras razones cristianas y humanas; lo hace en cada país donde está presente y está dispuesta a hacerlo, cada vez más, en Cuba.

La realidad económica tampoco evita la transgresión de la ley o de las buenas costumbres. El costo de la vida ha subido y para mantener un nivel alimentario, de higiene o de vestido apropiado —no por la moda, aunque para algunos así sea, sino porque se corresponde con lo que caracteriza la cultura misma de los cubanos—, es preciso acudir al mercado en moneda dura. Siempre habrá quien, con grandes sacrificios, cambie algunos pesos por dólares, pero una porción considerable tomará el camino más corto de la «evolución» o el «bisne», es decir, el robo, el soborno y la corrupción. Aun los empresarios extranjeros tratan de hacer llegar a los empleados su «jabita», porque estimula un mejor trabajo, porque evita determinados males y porque es justo, aunque su justicia no sea completa.

Los cubanos tienen potenciales capacidades empresariales que merecen oportunidad de florecimiento; las legislaciones justas pueden ayudar a un crecimiento sano. Habrá desigualdades evidentes, pero de una forma u otra siempre han existido, es casi inevitable. En cierto sentido, impidiendo la prosperidad económica de unos, indirectamente se provoca la prosperidad económica ilícita de otros. Las escaseces y los excesivos controles, sobre todo cuando permanecen por tiempo ilimitado, generan ilegalidades.

En 1966, cuando yo era un niño, circulaba un texto que debía ser leído en los CDR para conocimiento de los «cederistas». Era una carta escrita por el primer ministro del Gobierno Revolucionario, hoy presidente Fidel Castro, al comandante Jorge Serguera, fiscal de la Causa 108, en el Tribunal Revolucionario No. 1 de ese mismo año, pidiendo que no se aplicara la pena de muerte para los acusados. Si bien aquel caso se trataba de un intento de atentado contra la vida en un contexto diferente, hay en ese texto algunas ideas interesantes: «El delito contrarrevolucionario es en gran parte una resultante del medio; los individuos nacen y crecen dentro de una sociedad de clases que la Revolución trata de abolir […] La responsabilidad de los hombres es en gran parte condicionada por la realidad social donde se forman y la educación que reciben […] Por eso el enemigo puede a menudo penetrar, corromper, sobornar […] ¿Qué hacemos con fusilar tres o cuatro individuos pecadores si no golpeamos fuertemente a los factores que contribuyen a engendrar el pecado? Apliquemos también la medicina preventiva a estos males contrarrevolucionarios».

La atención debe centrarse en las causas, no solo en los efectos. Pero al ir a las causas no se puede olvidar la subjetividad inherente a la persona humana, bendecida y querida por Dios en su estado más sano, quien nos creó imperfectos pero libres, llamados a la perfección imitando al Padre Celestial, el único Perfecto.

Esa subjetividad nos hace buscar opciones diferentes, ya sea consumir la fruta en estado natural o en batido, dando por descontada que la fruta no haya sido robada.

El hombre es la medida de todo. Del mismo modo que el sábado fue creado para el hombre y no lo contrario, las leyes, aunque castiguen la falta, están al servicio del hombre, de su habilitación y rehabilitación social, no al contrario.

Abril de 1999.

EN CUBA: VER PARA CREER

Los católicos iniciamos el 2000 comprometidos, además, con la celebración del Año Santo Jubilar concebido en todos sus detalles por el papa Juan Pablo II. De que la iniciativa del Santo Padre nos mantendrá bien ocupados no hay dudas.

Pero la ocupación debe ser más interna que externa. Se trata de la conocida idea de que, quien no tiene, no está en condiciones de dar. Si he comprendido que es tiempo de gracia, no precisamente de caer en gracia —lo cual no está mal—, sino de asumir esa *gratia* o don gratuito de Dios que nos eleva a un estado de bienaventuranza superior en orden divino, que nos acerca a la santidad sin apartarnos de lo humano, porque lo humano se acerca así a lo divino, acabamos de comenzar el año, pero no debemos aplazar la hora de reordenar o revisar nuestra vida de fe.

Por estas fechas iniciales de año recordamos también la visita del Papa a Cuba. No es posible olvidar aquel acontecimiento. A la distancia de dos años, las cosas se ven de otra manera, lo cual no significa una nueva interpretación de los hechos, sino una mejora de la visión y una ampliación de la interpretación de esos hechos y sus consecuencias, y de otros acontecimientos que no son, precisamente, consecuencias de aquella visita, pero sí están de alguna forma relacionados, o son susceptibles de ser interpretados a la luz de aquel acontecimiento. Será siempre oportuno repasar y aplicar las enseñanzas del Papa en Cuba.

Nuestra situación es tan singular que todavía no dejo de asombrarme cuando repaso en mi mente aquellas variadas escenas del Papa recorriendo Cuba por aire y tierra durante cuatro días. La imagen que más recuerdo no es aquella que nos regalan cada mañana en la TV, que se congela justo en el momento en que el Papa hace una ligera reverencia con la cabeza mientras saluda al presidente cubano Fidel Castro. Recuerdo también otras, muy numerosas, de Juan Pablo II con el paso lento y la voluntad olímpica, saludado y venerado con respeto por tantos cubanos, mientras él regalaba a todos la bendición o una suave mirada, menos brillante, es cierto, pero más santa.

Y por más que alguien se empeñe en considerar que es cosa del pasado, cada día me convenzo más de que no es así. No se trata de si la situación económica mejoró o empeoró, lo cual merece atención, pero reducir la visita del Papa a las soluciones internas de la crisis multifacética que nos afecta desde hace varios años, es apuntar el arco de espaldas al blanco, y además tirar la flecha. No les falta razón a los que sentencian que el Papa vino y no pasó nada, si lo que esperaban que pasara era una especie de re-revolución social en Cuba.

Por otro lado, considerar que la mencionada visita trajo algunas mejoras para la Iglesia de manera exclusiva, es tirar la segunda flecha. Primero, porque la Iglesia no aspira a particulares beneficios institucionales mientras persisten las dificultades para un porcentaje grande de la población, a fin de cuentas, son las personas, miembros de la sociedad, los que conforman la Iglesia, y le aportan cuerpo, sangre y aliento, sin olvidar que la misión de la Iglesia se dirige a todos, incluso a los no creyentes; la Iglesia reclama el espacio que necesita para cumplir su misión. En segundo lugar, las supuestas mejorías para la Iglesia son aún tan pequeñas, en la práctica, que tampoco por este ángulo se sustenta esa afirmación. Un beneficio para todos sería que se ampliara la posibilidad de diálogo entre la Iglesia y las estructuras del Estado. Ciertamente, la normalización de las relaciones entre estas dos realidades puede ser difícil tanto para una como para otra. Las marcadas diferencias y dificultades del pasado se entrelazan con las posibles voluntades actuales de mejoría, para dar como resultado una especie de madeja un tanto enredada, y corresponde nada menos que a una buena parte de los mismos hombres y mujeres protagonistas de los hechos del pasado desenredarla y ordenarla. Es difícil, pero humanamente posible.

Lo que debe quedar claro es si existe real voluntad, por parte de todos, de desenredar la madeja en virtud de un bien mayor, que es la armonía común que necesitamos. Si esta voluntad es clara y además universal —porque son varios los acordes que se deben armonizar—, aparecerán de forma más clara los objetivos comunes que comprometen a la acción común, y esos objetivos no son exclusivamente políticos, sino y ante todo, humanos. Puede surgir la tentación o el deseo peligroso de esperar en el tiempo, y así evitar cualquier situación comprometedora que pudiera interpretarse como debilidad o claudicación, y es aquí cuando corresponde poner en la balanza las realidades sociales, la vida misma de las personas, el compromiso social histórico de toda institución pública, la misión reconciliadora de la Iglesia y los principios morales que deben regir todas las acciones públicas.

La Iglesia nos enseña que el diálogo es el único camino. Claro que hay diálogos reales y diálogos de ficción, pero la disposición de la Iglesia es siempre al verdadero diálogo y apreciar entonces si es del primero o del segundo tipo. Negar el encuentro con el otro es negarse a pasar el umbral, lo que inevitablemente implica la extensión de esta actitud retrógrada que quedará como herencia para aquellos llamados a ser responsables del futuro. Algo así como intentar prolongar en la Verona de hoy el drama de Montescos y Capuletos. Si me limitara a explicar a mis muchachos de la catequesis la situación que como católico viví en el pasado —no como un hecho histórico, sino intentando que ellos mismos lo vivan hoy—, convertiría mi clase semanal en una especie de sesión para zombis seudorreligiosos, algo que ellos no podrían asumir simplemente porque no lo vivieron. Su realidad es otra, la de las dificultades materiales y las incomprensiones sociales, más que las dificultades personales que experimentan en el orden religioso de cara a la sociedad, porque estas últimas son distintas.

Por cada acto racional de nuestras vidas, hay tres que son frutos de la pasión, según afirman hoy especialistas, no solo en psicología, sino también en neurología. Si esto es así, no se debe pasar por alto que el punto está en que los responsables de hoy no estarán presentes mañana, por lo que pensando en el mañana se debe actuar hoy, dando cada vez más espacio a la razón, cualidad propia de los seres humanos, en este y cualquier asunto. En otro sentido, una actitud distinta se aprecia en aquel gesto del anciano polaco y universal que decidió incluir a Cuba en su largo récord de peregrinaje religioso y humano, porque el cristianismo o es humano o no es.

Cuba vive en la actualidad un proceso inevitable, coyuntural e irrepetible, simplemente porque la historia, el tiempo y los hombres no se repiten. No darse cuenta de ello es un error mayúsculo, si no se aprecia, o una irresponsabilidad también mayúscula, si no se quiere apreciar.

Los cambios van apareciendo, poco a poco, sutiles, imperceptibles... Esos sean tal vez los más efectivos y los más necesarios. Particularmente considero que una procesión religiosa no es referencia suficiente para afirmar que existe una mejoría de la situación de la Iglesia en Cuba, porque hay muchos otros aspectos que son, en esencia, más vitales que una procesión. Pero cualquiera que haya estado caminando por la Habana Vieja la tarde del 25 de diciembre de 1999, y hubiera penetrado en la espiritualidad de aquella peregrinación litúrgica que desempolvó ingenuas emociones religiosas, tanto en niños como en adultos sencillos del pueblo que poco o nada conocen del catolicismo, quienes acompañaban desde sus casas o en las calles a aquellos miles de peregrinos católicos con carroza, árbol, y bandas musicales, cualquiera que haya podido apreciar esa muestra pública de alegría inusitada, podría pensar que no estaba en Cuba, o Cuba estaba cambiando, o estamos viviendo el surrealismo más inaudito. Ese, precisamente, es parte de nuestro proceso actual. Lo cierto es que la Iglesia en La Habana convocó a una manifestación de fe y la respuesta no pudo ser mejor.

Hubo quien afirmó que en aquella peregrinación se podía sentir el espíritu del Papa, como si nos alentara desde los veinticuatro meses que nos separan de su peregrinación a Cuba… Recuerdo haber leído la transcripción de una entrevista concedida por Juan Pablo II en el avión que lo traía hacia nuestro país, en la que un periodista le preguntó cuáles pensaba que serían los efectos de su visita a Cuba. El Papa le respondió con un conocido refrán italiano: «Quien viva lo verá». Estoy de acuerdo, y mientras tengamos vida seguiremos viendo cosas, a no ser que hagamos como el «peor ciego».

Por ahora tenemos el Jubileo, buena oportunidad para ver viviendo, o vivir viendo…

Enero de 2000.

SIN MÁSCARAS

En otras ocasiones he tratado el tema de los que llegan a la Iglesia por primera vez, o después de varios años de ausencia o de un alejamiento casi absoluto desde el día en que, aún de brazos, recibieron el bautismo. Eso tiene sus consecuencias, no solo a nivel social, sino a nivel personal. De las consecuencias sociales es mejor que hablen los sociólogos, si consideran, como considero yo, que las hubo, y resultan ya bastante apreciables; de las consecuencias personales, evidentes en la actitud y la aptitud de las personas, es de lo que, desde hace tiempo, venimos oyendo y hablando en los templos y fuera de ellos.

Hace unos días, el sábado 29 de abril, la Iglesia habanera celebró el Jubileo de los Jóvenes en los jardines del Sanatorio San Juan de Dios. La disposición física del lugar —un terreno irregular bajo los árboles para evitar el sol—, conspiraba contra una buena comunicación, durante la misa, entre el celebrante y los participantes, o de estos últimos con los animadores después de la misa. Tal vez, esta situación poco feliz permitió apreciar otras debilidades manifiestas en varios de los presentes. Algunas conductas inapropiadas para tal celebración encontraron también la respuesta apropiada, la que desde antiguo se conoce como corrección fraterna. Los jóvenes aceptaban la sugerencia que se les hacía, pero no basta la palabra de un momento, hace falta la acción sostenida que propone y persigue la conversión permanente. La conversión diaria debe ser el propósito de cada cristiano, tanto del que escribe este artículo como de los que comienzan hoy a oler el incienso de los templos.

Por buscar una similitud con la vida diaria, pudiera decirse que es como comprar el pan cada día: nadie compra el pan de una vez para toda la vida. Algo similar ocurre con nuestra conversión, es necesario ir constantemente a las fuentes de la fe, abrirnos a la propuesta de Jesús y comprobar si todos nuestros actos, dentro y fuera del templo, se corresponden con la voluntad del Padre y con la propuesta de la Iglesia católica, en la cual también decimos creer cada vez que recitamos el Credo. Si así no fuera, la conversión no sería real o al menos no completa.

Claro que en nuestra condición humana siempre seremos incompletos, pero es mejor intentarlo cada día. Para nosotros, es lo más parecido a vivir el cristianismo.

Nadie debe considerar que ser cristiano es cosa fácil. Si las épocas de persecución a los cristianos son difíciles, no mucho más fácil es vivir la fe en medio de «la paz» que ofrece el mundo.

Los que concibieron aquella celebración del Jubileo —una buena parte de los que integraban el equipo organizador son jóvenes— quisieron dejar claro cuáles son esos desafíos para los jóvenes de hoy y sobre esto querían hacer reflexionar a los presentes mediante una sencilla representación dramatizada: tres jóvenes usando máscaras presentaban las consecuencias y «ventajas» de una fe torcida, si se trataba de dar gracias a la «poderosísima» Virgencita de la Caridad, porque no se descubrió el fraude cometido en el examen; o la de un joven satisfecho con sus propias cualidades físicas que provocan la seducción «involuntaria» de más de una jovencita «del grupo»; o aquella chica que vive en una doble moral —es mejor de una vez llamarle mentira— que trata de justificar por qué no participó en el retiro espiritual con «el grupo» de su comunidad, aunque sí va a todas las fiestas que organiza el mismo grupo.

Me parece bien que se hayan presentado esas debilidades de manera natural. Ese reconocimiento de nuestras limitaciones es lo que nos hace fuertes en Cristo, como reflexionó san Pablo. Fuertes por Cristo y no por nosotros mismos. Esa es nuestra certeza, la única y válida certeza. Las certezas humanas no son tales o al menos no son totales, porque siempre quedan dudas, y está bien así, pues en la duda está la capacidad de reflexionar y medir las situaciones de una manera apropiada. La ausencia de religión, y hasta una religión mal entendida, tiende a desconocer la duda y a provocar la búsqueda de alguna certeza humana, y la consecuencia es que siempre debe buscarse en uno mismo, o en otros, la «certeza» para cada respuesta a cualquier situación. Pero la «manía de certeza es la antesala del fanatismo», como expresó muy bien alguien, y es poco probable que una vez atrapados por esa «manía de la certeza» seamos capaces de escuchar las sugerencias de otros. Por esto no debe faltar en el cristiano la conversión continua y el reconocimiento de las propias limitaciones, y alimentar la fe cierta en Jesús, en quien todo lo podemos como fruto de esa conversión, nuestra única certeza.

Por eso, en el dramatizado del Jubileo de los Jóvenes, un joven que representa a Cristo arranca las máscaras e invita al arrepentimiento y a seguirle en el difícil camino de la luz. Pero como el dramatizado no es un reflejo exacto de lo que ocurre en la realidad, pues no gozamos del privilegio de verle a Él cara a cara, corresponde a otros —a los que nos llamamos católicos desde hace tiempo, supuestamente comprometidos con la conversión— arrancar, y arrancarnos, esas máscaras que algunos, no todos, usan en nuestros templos y fuera de ellos.

Si varios de los presentes mostraron sorpresa cuando el arzobispo de La Habana hablaba sobre veinte mil jóvenes que habían hecho juramento público a Dios de castidad en un estadio deportivo de Baltimore, Estados Unidos, durante una ceremonia ecuménica el pasado año; o si otros manifestaron incomprensión o ignorancia cuando se daba la bendición final de la misa con el Santísimo Sacramento, no es exactamente culpa de ellos, sino reflejo de un mensaje mal presentado, incompleto o débil. No se trata de presentar un Jesús para vivir un ascetismo asocial, porque Él mismo se sentó a la mesa con los pecadores, conversó con las prostitutas y llamó consigo al buen ladrón, pero lo hizo para librarlos del pecado, para anteponer la dignidad humana a las debilidades, para mostrar el amor de Dios que busca al hombre.

Vivir como cristianos en medio del mundo, no de manera sectaria y aislada, implica vivir de manera cristiana. «Nosotros en la Eucaristía debemos ir transformando la vida del camino, que en Cuba diríamos la vida "de la calle", por una vida distinta —dijo el cardenal Ortega en su homilía—, y volver a esa calle, a esa vida, pero de manera que se pueda descubrir que somos de Él, que se descubra en el estilo, en la rectitud de nuestras vidas, en que no hay doblez, en que hay una capacidad de servicio, de amor, de entrega, que se descubra una visión distinta de lo que es el amor humano: la relación entre el hombre y la mujer, el noviazgo y el matrimonio, la creación de una familia; en el estudio, la profesión o el trabajo que hago con amor; que se pueda descubrir en nosotros a alguien que es de los de Jesús».[1]

«Por eso tan pocos te siguen», decía santa Teresa a Dios, ante las numerosas pruebas y obstáculos que Dios puso en su camino, pero la santa siguió, y no precisamente por ser santa, sino por creer que con la ayuda del Señor era posible pasar esas pruebas. Y esto fue lo que la hizo santa.

Nadie debe engañarse y nadie debe ser engañado; tampoco los jóvenes o adultos que llegan hoy a nuestros templos, pero mucho

---

[1] Cardenal Jaime Ortega: «Homilía en la misa por el Jubileo de Juveniles y Jóvenes», celebrado el 28 de abril de 2000. Notas del autor.

menos los que tenemos la osadía de llamarnos cristianos desde hace muchos años y somos el primer testimonio visible: nadie ama tanto al hombre como Dios, pero tampoco nadie demandará del hombre un amor tan radical como lo hace Dios.

«Si ustedes no creen en estas realidades —dijo el cardenal Ortega—, sería como no creer que Jesucristo viene a sus corazones en la eucaristía».[2]

No se trata de competencias numéricas, o de mayorías y minorías. Se trata de autenticidad de vida, de caer y volver a levantarnos tratando de no volver a caer. Se trata de aceptar nuestra debilidad, sin detenernos en los juicios humanos, y asumir la única certeza que, rechazada, puede traer consecuencias lamentables. Se trata de ser pocos tal vez, pero ser, y sin máscaras.

¿Difícil?... Yo mismo me asusté mientras escribía, pero me di cuenta que «arrancar la máscara» y «no tener miedo a abrir el corazón a Cristo», como pide el Papa, viene a ser la misma cosa.

Mayo de 2000.

---

[2] Cardenal Jaime Ortega: «Homilía en la misa por el Jubileo de Juveniles y Jóvenes», celebrado el 28 de abril de 2000. Notas del autor.

ADIÓS A LAS ALMAS

Mi mejor amigo se va, me dijo uno de mis hijos a mediados del último mes del último siglo del último milenio. Me sorprendí, no por la noticia que ya conocía, pero sí por su reflexión consciente sobre el rompimiento involuntario de la amistad, o por el alejamiento no deseado del amigo dispuesto y en ocasiones necesario. Después de unos segundos le pude responder que algo similar había experimentado hace varios años —decenas de años ya.

Volví a recordar a los amigos de infancia que *se fueron*, a los amigos de secundaria y del Pre que *se fueron*, y hasta a mi profesor de inglés en la universidad que se apresuró a entrar en la Embajada del Perú con nuestros exámenes, en 1980. Creo que de alguna manera nosotros también *nos fuimos* para ellos al quedarnos acá. Tres generaciones de cubanos sabemos lo que es irse o quedarse, quedarse-irse o irse-quedándose. Es el carácter definitivo de la emigración cubana de las últimas décadas, condicionado, además, con una dosis de politización amarga y excesiva, y tanto los que nos quedamos como los que se fueron, los que *nos fuimos quedándonos* o los que *se quedaron yéndose*, hemos perdido por igual, con los lazos afectivos, parte de nuestra memoria histórica: faltan datos en nuestro pasado y continúan desapareciendo en el presente, pues el capítulo de la emigración no ha terminado. Y la patria, este espacio que debe ser hogar para todos porque aquí nacimos, que nos trasciende, pierde con la pérdida de cada cubano.

Emigrar es un derecho, no debe ser una necesidad, ni siquiera una equivocada necesidad. La causa continúa siendo la necesidad: *necesidad* de reunificación familiar, *necesidad* económica; *necesidad* de desarrollo artístico, intelectual o deportivo, potenciados políticamente en Cuba y políticamente limitados; *necesidad* de ver otras realidades; *necesidad* de no ir o no volver a la cárcel; *necesidad* de dar a los hijos otras oportunidades; *necesidad* motivada por la necesidad de otros; *necesidad* de lo necesario...

No dejo de asombrarme cuando pienso que, en cuatro décadas, el único acuerdo que han logrado Cuba y los Estados Unidos es para regular la emigración de los cubanos, esto es, regularizar una situación que, en su esencia, es irregular. No estoy en contra de este tipo de acuerdos, pero antes que él, debían ocupar un lugar acuerdos diplomáticos, culturales, científicos, comerciales, deportivos, de comunicación, de seguridad, y otros más. Es evidente que la guerra fría no ha terminado para nosotros. Y las medidas son políticas, pero los resultados, buenos o malos, afectan la persona humana. Se trata de aquella conocida idea de que la ley debe servir a la persona, aún las correctivas, mas no convertir al sujeto en objeto.

La paradoja aflora constantemente, pues a pesar de las denuncias tan frecuentes reflejadas en los medios, sobre los que buscan la emigración ilegal y son devueltos al país, y de tantos que mueren en su propósito, los intentos continúan. Si a esto se suma los veinte mil anuales del mencionado acuerdo migratorio, los que «se quedan» en cualquier parte y los cientos o miles que se acogen al llamado «exilio de terciopelo», no es poco para un país con un índice de natalidad bastante reducido, de «país desarrollado» se dice.

En Cuba no se aplican las medidas sugeridas por el Fondo Monetario Internacional, con los despidos masivos, los recortes en los programas de salud o educación pública, y el largo y real calamitoso «etcétera» que tanto hemos oído en los últimos meses. Sin embargo, se afirma que nuestra emigración actual es económica, como la de otros muchos países de América Latina, África y Asia.

Las reformas económicas, y las posteriores contrarreformas, no acaban de ofrecer la estabilidad económica que deseamos. Una mayor liberalización en materia económica tal vez haría que más de uno se replanteara la alternativa de emigrar. No se trata de la moda neoliberal, sino de mayores oportunidades para los nacionales en la vida económica del país. La alternativa de darle solo al Estado el papel de manejar métodos capitalistas entraña no pocas calamidades para los nacionales, como la de «resolver» en la ilegalidad. Entonces harán falta más policías y vigilantes, y continuaremos oyendo la triste frase célebre, no sé si posterior a la Edad Antigua, a la Edad Media o a la Revolución Francesa, no sé si del siglo XIX o XX, pero bastante conocida entre nosotros, de que «esto no hay quien lo tumbe, pero tampoco quien lo arregle». Tramposo e inmoral autoconsuelo.

La cuestión familiar no es de menor importancia. Nada debería desplazar el derecho de los padres a elegir la educación y formación de sus hijos, dentro del orden y del sentido común de la convivencia social. Es el mismo derecho que durante muchos meses el sentimiento casi unánime de los cubanos defendió en aquel padre a quien quisieron separar de su hijo.

Un informe titulado «La familia cubana: cambios, actualidad y retos», al referirse a las dificultades por las que atravesaba —entonces y hoy— la familia cubana, sus ventajas y desventajas, deformaciones y rompimientos, valores y fortalezas, entre otras cosas, especificaba que: «El Estado en su formulación de políticas tendentes a la estructuración de proyectos familiares sólidos no debe atravesar la frontera entre lo público y lo privado. Se trata más bien de crear condiciones propicias para que las familias puedan potenciar y articular sus recursos, y canalizarlos hacia la formulación de un proyecto colectivo en el que se respeten los derechos de todos los involucrados, y por otra parte, que estas prácticas tomen en cuenta a la familia no solo como un espacio de sobrevivencia, sino como un vehículo de cambio».[1]

Otro punto referido en el mencionado informe como causante de afectación en el bienestar de la familia es la falta de comunicación «entre los miembros de la pareja, entre padres e hijos, y en general en la familia como unidad [...] algunos de cuyos indicadores son la falta de límites en el ejercicio del respeto y la autoridad de ambos padres, la existencia de conflictos, distanciamientos, manifestaciones de agresividad y poca contención familiar».[2] ¿Cómo es posible mantener la comunicación familiar si la mayor parte de nuestros jóvenes invierten durante su tiempo de estudios, en las conocidas becas, 120 de las 168 horas que tiene la semana, durante diez meses del año? ¿Tiene siempre presente la escuela la autoridad de los padres, cuando pretende, dicen algunos, liberar a los hijos de la sobreprotección del hogar?

«Son también problemas para las familias, sobre todo para las que viven en el interior del país, las pocas opciones para la recreación y el disfrute del tiempo libre»,[3] dice el mencionado informe. Afirmación fácilmente verificable y difícilmente comprensible. No tiene sentido, no hay razón que justifique que solo los extranjeros disfruten lo que a los nacionales nos está vedado. A las dificultades económicas, comprensibles en determinado momento, se añade la imposibilidad de la distracción y del disfrute espiritual, en este país bendecido por Dios, o por la Naturaleza, si así prefieren otros. No puedo entenderlo... y no puedo explicarlo de manera lógica cuando me preguntan... La política turística que se aplica hoy en Cuba es inconstitucional y discriminatoria,

---

[1] Departamento de Estudios sobre Familia: «La familia cubana: cambios, actualidad y retos», La Habana, Centro de Investigaciones Psicológicas y Sociológicas, diciembre de 1994.
[2] Ibídem.
[3] Ibíd.

ofende y duele hondo, allí donde no se ve... Y duele más cuando más se trata de justificar.

¿No son estas razones suficientes —y no son las únicas— para pensar que algo no marcha bien entre nosotros? ¿Es necesario preguntar cómo se siente alguien que acepta de manera involuntaria las nada agradables experiencias de su hijo o hija internado para poder acceder a la universidad, o por no poder disfrutar de las montañas, las playas y los hoteles de su país? Permitir que la familia cubana tenga mayor incidencia en la educación de los hijos sería beneficioso para la familia y para la sociedad; darle a los cubanos con voluntad y posibilidades naturales, tanto físicas como intelectuales y psicológicas, la oportunidad de poner a prueba sus talentos en materia económica, como se les permite a los inversionistas extranjeros, además de ser lo justo, no debe significar exclusivamente el retorno a un capitalismo salvaje decimonónico.

La redescubierta Ley de Ajuste Cubano, que efectivamente compulsa a la emigración ilegal, se complementa en las insatisfacciones internas. Si no es posible modificarla desde aquí, sí se puede disminuir la tentación que despierta facilitando oportunidades *ad intra*, sin que ello signifique someterse *ad extra*.

Tengo en alta estima los esfuerzos para lograr una educación universal en Cuba, un propósito que, si político, repercute positivamente en el plano humano. Lo mismo puedo decir, y he dicho donde he podido, sobre los avances en la salud, las posibilidades de desarrollo cultural, deportivo..., aunque hoy muestren claros signos de deterioro.

Por el mismo hecho, por ser los hombres y las mujeres de Cuba su mejor capital, como se ha dicho con razón, deben existir posibilidades de continua expansión y desarrollo de ese capital, sin más límites que los que imponga una recta moral y la salvaguarda de la dignidad humana vivida en sociedad. El espíritu humano es expansivo, ante las limitaciones se revela de manera más o menos activa, se mueve en los marcos de la ilegalidad o buscará otros ambientes y otras latitudes para lograr sus propósitos. En su defecto, vivirá consumido en la tristeza de la insatisfacción.

Que nadie sienta ya la necesidad de buscar fuera lo que debe tener en su propio país; que todos podamos disfrutar por igual y sin exclusiones el espacio que nos vio nacer; que no tengamos que decir adiós a tantas almas que se van «quedándose» con nosotros, porque tanto ellos como nosotros sabemos que así no debe ser, que emigrar sea un derecho consciente, no una necesidad.

Piensen los expertos qué es lo mejor para detener este éxodo: continua sangría de la nación, que incluye tanto a generales como a sacerdotes, jóvenes y viejos, médicos y obreros, sanos y paralíticos. Considérese que la cuestión política tiene graves consecuencias humanas y, por extensión, sociales y nacionales.

Mi opinión va acompañada también de un voto de confianza en aquellos responsables que pueden crear un clima más favorable para todos. Yo también, como otros muchos cubanos, creo en el hombre, y como otros muchos cubanos, yo también tengo un sueño: el sueño de ver a mis hijos y nietos —y los hijos y nietos de cualquier otro cubano— sin perder amigos e ilusiones, crecer con gusto y alegría en este país, de manera que puedan experimentar, desde ahora y para siempre, que verdaderamente nacieron y viven en «la tierra más hermosa que ojos humanos vieron».

Marzo de 2001.

LA PAZ COMO TRIBUTO

Durante el rezo del *Angelus*, el domingo 30 de septiembre, el papa Juan Pablo II expresó: «La terrible tragedia del 11 de septiembre será recordada como un día negro en la historia de la humanidad».

¿Qué quedaría por añadir a todo lo dicho en relación con la tragedia de Nueva York, Washington D. C. y Pensilvania? Después de haber visto y oído todo tipo de comentarios, pareciera que las palabras ya hastían cuando se vuelve sobre el mismo tema. Y el morbo recreativo de la televisión, repitiendo aquellas alucinantes imágenes una y otra vez, añadían al anonadamiento nuevos obstáculos para descifrar los códigos, y la realidad se diluía como mensaje subliminal, en ese rincón del cerebro donde almacenamos suficientes imágenes tenebrosas como para hacernos sentir que estamos «prestados» en este mundo, hasta tanto la voluntad de uno o varios lunáticos determine lo contrario. Cada avión estrellado y cada secuestrador-suicida-asesino, fue un mazazo de retroceso contra el mundo civilizado, de cualquier cultura y de cualquier religión.

Se hizo inevitable el recuerdo de aquel otro atentado en que decenas de cubanos murieron hechos trizas dentro de un avión a millas de la Isla, y el nombre de Felo pasó a la posteridad como la síntesis de aquellos inocentes condenados a muerte en nombre del fanatismo político.

Creíamos haberlo visto todo después de la Segunda Guerra Mundial, pero faltaba Vietnam, Soweto, la invasión soviética a Afganistán, Sabra y Shatila, los archivos que abrió la perestroika y las decenas de millones de cadáveres sobre Stalin y otras decenas de millones sobre Mao; los asesinatos de la Caravana de la Muerte en Sudamérica. Nos faltaban los crímenes de las FARC y los paramilitares en Colombia, y nos faltaba otra vez el atentado contra la vida en nombre de Dios. Creo que hay un lugar para las víctimas inocentes en el paraíso: allí está la verdadera Justicia Eterna. El Dios que conozco y que es Amor, que condena el crimen y el odio, acoge en su casa el alma de los martirizados.

Estados Unidos se ha planteado la misión de erradicar el terrorismo. Y ojalá cuando estas reflexiones se conozcan no hayan muerto otros muchos inocentes, porque entonces el mundo podría dirigirse hacia otra noche oscura. Si coincidimos en que esta es una guerra diferente, entonces es imposible librarla sin consenso. Si los terroristas viven en varias decenas de países, la solución no será tan simple como bombardear cada rincón donde se esconda un terrorista.

Se requiere el concurso de muchos y el compromiso de todos. La justicia debe prevalecer, pero ¿cómo hacer justicia?, ¿quién dictará sentencia? Hace falta consenso. La búsqueda de la justicia no será verdadera, si no se va a las causas y desde allí se rebota. Ir a las causas de este horrendo crimen tiene forzosamente que dar luz al desván donde se guardan y amontonan las cosas que no se quieren ver. Hay que buscar verdades, aunque duelan. Pero aun así, no hay razón para el terrorismo.

Octubre de 2001.

NUESTRA REPÚBLICA

El año 2002 indica el centenario de la República de Cuba. Los ciclos históricos son ocasión propicia para la reflexión. Se cumplen también cincuenta años de otro acontecimiento social: el golpe de Estado del 10 de marzo. El parto de una realidad nueva es siempre doloroso, como es esta de iniciar la obra grande y casi infinita de levantar una República que comprenda a cada uno de los ciudadanos de un país.

La historia nos habla de muchos años de sacrificios, desvelos y dolores de todo tipo para alcanzar la independencia y crear nuestra República. La misma historia nos dice que nuestra República nació limitada o *plattizada*; y que los objetivos de la Guerra del 95 no se concretaron en una independencia real. Los gobiernos cubanos sucesivos cedieron al peso de las intervenciones directas o indirectas del sector de poder de Estados Unidos, hasta la caída del gobierno de Machado y la derogación de la Enmienda Platt, con lo cual termina también el período de los presidentes cuyos méritos se sustentaban más en sus acciones de la guerra por la independencia que en su pensamiento político.

No es menos cierto que, en los gobiernos posteriores, la corrupción y el robo dañaron en gran medida la moral nacional y que el golpe del 10 de marzo de 1952 acabó de destrozar los sueños de un puñado de ilustres civiles que representaban la dignidad nacional, lo que Manuel Márquez Sterling llamó antes «la virtud doméstica». Incluso la revolución triunfante en el 59 no ha logrado incluir a todos los cubanos. Pareciera que la obra no ha sido acabada. Ese es nuestro pasado y nuestro presente, esa es nuestra historia, esa es nuestra República. Y aunque política, social y económicamente andamos aún a tientas, esto no debe ser motivo de paralizaciones, de frustraciones y evasiones.

Sería un error pensar que a cada grupo histórico le corresponde acabar la obra de la república, porque no es cosa de una generación, sino de varias. La conciencia de un pueblo no se forja de manera inmediata, sino de generación en generación, cuando las marcas o vivencias de una de ellas ya no son las de sus sucesoras, cuando los intereses inmediatos de un grupo se alcanzan parcialmente y surgen nuevos intereses y nuevos propósitos para el grupo nuevo, descendiente del anterior.

En la Cuba de principios de siglo, después de más de treinta años de guerra, de méritos y glorias ganadas en el campo de batalla, pocos fueron inmunes al virus militarista de la orden y la obediencia inmediata. El caudillismo ha sido para nosotros un virus antiguo, heredado ya desde los gobernadores españoles, tan habituados a poner las reglas lejos de la Corona.

A José Martí le caracterizó un espíritu altruista como pocos se ven en la historia, se alimentaba de amor al ser humano y esperaba siempre lo mismo de aquellos que se unieran a la causa que él supo conducir. Pero Martí no era ajeno a los riesgos caudillistas, al posible desbordamiento de los líderes guerreros y a la fascinación que podían producir en otros, poniendo en peligro el ideal republicano. Martí no dudó en reprochar a Máximo Gómez, todo un general consagrado y cubierto de méritos, y al propio Antonio Maceo, la concepción que ambos tenían sobre el centralismo del poder en manos de un militar durante y después de la guerra.

El tiempo limaría las diferencias y el mismo Gómez, ya al inicio de la Guerra del 95, no albergaba temores con respecto a la conveniencia de una autoridad militar paralela a una civil. Pero aquella carta dirigida al insigne dominicano, fechada en Nueva York el 20 de octubre de

1884, hubiera podido ser apropiada lectura para otros que después ocuparon puestos de relevancia en la dirección de la República y sigue siendo, aún hoy y hacia el futuro, un llamado para cualquier hombre o mujer con responsabilidades similares: «Un pueblo no se funda, General, como se manda un campamento; y cuando en los trabajos preparativos de una revolución […] no se muestra el deseo sincero de conocer y conciliar todas las labores, voluntades y elementos […] ¿qué garantías puede haber de que las libertades públicas, único objeto digno de lanzar un país a la lucha, sean mejor respetadas mañana? ¿Qué somos, General?, ¿los servidores heroicos y modestos de una idea que nos calienta el corazón, los amigos leales de un pueblo en desventura, o los caudillos valientes y afortunados que con el látigo en la mano y la espuela en el tacón se disponen a llevar la guerra a un pueblo, para enseñorearse después de él? […]».[1]

Los partidos políticos antes de 1959 no llegaron a las mayorías, no tenían programas definidos, sólidos y estables. Por esta misma razón, las diferencias entre partido de oposición y partido gobernante no eran significativas. El Partido Revolucionario que fundó Martí para dirigir la guerra de independencia, en varios casos sirvió de estandarte, pero la réplica espiritual de Martí no se logró… Faltó tiempo.

Económicamente, sin embargo, dimos saltos importantes para la época. Quienes evocan el pasado con cierta nostalgia y recuerdan los logros económicos significativos para la época, no están totalmente errados. Aunque no alcanzaba a todos por igual, no parece que fuera el aspecto económico motivo de las insatisfacciones constantes, de las continuas revueltas, ni siquiera el factor

---

[1] José Martí: «Carta al general Máximo Gómez», New York, 20 de octubre de 1884, en *Obras completas*, La Habana, Editorial Nacional de Cuba, 1963, t. 1, pp. 177-178.

determinante que condujo y posibilitó el éxito de la Revolución de 1959. Si no faltan en nuestra historia los caudillos, ni los admiradores de sus grandezas, al mismo tiempo nuestro temperamento rebelde se resiste al sometimiento permanente o a la entrega simple de lo que es para cada uno de nosotros el sentimiento de libertad, no siempre maduro o reflexionado, pero sentimiento al fin genuino, aquello que Martí evocaba en su carta al Generalísimo: «las libertades públicas», tantas veces ignoradas.

Y así tuvimos revolución en 1895, en 1933, en 1959. Una por la independencia, otra por rescatar la república, y la última buscando más hacia la soberanía nacional y la justicia social; ninguna completa; todas violentas; todas con buenos propósitos; todas vinculadas a la República.

¿Cuál es el lado bueno de las revoluciones? Es una pregunta que me he hecho por haber nacido en un país donde el fenómeno revolución ha estado presente en los últimos dos siglos de historia, especialmente en estos cien años de vida republicana. El padre Varela quería adelantarla por saber, precisamente, que era un mal social que llegaría de todas formas, y con adelantarla consideraba que podría ser manejable y se evitarían sus excesos. Martí la evocó, con dolor, por considerarla el medio necesario, proponiendo siempre que nadie quedara excluido después de su éxito, ni los mismos españoles. Más hacia acá, un grupo de jóvenes dirigidos por Fidel Castro vieron en este acto violento la única vía de lograr la redención de los más pobres y controlar la soberanía nacional. Aunque personalmente distingo entre esta última revolución, la otra iniciada por Martí y la primera evocada por el padre Varela, sí creo que el fenómeno revolución y los revolucionarios han sido parte de nuestra historia, es algo que ha estado siempre con nosotros, aunque no la evoco ni ensalzo como fenómeno social que genera fratricidio y dolor. Otros métodos civiles debieron evitarlas, pero no se concretaron. La única respuesta más razonable que he encontrado a la pregunta anterior la hallé en el libro *Anatomía de la revolución*, de Crane Brinton: «las revoluciones son, perversamente, un síntoma de fortaleza y de juventud en las sociedades».[2] Misterios humanos... Ojalá no seamos ya así de jóvenes.

Los logros sociales, culturales o económicos que alcanzamos antes de 1959, eran la prueba de la inteligencia, capacidad ejecutiva y aptitud para la acción de los cubanos. Desde antes de 1959 el capital humano era nuestra principal riqueza. Ese capital humano fue potenciado después de 1959. El nivel de instrucción y la elevación de la calidad de vida, que para muchos disminuye hoy, convierten el capital humano cubano en una cantera importante de posibilidades. Pero aún nos debatimos en la inseguridad, la inestabilidad económica y el deseo de emigrar de muchos, quizás porque consideramos la obra republicana como la misión de un momento determinado, en la que todo quede hecho definitivamente, como la obra de un artista. Pero aún la obra del artista, cuando es interpretada por otros, alcanza unas proporciones que su autor ni siquiera imaginó. ¡Cuánto más la república que es, o debe ser, el gobierno de todos!

Los cristianos cubanos no estamos exentos de pensar y sentir sobre el tema. Personalmente, me motiva tanto el *amarás a tu prójimo*, como aquella idea de Martí tan difundida hoy fuera de contexto de que «Patria es humanidad». Esa idea, aparecida en el periódico *Patria* en enero de 1895, era aplicable a los nacionales de un país, de cualquier país, porque para Martí cada coterráneo representaba la humanidad y así la patria se hace humanidad y es «aquella porción de la humanidad que vemos más de cerca, y en

---

[2] Crane Brinton: *Anatomía de la revolución*, Madrid, Ediciones Aguilar, 1958, p. 326.

que nos tocó nacer; —y ni se ha de permitir que con el engaño del santo nombre se defienda a monarquías inútiles, religiones ventrudas o políticas descaradas y hambronas, ni porque a estos pecados se dé a menudo el nombre de patria, ha de negarse el hombre a cumplir su deber de humanidad, en la porción de ella que tiene más cerca [...] Patria es eso [...]».[3] Por ello, no debo ir tan lejos para acercarme a la humanidad, si la tengo tan cerca: es el prójimo.

De manera que aquí estamos, cien años después de haber iniciado un camino empedrado y nada fácil en el que nos pusieron los libertadores de entonces, y con los condicionamientos externos que nuestros héroes por la independencia no desearon. Aquí estamos con nuestra República, que no importa tanto si los expertos la llaman tercera, porque hubo una primera y una segunda, o si mañana surge una cuarta o una quinta, pues cada número significaría que la obra aún se hace. Nuestra historia republicana no es ni mejor ni peor que otras, es y nada más. Aquí estamos solos con nuestra historia y ante nuestro destino, que no será justo, si uno solo de nosotros quedara relegado; solos con nuestros deseos de vivir y tener lo que nuestras capacidades físicas y mentales pueden crear; solos con nuestros logros y errores pasados, a las puertas de nuestros logros y errores futuros, pero con la posibilidad inevitable de avanzar juntos, para equivocarnos juntos y cosechar juntos los éxitos; solos con la independencia nacional y la oportunidad de continuar enderezando nuestra República, sin reeditarla ni rehacerla borrando el pasado.

---

[3] José Martí: «La Revista Literaria Dominicense», *Patria*, 26 de enero de 1895, en *Obras completas*, La Habana, Editorial Nacional de Cuba, 1963, t. 5, p. 468.

Nuestra República necesita que cada uno ocupe su lugar y haga su deber sin impedimentos, sin evasivas, sin reservas, sin temores, sin ataduras ni barreras de ningún tipo. La República necesita que cada uno de nosotros sea humanidad para el otro, y que nuestra propia humanidad haga la patria. No creo que sea fácil, pero sí necesario.

Este no es un año especial, es solo el de nuestro centenario republicano.

Enero de 2002.

EL PROYECTO DE LA IGLESIA

*P**alabra Nueva* quiere ser un vehículo de comunicación social, de información y de formación, un canal en el que, siempre que lo justifique el bien común que la Iglesia debe promover desde una proyección cristiana, el lector o receptor pueda ser también emisor. Nuestro objetivo apunta, además, a la formación de la opinión.

Iván Chávez Viera ha escrito una carta a los que «laboran y colaboran en *Palabra Nueva*». Aunque no hay dirección en el sobre, lo que despierta dudas, al menos dos elementos motivan esta respuesta: el tono respetuoso de la carta de Iván, reflejo del sentimiento de una persona inquieta —¿joven?— que al cuestionar busca aclaración; y el hecho de que la inquietud de Iván lo es también de otras personas, no pocos fieles católicos, quienes de forma personal preguntan, algunos con desenfado y otros como en un susurro, por qué en nuestra revista no hemos hecho mención del «Proyecto Varela».

«A título personal —escribe Iván— he decidido redactar esta carta […] no lo hago en representación de ningún tipo de organización […] Lo que me mueve a ello es el hecho de que he buscado en los últimos meses […] sin que lo haya podido encontrar, algún artículo relacionado con un proyecto cívico, nacido en el seno de nuestra sociedad civil, conocido por el nombre de Proyecto Varela».

Tras ofrecer detalles sobre el mencionado proyecto, su sustento constitucional, su alcance, las firmas recogidas y el apoyo recibido, «sin embargo —continua—, a pesar de todo esto, no ha sido abordado dicho tema […] ¿Por qué han guardado tanto silencio […]? El silencio a veces nos hace cómplices de la injusticia. ¡No manchen el prestigio que se han ganado […] dejando pasar por alto la mención y seguimiento que merece semejante asunto! […] Los laicos y religiosos cubanos [...] tienen el deber de contribuir con el mejoramiento de nuestra sociedad; y me parece que la información oportuna y objetiva es un factor importantísimo para lograrlo [...] Esperanzado en que tomen en consideración mi señalamiento, y si no he sido justo en él, ruego me lo hagan saber [...]».

Hasta aquí una síntesis sustancial de la carta, que responderé intentando poner luz sobre esas ideas, como director de esta publicación.

La Iglesia en Cuba no ha dejado de reconocer el derecho de quienes, como ciudadanos responsables, descubren su vocación de compromiso social, esto es, su deber de asumir un lugar en la sociedad, expresar sus opiniones y buscar los medios para ello, siempre que el método sea el diálogo y la acción pacífica, entendiendo la vía pacífica como acción militante, o sea actuando por métodos pacíficos y promoviendo el diálogo como única vía posible para generar frutos sociales durables. Bastaría buscar en el pasado reciente, por ejemplo en el Mensaje de la Conferencia de Obispos Católicos de Cuba «El Amor todo lo espera», del año 1993, para encontrar qué piensa la Iglesia institucional, conducida por sus obispos, sobre quienes son considerados «disidentes» u «opositores» por unos, y por otros «contrarrevolucionarios»; ciudadanos cubanos que piensan, sienten, hablan, actúan y quieren vivir de modo distinto a la propuesta oficial, por citar solo un par de entre los más de ochenta párrafos que contiene dicho texto: «Cuando uno analiza las opiniones de otros en el sentido del valor y mérito que tengan en sí mismas y no en función de las personas que las emiten, no hay por qué temer, ya que la disensión puede ser fuente de enriquecimiento. No hay por qué temer a las réplicas y las discrepancias, porque las críticas revelan lo que los incondicionales ocultan» (n. 65). «Si Cuba ha abierto las fronteras a las relaciones internacionales con sistemas no solo distintos, sino hasta opuestos al nuestro, que incluso en palestras internacionales han votado contra los puntos de vista del Gobierno cubano, no se ve por qué a nivel nacional los cubanos deben ser forzosamente uniformes [...]» (n. 67). Esto es misión profética de la Iglesia que denuncia y anuncia desde una posición propia, centrada en la persona humana, sin quedar atada a postura política alguna, pero reconociendo la vocación política de los ciudadanos.

En ese mismo sentido y desde estas mismas páginas, no han faltado pronunciamientos similares, siempre que la razón y la realidad lo aconsejaran. Puedo decir más. Personalmente, he escuchado las críticas de quienes entienden que desde estas páginas, al hablar de estos temas que afectan la vida de los ciudadanos, «se hace política bajo la protección de la Iglesia». Pero el buen lector puede reconocer que en los textos de *Palabra Nueva* hay argumentos fundados en principios éticos o morales, enfocando la dignidad afectada, no con ofertas o propuestas políticas, aunque sí son criterios que inciden en el campo de la política, pues se refieren a situaciones que deben ser resueltas por los políticos. No creo, por tanto, que la Iglesia en Cuba, ni esta revista como publicación de la Iglesia en La Habana, hayan sido, desde «el silencio», «cómplices de la injusticia».

En todo el país, la Iglesia recibe con frecuencia documentos emitidos por distintos grupos de opositores. Si son católicos, de ellos dice la *Gaudium et spes*: «El Concilio exhorta a los cristianos [...] a que procuren cumplir fielmente sus deberes terrenos, guiados siempre por el espíritu del Evangelio. Se alejan de la verdad quienes, sabiendo que nosotros no tenemos aquí una ciudad permanente, sino que buscamos la futura, piensan que pueden por ello descuidar sus deberes terrestres, sin comprender que ellos por su misma fe están más obligados a cumplirlos, cada uno según la vocación a la que ha sido llamado» y, como la conciencia cristiana puede inspirar distintas soluciones a un mismo caso, añade que «a nadie le está permitido [...] reivindicar exclusivamente para sí, a favor de su punto de vista, la autoridad de la Iglesia. Deben procurar siempre iluminarse mutuamente con un diálogo sincero, guardando la caridad mutua y preocupándose ante todo del bien común»[1]. Con respecto a todos, cualquiera sea la filiación política, el mismo documento, que al parecer pocos conocen, estima «digna de consideración la obra de aquellos que para servicio de los hombres, se consagran al bien del Estado y aceptan las cargas de este deber»[2].

Aclarado lo anterior, con respecto al proyecto mencionado y considerando el apoyo de una parte de los fieles católicos a la idea, como un acto libre que la Iglesia no promueve ni impide, y conociendo que otras personas residentes en Cuba o en el exterior han manifestado su apoyo, ¿permite esto suponer que deba ser apoyado o difundido desde *Palabra Nueva*, sugiriendo así que esta debe ser la opción de los católicos? ¿No hay también católicos que no se afilian a este Proyecto? ¿Se puede ignorar el politizado contexto nacional, en el que las fuerzas que se oponen entre sí podrían desear la adhesión o respaldo de la Iglesia hacia uno u otro lado? ¿Debe la Iglesia definirse —y esta revista es un medio de la Iglesia— según el criterio de los políticos actuantes, o debe mantener más bien su independencia en tales asuntos, comprometerse aún más en una pastoral de reconciliación y preservar su compromiso con el pueblo para cumplir la misión recibida de Jesucristo? Ese es *el proyecto de la Iglesia*.

Nótese que no se hace referencia al contenido del proyecto o a sus posibilidades, ni siquiera al título del proyecto —que pudiera ser cuestionado por algunos «varelistas»— porque esto corresponde a quienes lo promueven y a quienes, haciendo uso de su libertad y de

---

[1] Concilio Vaticano II: Constitución pastoral *Gaudium et spes*, sobre la Iglesia en el mundo actual, n. 43, Madrid, edición oficial promovida por la Conferencia Episcopal Española, Biblioteca de Autores Cristianos, MCMXCIX, pp. 283-284.
[2] Ibídem, n. 75, p. 327.

su responsabilidad, lo respaldan. La esencia de la cuestión, para nosotros, es la difusión de «semejante asunto», el que, como propuesta o proyecto político, merecería igual difusión que el documento «La Patria es de todos», de otro grupo opositor, o el «Juramento de Baraguá», promovido por el Gobierno cubano, los que tampoco difundimos.

Para el comunicador católico, y este es el caso de quienes «laboramos y colaboramos» en esta publicación, queda claro también que una cosa es nuestro interés personal como individuos que conforman la sociedad, y otra el interés y misión de la Iglesia, a la que servimos desde esta revista. Una cosa es reconocer el derecho de los ciudadanos a hacer uso de sus derechos naturales, sociales, económicos y políticos, aunque no sean reconocidos por el poder establecido, y otra es potenciar un programa o un proyecto político e invitar a seguirlo.

A los individuos les corresponde descubrir su lugar en la sociedad, a las autoridades dar recepción y satisfacción a estas y otras inquietudes. Y los fieles católicos debemos saber diferenciar entre el compromiso social o político, y la misión de la Iglesia. Se trata de definir posiciones, aunque sea la ética cristiana la que inspire aquel compromiso político o social, lo que, por otro lado, *es cristianamente correcto*. Más aún, un medio de comunicación eclesial que, según sus palabras, ha logrado prestigio, no debe convertirse en catalizador de una corriente política, comprometerse con ella y arrastrar a otros en su camino, algo que sí correspondería a los medios de comunicación identificados con partidos políticos diferentes, aunque esa pluralidad de partidos y esos medios, contradiciendo el sentido común y la naturaleza de las sociedades modernas, no existan hoy en Cuba. Si existieran, es posible que nos ocupáramos más de estos asuntos pero no de forma parcial. En otras palabras, la prudencia no es sinónimo de silencio y complicidad.

En estos tiempos en que toda autoridad es cuestionada, a veces con razón y a veces sin ella, la Iglesia no escapa a las críticas y cuestionamientos. Eso es inevitable. Pero los católicos debemos conocer muy bien la naturaleza y lugar de cada componente social, porque no faltan tampoco quienes quieren promover a los «disidentes» dentro de la Iglesia, precisamente por aplicar a la Iglesia los raseros sociales, manifestando su ignorancia respecto a lo que es la Iglesia como institución.

No debe olvidarse, Iván, que cuando la Iglesia ha asumido compromisos políticos, ha terminado siendo vocera de uno de los grupos rivales, aumentando la división y quedando vacía de contenido, del mensaje fundador que recibió de Jesucristo, el cual debe alcanzar a todos los hombres cualquiera sea su filiación política.

Anunciar el evangelio, unir, reconciliar, asistir al necesitado, proteger o abogar por el derecho de todos, promover la esperanza, esa es misión de la Iglesia, ese es su proyecto, aún en medio de las incomprensiones o de las críticas. Es también misión de *Palabra Nueva*, porque de lo contrario, especialmente en un contexto como el nuestro, carente de medios que reflejen las opiniones políticas divergentes, esta tribuna se convertiría, a no dudar, en una suerte de ambón de oposición política y ¿con qué parámetros rechazaríamos a unos para beneficiar a otros? Esto es algo que muchos comprenden, pero otros no. Es bueno repetirlo.

Por último, Iván, en situaciones como esta, no está mal para un cristiano recordar el lema de los cartujos: «La Cruz permanece firme, mientras el mundo da vueltas». No firme en el ojo de la tormenta, donde hay calma completa, sino en medio de la sociedad humana para compartir con ella los gozos y las esperanzas, las tristezas y las angustias mientras estemos en esta vida, como preparación a una felicidad eterna que, al mismo tiempo, comienza a gestarse en este mundo.

Abril de 2002.

PECADO SOCIAL

La forma en que veintitrés jóvenes católicos cubanos se convirtieron en emigrantes mientras participaban en la XVII Jornada Mundial de la Juventud en Canadá, al menos considerando las declaraciones posteriores de algunos de ellos, manifiesta que faltó honestidad en la comunicación que mantenían con sus obispos y/o párrocos, durante el período anterior a la partida. Algunos dirán que ellos, como otros antes y después, no hicieron otra cosa que «aprovechar la oportunidad», pero este argumento, precisamente, confirma la comunicación irreal o deficiente. De oportunidad viene oportunismo, y se puede también ser oportunista sin salir de Cuba. Si ante determinada oportunidad se manifiesta en nosotros otra personalidad que permaneció escondida de modo consciente, esperando la ocasión para actuar de manera contraria a como lo habíamos hecho hasta ese momento, aunque otros no se enteren, se evidencia que antes representábamos un personaje no auténtico.

Hay ocasiones en la historia del hombre en que la falsedad, el oportunismo, el doble discurso, jugar doble o en dos bandos a la vez, la doble moral como se suele llamar hoy, manifiestan la lucha por la supervivencia, ya sea como una respuesta a la violencia contra la libertad individual, o como un acomodarse a las reglas del juego, cuando no hay juego limpio, sin embargo la justificación de la conservación enmascara, mas no borra la mentira. Creo que algo de esto hay entre nosotros, conformando, en buena medida, una especie de pecado social.

Recuerdo mi primera *lección ideológica*. Fue en Ciudad Libertad, primer grado, poco menos de cinco años de edad. En una planilla me preguntaban si quería ser pionero, marqué «No», más por imitación a un estudiante mayor que por convicción. Mi maestra «makarenko», de quien recuerdo mucho más que su nombre y apellidos, gritando me repitió la pregunta delante de todos en el aula: «¡¿Tú no quieres ser pionero?!». Aterrado y sorprendido por sus gritos, sin saber nada de causas y efectos, volví a responder que no. Pero un fuerte golpe en las palmas de las manos con cinco o siete reglas de madera me ayudaron a comprender el error: «¡¿Tú no quieres ser pionero?!», repitió. «Sí», le dije, y claro que lloré, y ella *me enseñó* a no hablar de aquello en casa. Es verdad que los «makarenkos» duraron poco —y demasiado—, pero aquella me forzó a decir lo que ella esperaba oír, no lo que yo quería decir. Yo mentí, y ella se mintió a sí misma, y a los superiores también, pero ya todos sus alumnos eran pioneros. Hoy ya ni siquiera se hace la pregunta: todos los niños cubanos son «pioneros por el comunismo», aunque mañana sus vidas tomen otro rumbo.

 A mediados de los años noventa llegué una noche a Santiago de Cuba y en el aeropuerto alquilé un «botero» para ir al Cobre. El conductor del estridente Moskvich tenía deseos de hablar y yo también. Como el derecho a comprar Moskvich, Ladas o Fiats había sido concedido a los médicos internacionalistas, profesionales u obreros destacados, entre otros, le pregunté al conductor cuál era su profesión. «Machetero», me dijo. Había participado en muchas zafras y así compró el carro, y como machetero destacado se había ganado también el derecho a comprar el acondicionador de aire, a adquirir una casa, el televisor, la lavadora y el refrigerador. Era la primera vez que tenía ante mí a un machetero «millonario», y lo felicité por ello, pues imaginaba lo duro que debía ser ese trabajo durante meses y años. Aún hoy no sé qué lo animó a revelarme el secreto de sus millones: cortaba mucho, pero no tanto como se escribía en el papel. Ganaba por arrobas de caña cortadas bastante dinero, más que el jefe de la Brigada, entonces él daba dinero al jefe, y este le aumentaba los números convirtiéndolo en «millonario», el aval necesario para salir victorioso en las asambleas donde se otorgaban los derechos de compras.

Hace unas semanas leí en *Juventud Rebelde* (dominical, 18-8-2002) el patético testimonio de un joven que luchaba por dejar las drogas. La marihuana, después la cocaína y el *crack* le habían llevado al límite de su existencia. Hoy sabemos que las terribles drogas duras (cocaína y *crack*) se consumen entre nosotros de forma ilegal pero extendida y articulada, en las calles, en centros recreativos, en no pocas escuelas de régimen interno que conocemos como «becas», pero lo que revelaba el trabajo ejemplarizante del diario *Juventud Rebelde* es que la droga fuerte comenzó su estrago hace muchos años, mientras oíamos insistentemente que nuestra juventud y nuestro país estaban libres de drogas. El joven del texto había llegado a la cocaína a comienzos de la década del ochenta.

Todos estos casos, aislados en el tiempo pero no en el espacio, reflejan una crisis de comunicación y por tanto de las relaciones sociales. Todos los niños no han sido maltratados ni todos los maestros han presionado de forma violenta, pues hubo otros métodos más sutiles como la terrible frase dicha a tantos padres: «al niño no le conviene [...]»; no todos los macheteros han inflado sus cortes y muchos hicieron su trabajo, y lo hacen, convencidos de su aporte social. Pero la *necesidad de la unidad*, de que todos los niños sean pioneros o que todos los macheteros emulen por el primer lugar, estimuló el engaño, la simulación, la comunicación falsa. Estoy convencido de que los oportunistas al ciento por ciento, o los falsos al ciento por ciento, son una minoría en el ámbito social, pero una minoría que puede ser generada por cómplices activos —los que compulsan— y a su vez generar una mayoría de cómplices pasivos, que puede convertirse también en activa. Es lo que se manifiesta cuando justificamos nuestras violaciones, contra las leyes o contra nuestra conciencia, con frases como «luchando...», «imagínate, ¿qué voy a hacer?», «yo no quisiera pero si no lo hago…».

Creo que mucho ha influido el paradigma idealizado hasta grados superlativos del hombre-nuevo-revolucionario y el empeño por divulgarlo como ejemplo mejor —único— a través de aquellos que han sintetizado en sí virtudes humanas y han elegido la única opción política que rige entre nosotros. El deseo de forzar la unidad en aquel hombre ideal, apelando a todos los recursos disponibles, incluidos los medios de comunicación, y considerando toda otra manifestación como despreciable o débil, se convierte por fuerza en *la meta social*, en unidad de medida regente, pero alterando la comunicación y la convivencia humanas, si interpretamos los hechos sociales como signos de la comunicación. Según el caso expuesto en *Juventud Rebelde*, ¿qué pensaría el joven drogadicto ya hace más de veinte años, sus amigos o su médico, cada vez que escuchaban en la radio o leían en la prensa que Cuba era un país libre de drogas?

Pero como en realidad todos los hombres no son iguales, la acción desmesurada sobre las personas, en nombre del consumo o la ideología, produce una reacción de rechazo o alejamiento necesario para sobrevivir o poder regresar y contactar. Abraham Moles, especialista en comunicación, lo explica muy bien: «El individuo solo acepta verdaderamente a la sociedad en la medida en que es capaz de rechazarla; si no es así, si se ve forzado a llevar una vida demasiado socializada, sin poder escapar a la comunidad entera para encontrarse consigo mismo en el espejo de su medio familiar, aquel que reflejan los *self media* (los medios de comunicación propios), entonces no rechazará a la sociedad y la sufrirá desarrollando su agresividad y siendo su *mal de vida*».

La *agresividad*, creciente, merecería un análisis aparte. El *mal de vida* se traduce en doble moral y engaño, en el escape externo o interno. Si digo solo lo que mis superiores esperan que diga para ser aceptado, si cumplo con todas las *tareas asignadas* para que me dejen tranquilo y obtener a escondidas beneficios ilegales, si las diferencias ideológicas me permiten dialogar con unos y cerrar la puerta a otros, etc., introduzco una dicotomía en mi vida difícil de manejar y de esconder, que me impedirá mantener una comunicación sana con otros. También los honestos se verán afectados por el virus de la doblez, pues una conciencia recta no puede evitar sufrir ante un mal social que no puede remediar…

Pero mientras tengamos honestos, tendremos lámparas encendidas.

Mas los pecados, tanto personales como sociales, tienen redención. Creo, como san Agustín, que no somos personas malas, aunque participemos, paradójicamente de modo solidario, en un mal social. Más bien padecemos de un error de perspectiva, de una errada interpretación de la naturaleza humana. Solo existen hombres y mujeres que reúnen a la vez virtudes y faltas, deseo y voluntad, y así dan cuerpo a la sociedad, crean, conforman y deforman las instituciones.

Pienso, como el santo de Hipona, que Dios creó el bien, no el mal. Lo que se ha corrompido con el mal, antes fue bueno y puede volver a ser bueno. Si somos solidarios en la falta, porque la compartimos al compartir la sociedad, podemos ser solidarios en la redención. Las instituciones políticas y sociales, las familias y la Iglesia tienen una responsabilidad común. Estoy convencido de la misión intransferible del Estado, y de su grave responsabilidad, en muchos renglones de la vida social. Uno de ellos es, precisamente, encauzar las diferencias de los ciudadanos, no negarlas, y estimular y garantizar la participación de todos. La familia ha sido nuestro refugio, donde escuchamos o repetimos aquello de «esto no se puede hablar en la calle»; pero es también en la familia donde se debe y puede lograr mejor respuesta a este mal: es necesario jerarquizar la verdad responsable, y expresarla no solo como un derecho, sino como un deber en las relaciones interpersonales y sociales; y saber escuchar la verdad de otros, que es también derecho y deber. La Iglesia debe enseñar una y otra vez a los fieles, y a todos sus miembros, que la mentira es contraria a Cristo, que la conversión auténtica exige un propósito de revisión y perfección constante de la propia vida o no es tal. Tal vez este pecado social no desaparezca totalmente, pero esto ayudaría a entender la mentira como contravalor que debe ser sustituido a nivel de conciencia y de vida, individual y socialmente, por la verdad como valor auténtico y necesario.

Lo que está en juego no es una unidad edificada sobre el supuesto que nos considera a todos iguales, pues ello podría provocar la continuidad de este mal, si se desconoce la maravillosa subjetividad humana.

Lo que está en juego, como demuestra el caso de los jóvenes cubanos en Canadá y otros ejemplos de oportunismo interno, es la salud social: el rescate y permanencia de la verdad y la honestidad como valores trascendentes, pilares indispensables de toda sociedad sana en la que sus habitantes aspiren a compartir un espacio de unidad en la diversidad, en el respeto, en un ideal posible, uno solo, que nos una como pueblo y como nación. Y este ideal no se alcanza con valores económicos ni políticos, sino humanos: por la certeza de que hemos nacido para el bien, de que es posible dar al otro lo bueno que tenemos, a la vez que esperamos otro tanto sin dejar de ser nosotros, convencidos de que juntos debemos forjar el bien común.

Septiembre de 2002.

ENTRE EL YUNQUE Y EL MARTILLO

Nadie está en condiciones de afirmar cuándo llegarán a su fin las agrias diferencias entre los gobiernos de Cuba y los Estados Unidos. Los largos años de tensiones han dejado como herencia una carga demasiado pesada y compleja, arrastrada por una especie de fuerza centrípeta de la que pareciera imposible remontarse. Y es particularmente difícil en nuestro caso, donde muchas veces la vida social y política depende de la actitud de Estados Unidos. Al menos es lo que demuestran las detenciones anunciadas en «Nota Oficial» el pasado 18 de marzo: personas que por bastante tiempo manifestaron abiertamente sus diferencias políticas con las autoridades cubanas, fueron detenidas y procesadas después de un acto inusual, desafiante, del jefe de la misión estadounidense en La Habana.

Ir al centro del problema, señalar los males y las diferencias es necesario, quedarse en el problema es innecesario, es contraproducente, y toma matices, como en nuestro caso, inhumanos: todo lo que separa, divide y enfrenta a los hombres es inhumano. Algo de humanidad se pierde con la enemistad entre hombres y pueblos, directamente proporcional a sus prolongadas manifestaciones.

La acción política, ¿es el arte de lo posible o el arte de lo imposible? La elección es libre. Las consecuencias de la elección tendrán la última palabra; o *la conciencia*. Me parece válida la expresión utilizada por el cardenal Roger Etchegaray, quien fuera hace varios años presidente del Pontificio Consejo Justicia y Paz de la Santa Sede, pronunciada en la misma Bagdad días antes de estallar la guerra en Irak: «En nombre del Papa —dijo el cardenal Etchegaray—, quiero hacer un llamamiento a todos aquellos que, en estos días decisivos, tienen peso sobre el futuro de la paz. La conciencia es, en definitiva, la que tendrá la última palabra, por encima de todas las estrategias, de todas las ideologías e, incluso, de todas las religiones».

La conciencia de los hombres es la que debe inspirar sus actos. La conciencia nos da nuestra condición de seres superiores ante los demás seres vivos. Una conciencia recta debe generar actos positivos, y viceversa.

Hay ocasiones en que nuestra conciencia nos asegura que estamos haciendo lo correcto, aunque otros piensen lo contrario. Si tenemos los medios y la oportunidad de llevar a cabo nuestros actos decididos conscientemente, así lo haremos, no importa si somos comprendidos o no. Por ello en la conciencia, en el fuero interno propio, es donde el hombre se halla solo ante su propia libertad. Es allí donde se toman las decisiones, equivocadas o no, asumiendo los riesgos y consecuencias; es allí donde el hombre queda solo ante sí mismo y ante Dios, sea o no creyente. También es allí donde los demás no podemos llegar a influir, o al menos nunca estaremos seguros de haberlo logrado.

Al final, la conciencia tendrá la última palabra en la realización de un acto humano, que puede resultar inhumano. Pero después de cometido tal acto, es muy probable que la última palabra la tenga esa historia no siempre escrita: la vida diaria con sus dramas, sus penas, sus angustias, o sus triunfos y niveles de confianza generados en la comunidad de los hombres.

Si se trata de la conciencia de los políticos, entonces el asunto alcanza significados superiores, porque las consecuencias de sus actos son colocadas sobre las espaldas de los gobernados. Todo indica, por ejemplo, que los políticos norteamericanos, al menos los que más poder e influencia mantienen, están conscientemente convencidos de lo correcto de su política de aislamiento hacia Cuba, o hacia el Gobierno cubano, que es en la práctica lo mismo, de acuerdo con su ideal de libertad y democracia. Del mismo modo, los dirigentes políticos cubanos pueden estar muy conscientemente convencidos de que las detenciones practicadas contra varios disidentes y la aplicación de sanciones, manifestación de una ideología política uniforme y unitaria, sin oposición, es lo correcto para contrarrestar actos que «ponen en riesgo la seguridad y los intereses de nuestra heroica patria», según la nota oficial mencionada.

Porque no debemos marginar o desconocer la alteridad, *el otro y su conciencia*. Si aceptamos lo anterior como un hecho, si asumimos la autonomía de la conciencia humana, entonces debe comprenderse también el acto consciente y autónomo de aquellos cubanos que, dentro o fuera de Cuba, actúan para transformar, mejorar, modificar, cambiar las relaciones sociales, económicas o políticas en Cuba, independientemente de su éxito o no, del riesgo asumido, de las posibles sanciones, de si son muchos o pocos. Es simplemente un acto de conciencia.

Como un acto de conciencia puede ser el esfuerzo que hacen otras personas no cubanas, en Estados Unidos o en cualquier otro país, para apoyar el sistema social cubano. Según sus propias declaraciones, Ana Belén Montes —la exoficial norteamericana que durante años actuó como agente al servicio del Gobierno cubano desde los niveles más altos de la Secretaría de Defensa de los Estados Unidos— traicionó a su propio país únicamente por su convicción, en conciencia, de que Cuba no merecía el trato que le han dado los gobiernos de Estados Unidos.

Pero la conciencia personal debe ser confrontada con la comunidad, porque el acto consciente de la persona puede también comprometer a sus semejantes, para bien o para mal. La responsabilidad social exige formar y educar la conciencia personal, buscando siempre la verdad y rechazando la ignorancia. Es entonces cuando debe tenerse en cuenta la ética —sin apellidos ni adjetivos— como verdadero fundamento de las relaciones humanas, cualquiera que sea el campo de acción: política, economía, cultura, familia. Ética y conciencia son los pilares insustituibles que deben conducir nuestros actos.

No es la ética un conjunto de normas y leyes que se cumplen por obligación, sino la vivencia y expresión consciente de lo que somos: seres humanos con deberes y derechos en el complejo proceso de la convivencia social, capaces de elegir siempre el bien, incluso cuando se trata de otros, los que tienen también deberes y derechos. El ser humano, quienquiera que sea, constituye el valor ético primero. Cada ser humano es una realidad objetiva concreta, cuya autonomía y dignidad no dependen de la aceptación o no de otros para ser tales. Y esto es válido tanto para las relaciones con el prójimo cercano, si se trata de una sociedad en un país limitado, como en las relaciones con el prójimo lejano, en un mundo que avanza hacia la globalización.

Una actitud ética implica también una porción de crítica, y si esa crítica no se diera sería suponer que todo marcha bien y se han alcanzado todos los ideales, lo que no es cierto, ni será nunca cierto, porque tal autocomplacencia pretendería negar el proceso continuo y expansivo de la vida y la sociedad humanas.

Ha faltado ética en las relaciones Cuba-Estados Unidos. Esto se ha reflejado en actos hostiles verbales o físicos, en leyes y regulaciones que anteponen la política o la ideología al ser humano.

Las mutuas manifestaciones hostiles entre los gobiernos de Cuba y de Estados Unidos son éticamente criticables; las leyes que afectan las relaciones entre los ciudadanos de ambos países son éticamente criticables. Las prohibiciones a los ciudadanos norteamericanos a viajar a Cuba son éticamente criticables, tanto como aquellas regulaciones en Cuba que restringen las libertades individuales de los cubanos, condicionando tales limitaciones a las malas relaciones con Estados Unidos. La libertad no tiene más límites que los naturales.

La política, cualquiera que sea su fundamento ideológico, está al servicio del hombre y del bien común; si otro fuera su objetivo sería éticamente criticable.

Antes que ciudadanos somos individuos, seres humanos, personas. Somos ciudadanos por derecho de nacimiento, según la concepción actual de la sociedad; la individualidad es esencial a nuestra naturaleza humana, anterior al Estado moderno. Mientras el individuo será siempre *sujeto libre y responsable*, dueño de sus acciones, capaz de elegir y crear a partir de sus propias fuerzas e inteligencia, el ciudadano corre el riesgo de convertirse en *objeto de estabilidad social*, necesitado de controles, limitado por las leyes, de quien se espera sea capaz de renunciar a su autonomía para garantizar la identidad del colectivo, el orden social, la estabilidad del Estado. Es necesario proteger al ciudadano salvando al individuo, la persona. La estabilidad del Estado será posible con la estabilidad total del individuo, libre y comprometido socialmente, que defiende sus derechos y asume sus deberes ante los derechos ajenos de quienes, junto a él, componen la sociedad.

Cuando en su carta pastoral «No hay patria sin virtud» el cardenal Jaime Ortega escribía sobre la necesidad de «pasar —en el caso cubano— del Estado justiciero, que exige sacrificios y ajusta cuentas, al Estado misericordioso, dispuesto primero a tender una mano compasiva antes que a ejercer controles y sancionar la infracción», hablaba, precisamente, de reconocer la primacía de la dignidad del hombre por sobre las leyes, lo que no significa negar el valor de la justicia. Es todo lo contrario: valorar la justicia por su servicio al hombre. Algo similar había escrito José Martí en mayo de 1894 a su amigo Valdés Domínguez, en una carta donde exponía, entre otras cosas, sus ideas sobre el socialismo: «el caso es no comprometer la excelsa justicia por los modos equivocados o excesivos de pedirla. Y siempre con la justicia, tú y yo, porque los errores de su forma no autorizan a las almas de buena cuna a desertar de su defensa».[1]

Después de tantos tropiezos y fracasos en los experimentos políticos y sociales, es poco probable que alguien pueda decir hoy con exactitud *qué modelo de sociedad queremos*. Se dice que las mayores contradicciones de las sociedades en el siglo XX se generaron porque el hombre gritaba a los cuatro vientos que ya tenía las respuestas sin conocer las preguntas. Quizás estemos en el justo momento de recomenzar o enderezar el rumbo, entonces lo más atinado sí sería decir *qué modelo de sociedad no queremos*. Y eso debemos hacerlo todos.

Los gobiernos de Cuba y de Estados Unidos deberían emprender de una vez la senda del encuentro en beneficio de los individuos-ciudadanos de ambos países, atrapados muchas veces —mucho más los cubanos—, entre el yunque y el martillo. Los individuos de ambos lados, si son conscientes de su participación ciudadana y entienden que es su deber, harán lo posible por mejorar no solo las relaciones entre los dos países, sino las que se dan dentro del propio país.

Nuestras leyes deben sancionar los actos negativos que ponen en peligro la seguridad de las personas. Nuestras leyes no deben sancionar a los honrados, los que, dentro del marco de las relaciones humanas naturales —salvo que se pruebe lo contrario— y siguiendo los dictados de su conciencia, actuando éticamente, dicen lo que piensan en aras del bien común. No actuar de este modo sí es éticamente criticable, porque «un hombre que oculta

---

[1] José Martí: «Carta a Fermín Valdés Domínguez» [Nueva York, mayo, 1894], en *Obras completas*, La Habana, Editorial Nacional de Cuba, 1963, t. 3, p. 168.

lo que piensa, o no se atreve a decir lo que piensa, no es un hombre honrado».[2] Y esto lo escribió también José Martí, pero en el relato «Tres héroes» publicado en *La Edad de Oro*, una revista para educar a los niños.

Abril de 2003.

---

[2] José Martí: «Tres héroes», en *Obras completas*, La Habana, Editorial Nacional de Cuba, 1964, t. 18, p. 304.

¿SERÁ ESCUCHADA LA IGLESIA?

Después de la reacción reprobatoria internacional como resultado de las detenciones y sanciones de opositores políticos en Cuba y del fusilamiento de tres jóvenes cubanos que secuestraron, sin éxito y sin derramamiento de sangre, una embarcación para emigrar, muchos miraron hacia el Vaticano esperando un pronunciamiento sobre el tema. Y el pronunciamiento ya se había emitido pero de forma privada.[1] Hacerlo público, a partir de reclamos posteriores, fue reconocer que el mundo tenía derecho a saber qué pensaba el Papa sobre el asunto. La Iglesia en Cuba, por su parte, ya había emitido una declaración rechazando los fusilamientos y las duras condenas.

Durante los días de aquel diferendo con la Unión Europea por el mismo asunto, y todavía al calor de intercambios verbales, la embajadora de Cuba ante la República de Italia, María de los Ángeles Flores, en una conferencia de prensa en Roma, al tiempo que criticaba la posición del ejecutivo italiano, declaró, según el cable de AP con fecha 18 de junio, que «el Vaticano tiene una posición respecto de Cuba más positiva».

La *posición positiva* del Vaticano había quedado establecida por el cardenal Angelo Sodano al solicitar primero, del presidente Fidel Castro y en nombre del Papa, «un gesto significativo de clemencia hacia los condenados»[2]. Días después el cardenal hablaba de la *desilusión* del Papa por las condenas severas y los fusilamientos, al

---

[1] Véase *Palabra Nueva*, No. 119, año XI, La Habana, mayo de 2003, p. 4.
[2] Ibídem.

tiempo que mantenía la *esperanza* de que el presidente cubano «pueda llevar a este pueblo hacia nuevas metas de democracia, respetando las conquistas que se han dado en estas décadas». Y para que no quedaran dudas respecto al modo en que la Iglesia actuaría, el también secretario de Estado de la Santa Sede habló del *diálogo*: «El diálogo nunca se interrumpirá, porque en todos los hombres existe una base para conversar»[3].

No se trataría, sin embargo, de un clásico diálogo político, aunque tuviera implicaciones políticas o esté motivado por acciones políticas y en medio de enfrentamientos políticos. Sería un diálogo distinto. Este actuar *distinto* de la Iglesia, que a veces confunde a algunos e irrita a otros, refleja precisamente esa *distancia crítica* que la Iglesia debe mantener respecto a la política activa y partidista. Precisamente, el no compromiso con ninguno posibilita la capacidad de acercarse a todos, porque *distancia crítica* no es ausencia.

Pero el cardenal Sodano ha hablado concretamente de *democracia*. La Iglesia —la Doctrina o Enseñanza Social de la Iglesia para ser más específicos— ofrece una percepción propia de la democracia. Los papas del siglo XX aportaron sus ideas al respecto. Uno de ellos fue Pío XII, quien afirmó que el interés de la Iglesia sobre el asunto se dirige no tanto «a su estructura y organización exterior —las cuales dependen de las aspiraciones peculiares de cada pueblo—, cuanto al hombre como tal» que es «sujeto, fundamento y fin» de la sociedad. «Cuando se aboga por una *mayor y mejor democracia* —añadía el Pontífice— semejante exigencia no puede tener otro significado que el de colocar al ciudadano en condiciones cada vez mejores de tener su propia opinión personal,

---

[3] «El Papa mantendrá el diálogo con Fidel Castro para promover la democratización», *Palabra Nueva*, No. 119, año XI, La Habana, mayo de 2003, p. 5.

y de expresarla y hacerla valer de manera conducente al bien común».[4]

Para la Iglesia no se trata, pues, de la batalla entre el capitalismo y el socialismo o entre revolucionarios y contrarrevolucionarios, criterios estos no tan objetivos sobre los cuales mantiene aquella *distancia crítica* que no siempre es entendida. Para la Iglesia se trata de la preeminencia de la persona humana sobre toda postura ideológica. La *desilusión* de Juan Pablo II referida por el cardenal Sodano no es motivada por la existencia en Cuba de un gobierno que se declarara socialista, sino por la decisión tomada bajo este gobierno para imponer duras sanciones a personas que expresaron o expresan «su propia opinión personal» y la hacen valer «de manera conducente al bien común», o por la decisión judicial, bajo este mismo gobierno, que condenó a muerte a tres frustrados secuestradores.

La Doctrina Social de la Iglesia, que no es dogma y sí evoluciona al paso que evoluciona la sociedad humana, se sostiene en este principio invariable que coloca al hombre por encima de todo proyecto social, económico o político, *siempre*, aun cuando algunos consideran, basados en presupuestos ideológicos, que no hay nada que hacer.

Si esta acción pública de la Iglesia, su verdadera misión profética, no manifestara también esa paradójica convicción de creer siempre en la humanidad salvable de los hombres, en su capacidad regenerativa y su vocación superior, si la Iglesia no creyera en la posibilidad de buscar el bien que hay en todo ser humano, no en unos sí y en otros no, sino en todos, aun cuando los mismos hombres cometan actos repudiables, ¿para qué predicar sobre el amor y la salvación, la fraternidad y la solidaridad, la misericordia y la reconciliación? ¿De qué

---

[4] Papa Pío XII: «El problema de la democracia», radiomensaje de Navidad, diciembre de 1944. Las cursivas son mías.

Dios estaríamos hablando? Ciertamente no sería del Jesús del evangelio que fue crucificado para salvar a todos, que no hizo caso de Herodes «el zorro» ni se comprometió a encabezar una revuelta contra el Imperio romano.

Por otro lado, detrás de la *posición positiva* del Vaticano que mantiene abiertas las puertas para el diálogo, está también la defensa de determinados valores humanos que constituyen el verdadero fin de la democracia: la libertad, la justicia y la participación de todos los ciudadanos en la búsqueda del bien común. «Son valores —ahora sí en palabras de Juan Pablo II— que ningún individuo, ninguna mayoría y ningún Estado pueden crear, modificar o destruir, sino que deben solo reconocer, respetar y promover».[5]

¿Serán escuchados los cubanos que, inspirados en el pensamiento cristiano o en otras concepciones filosóficas, desean comprometerse con el bien común y el futuro de la patria? ¿Serán escuchados los obispos cubanos, cuyo más claro llamado al diálogo fue lanzado hace ya diez años? ¿Será escuchada la Iglesia, abierta al diálogo porque está convencida de que «en todos los hombres existe una base para conversar» y desea así ayudar a todos, tanto gobernantes como gobernados? ¿Será escuchado el Santo Padre y su oferta de diálogo ofrecida por el cardenal Angelo Sodano, quien tiene la esperanza de que el liderazgo cubano pueda «llevar a este pueblo hacia nuevas metas de democracia»?

Al menos hasta ahora no se ha respondido positivamente a la *posición positiva* del Vaticano que incluía la solicitud de «un gesto significativo de clemencia hacia los condenados»: las duras sanciones contra los disidentes fueron ratificadas. Para el Gobierno cubano no

---

[5] Papa Juan Pablo II: Encíclica *Evangelium vitae* (25 de marzo de 1995), 71.

hay país o gobierno en el mundo con la autoridad moral suficiente para condenar, cuestionar o criticar la política oficial cubana. Solo el Papa y la Santa Sede han estado excluidos del rechazo oficial, hasta ahora. ¿Evidente reconocimiento de la autoridad moral del Papa? Tal vez. Quizás también porque el Estado Vaticano, por su misma naturaleza —*distinta*—, no condena ni critica en alianzas, no impone sanciones, rechaza el mal y no a las personas. Sin embargo, su influencia es moral y depende exclusivamente de la voluntad de quienes le escuchan, si le escuchan. Pero si el Gobierno cubano valorara como positiva la actitud del Vaticano, que no es diferente de aquella que desea manifestar la Iglesia en Cuba, habría esperanzas.

Pero supongamos que no se abren nuevos espacios de participación democrática y económica para los ciudadanos. Cuba seguirá teniendo disidentes, más activos o menos activos, con o sin apoyo exterior, simplemente porque no todos pensamos igual sobre la realidad social; y tendremos más «agentes» infiltrados y más desconfianza prolongando esta especie de «guerra fría» interior; tendremos más condenados a largas sanciones y se acumulará el descontento, quizás no para todos pero sí para una parte importante de los cubanos, nunca despreciable aunque fuera pequeña, y no es fuerte una sociedad donde se habla de «nosotros» y «ellos».

En lo económico, Cuba es un país con grandes recursos humanos, con una población instruida y técnicamente capacitada para nuevos retos, pero limitada para crear mayores riquezas económicas. Si nada cambiara, entonces Cuba seguirá siendo un país pobre acumulando su deuda que, para mantener las actuales estructuras sociales y políticas, aunque no para crecer económicamente, dependerá más de los vaivenes del turismo internacional, de las inversiones extranjeras —que seguirán siendo insuficientes—, de más ayudas humanitarias y más envíos de dólares de los que emigraron; y habrá una población que mayormente sobreviva con escasez de alimentos, ropa y otros renglones de primera necesidad; continuaría así creciendo el robo y la corrupción, que son males generados por la miseria económica y también moral.

Lo contrario, mayor apertura democrática y económica, no traería el paraíso. No existe en la Tierra. Pero se renovaría la esperanza en el futuro, la confianza entre las personas y el compromiso social, y así menos cubanos desearían emigrar. Los nuevos problemas que surjan, inevitables en cualquier sociedad, serían resueltos entre cubanos, soberanamente, por leyes o por otras vías civilizadas en un mayor nivel de cohesión social, que no significa consenso total. El potencial de una población instruida podría generar mayores riquezas y la sociedad sería más justa. Sí, más justa. ¿No hablaban más o menos de esto aquellas cinco «leyes revolucionarias» que se hubieran pronunciado si el ataque al Cuartel Moncada, hace cincuenta años, hubiera tenido éxito?: 1) devolver al pueblo la soberanía y proclamar «la Constitución de 1940 como la verdadera ley suprema del Estado»; 2) conceder «la propiedad inembargable e intransferible de la tierra a todos los colonos, subcolonos […] que ocupasen parcelas de cinco o menos caballerías de tierra»; 3) otorgar «a los obreros y empleados el derecho de participar del treinta por ciento de las utilidades en todas las grandes empresas»; 4) conceder «a todos los colonos el derecho a participar del cincuenta y cinco por ciento del rendimiento de la caña»; 5) confiscar «todos los bienes a todos los malversadores de todos los gobiernos».[6] No sé si en la práctica todo esto hubiera sido posible, pero de la justicia de estas «leyes» no implementadas no tengo dudas.

---

[6] Consúltese Fidel Castro Ruz: «La historia me absolverá», en *Dice la palma. Testimonio*, La Habana, Editorial Letras Cubanas, 1979, pp. 29-30.

No se trata de volver al pasado, como algunos rápidamente suelen interpretar. Al pasado no volveremos jamás, es imposible. Tampoco el pasado debe secuestrar el presente ni el presente hipotecar el futuro, porque nos debe preocupar una ley que castiga el disentir respetuoso o que tantos deseen emigrar y otros no quieran expresar lo que piensan por temor a sufrir prisión o marginación. Se trata de darnos una mejor oportunidad a nosotros mismos, a todos, sin exclusión, ahora.

No sé si de esto se hablaría en un supuesto diálogo ofrecido por la Santa Sede; es solo mi opinión como católico y como cubano. En este momento particular se trata ante todo de una cuestión moral, que solo es política en el amplio sentido de la palabra: el bien común. Y este no se logra por un igualitarismo que resta humanidad ni por la suma de determinados bienes sociales. El bien común es el fruto que surge de un entramado de condiciones sociales que permite a los individuos y a todos los grupos de la sociedad vivir a plenitud, donde nadie queda olvidado o marginado porque cada uno es responsable del otro.

Julio-agosto de 2003.

UN AÑO DESPUÉS*

Entre marzo y abril de 2003 todo el país vibró con las detenciones, los juicios sumarios y las condenas impuestas a varias decenas de cubanos. El torbellino que desató trajo también otros ingredientes a la vida nacional y modificó el sabor de la convivencia.

Internamente quedó claro, entre otras cosas, que las duras leyes vigentes son aplicables cuando se trate de garantizar la *fortaleza del Estado*; que las apariencias engañan y no podemos estar tan seguros si de verdad la persona que tenemos junto a nosotros es quien dice ser, lo que potencia la desconfianza entre los nacionales.

En cuanto al exterior y por el rechazo amplio hacia tales sanciones, las relaciones de Cuba con otros países se han visto afectadas, de modo particular con la Unión Europea cuando esta puso en práctica medidas de respuesta a las sanciones, y aún no se vislumbra una mejora; el intercambio de dura retórica entre Cuba y Estados Unidos se agudizó, reforzado por la decisión del segundo —comprometido en una guerra internacional contra el terrorismo cuyo fin es impredecible— de incluir a Cuba entre los países patrocinadores, promotores o protectores de terroristas. Podría considerarse también la no respuesta a la solicitud de «un gesto significativo de clemencia» hecha por el papa Juan Pablo II, lo que es llamativo, si tenemos en cuenta que altos representantes del Gobierno cubano han reconocido públicamente, más de una vez, la autoridad moral del Papa, y en otros momentos se ha respondido positivamente a tales solicitudes.

---

* Este trabajo fue Premio a la Excelencia Periodística, otorgado por la Unión Católica Internacional de Prensa (UCIP) en el congreso mundial celebrado en Tailandia en 2004.

No obstante lo anterior, el mensaje de las autoridades cubanas fue muy claro: cualesquiera fueran los costos económicos y políticos, la decisión era irrevocable y los costos asumidos.

¿Sería posible hoy un indulto para los detractores del Gobierno cubano que guardan prisión desde hace un año?, ¿tal vez una conmutación de las largas sentencias? ¿Se debilitaría el Estado cubano, si diera un paso en esta dirección?

Todo Estado debe garantizar la seguridad interna de las amenazas que se presenten, esa es una de sus misiones principales. Para ello se promulgan leyes y se ejecutan.

En el caso cubano es evidente que los conceptos de *amenaza* y *seguridad* han variado en estas casi cinco décadas de Gobierno Revolucionario. En los años sesenta hubo enfrentamientos armados entre el gobierno y sus opositores; tras su derrota, muchos de aquellos cubanos que se rebelaron en armas contra el gobierno fueron sentenciados a muerte, un número mucho mayor fue enviado a prisión. Sin embargo, lo ocurrido el año pasado demostró que un secuestro frustrado e incruento puede ser considerado hoy un acto tan criminal como haber intentado hace cuarenta años derrocar al gobierno por las armas; o que enviar información no clasificada al exterior puede provocarle a su emisor una sanción de veintiocho años, una condena que en otro tiempo se aplicaba en lugar de la pena de muerte. De esta manera se busca preservar, en nuestros días, la seguridad y fortaleza del Estado.

Como vemos, el concepto *seguridad del Estado* suele ser muy ambiguo, pues depende de quién dictamine lo que entiende como tal y del momento histórico. Normalmente es definido por criterios militares, ante el peligro más o menos real de enfrentar una guerra. Este ha sido el argumento comúnmente aplicado también en el caso cubano durante estos años, muy dosificados por los enfrentamientos y hostilidades entre Cuba y Estados Unidos. Estamos en presencia de un ambiente permanente de hostilidad —no bélica pero sí muy efectista— entre dos gobiernos que se reconocen mutuamente como enemigos. Por tanto es posible hacernos la pregunta: si no hubiera existido contacto entre los detenidos y la representación de Estados Unidos en Cuba, ¿habrían terminado en la cárcel? Tal vez no. O tal vez sí, porque no todos los detenidos establecieron tales contactos, pero el «motivo» para su detención y procesamiento fue el *contacto con el enemigo*.

Ciertamente hay una paradoja, pues ese país regido por un gobierno «enemigo» se ha convertido hoy en el principal abastecedor de alimentos para Cuba. Mas eso es parte del pragmatismo político, que también atiende, entre otras, la cuestión económica.

Pero *la seguridad* es asunto colectivo, o sea que debe ser definida junto a otras «seguridades», no en contra de otras «seguridades». La aplicación de las duras leyes para defender el concepto de *seguridad del Estado*, disminuye nuestras libertades frente al *poder del Estado*. Siempre podrá argüirse —lo que no justifica— que tal seguridad está condicionada por la amenaza que representa Estados Unidos, y que cuando tal amenaza desaparezca la situación interna puede cambiar, como han dicho alguna que otra vez altos funcionarios cubanos. Pero no creo que exista alguien capaz de responder cuándo cambiará esa situación. Ese espacio de tiempo indefinido —sabemos cuándo empezó pero no cuándo habrá de terminar— es el que precisamente define hoy las limitaciones a nuestras libertades y debilita *la seguridad* de un número de ciudadanos cubanos que están, o podrían estar, en la cárcel por expresar desacuerdos con la posición oficial.

Hace varios meses, después de iniciada la guerra en Irak, escuché decir a un destacado académico y politólogo inglés que por primera vez «sentía miedo del poder de Estados Unidos». No creo que sea el único. ¿Constituye Estados Unidos una amenaza para Cuba? ¿Es

Cuba un peligro para Estados Unidos? Mientras se mantenga la actual situación entre los dos países, la respuesta puede ser sí, en ambos casos. Por ello sigo considerando que los cubanos, y en cierto grado también los ciudadanos de Estados Unidos, estamos atrapados entre la hostilidad que enfrenta a nuestros gobiernos. Pero como cubano, claro está, me afectan mucho más las consecuencias internas.

En el pasado siglo solía medirse la fortaleza del Estado tomando como referente el poderío militar que este mostraba de su país y se consideraba el tamaño de su ejército, el presupuesto militar, la capacidad combativa medida en escenarios de guerra, el desarrollo de la industria militar, etc., para indicar su fortaleza o debilidad. Pero hoy el concepto ha variado. Quizás el ejemplo más representativo de aquella errada concepción sea la desintegración de la Unión Soviética, que militarmente no solo fue el contrapeso de Estados Unidos, sino que en algunos tipos de armas llegó a superar a la potencia del norte. En nuestros días, China es ejemplo de un Estado no capitalista que busca fortalecerse aplicando reformas económicas y hasta políticas. China no ha abandonado su industria militar y ahora impulsa programas espaciales, pero al parecer sus gobernantes comprendieron que la fortaleza del Estado yace en *la capacidad de satisfacer las demandas de la población*, y aunque las reformas empezaron en 1978, la aceleración reformista se produjo después de las protestas de Tiananmén, y continúa en todos los frentes.

No es el poderío militar lo que fortalece a un Estado, sino su capacidad de dar respuesta a las expectativas ciudadanas, tanto en el orden cultural, como social, económico y político. Cuando el Estado por sí mismo no pueda cubrir tales demandas, o no existan otras estructuras en la sociedad para atenderlas, los ciudadanos buscarán la forma de cubrir sus necesidades, lo que suele hacerse de forma irregular, no legal, quebrantando tanto el canon jurídico como el moral, debilitando el orden interno y deshaciendo los hilos de la trama Estado-sociedad. Mientras menor sea la brecha que se abre entre las expectativas ciudadanas y la capacidad de respuesta del Estado, mayor serán la fortaleza de este último y la estabilidad ciudadana o social, y viceversa.

El Estado moderno ha de procurar cada vez mayor consenso social, lo que no se logra mediante leyes que establecen la obediencia ciudadana y limitan su iniciativa. Aquí me inclino por la propuesta del alemán Jürgen Habermas, según la cual no soy yo quien decide que mi acción habrá de convertirse en una ley universal aceptada por todos, sino que yo estoy dispuesto a someter mi acción, y mi argumentación, a la libre y racional discusión y argumentación de todos para probar su pretensión de universalidad.

Pero en el caso de los opositores detenidos está también la cuestión humanitaria. Las condiciones carcelarias de los sancionados hace un año por motivos políticos —ubicados a cientos de kilómetros de sus casas, con cuatro visitas familiares al año y difíciles condiciones de reclusión, de acuerdo con los testimonios de sus familiares—, unido a las largas sanciones, hacen más difícil comprender la situación.

Un significativo gesto de clemencia, como pidió el Papa, sigue siendo un reclamo válido. Un acto de clemencia no es manifestación de debilidad, sino de fortaleza, sobre todo moral. Un Estado que practica la clemencia y la benevolencia mediante leyes que alivien el peso de la ciudadanía, que busque cada vez más el consenso y tenga en cuenta las opiniones divergentes, se fortalece ante los ojos de los ciudadanos. Considero que un indulto o conmutación de las duras sanciones a estos opositores o disidentes es conveniente en Cuba hoy, y no sería la primera vez; conveniente no para evitar el voto de censura en Ginebra, ni porque lo demanden otros gobiernos o para buscar el fin de determinadas sanciones, sino porque ello haría más estable y armónica la vida nacional. El costo humano provocado por las limitaciones legales internas, para nuestra convivencia nacional, es mucho más determinante e importante que el costo político o económico provocado por las sanciones impuestas desde el exterior.

No se trata de ceder ante la crítica de terceros —algo difícil de evitar en estos tiempos—, sino del derecho de *todos los cubanos* a lograr, dentro de un marco legal lógico, ordenado y equilibrado, una vida más plena y feliz que incluye también establecer canales apropiados para expresar los más diversos criterios que aquí, como en toda sociedad, existen y merecen respuesta. No todos pensamos ni pensaremos lo mismo en Cuba, pero Cuba es y seguirá siendo el mismo y único espacio de todos.

Marzo de 2004.

LA INJERENCIA Y LA VIRTUD

Las medidas anunciadas por el Gobierno de Estados Unidos, y las contramedidas —aumento de precios— rápidamente anunciadas y ya practicadas en Cuba, son como para recordarnos que no hemos salido de la guerra fría. La vida tuvo siempre algo de inseguridad en los países envueltos en la guerra fría, y por razones económicas fue siempre más inestable donde mayor era la pobreza.

Estos últimos acontecimientos, o tal vez sea mejor decir los penúltimos, o antepenúltimos, que inciden con más gravedad en la vida de los cubanos, y su secuela de complicaciones humanas, merecen, más que lamento, queja o protesta, algo de reflexión. Es bueno reflexionar en medio de las crisis, porque si bien no siempre se puede hallar solución a todo el problema, al menos mirarlo desde otro ángulo puede ayudar a comprender mejor, disminuir las tensiones y modificar la percepción sobre los implicados.

Preguntarnos cómo sería la vida nacional cuando entre Cuba y los Estados Unidos existan relaciones armoniosas, superando tanto acontecimiento dramático, es algo normal y hasta positivo, porque de algún modo expresa el deseo de superar una confrontación prolongada durante demasiado tiempo, que ha afectado la vida de mucha gente en las formas más variadas e inimaginables. Pero al mismo tiempo pensar en esa posibilidad, a todos los niveles, permite a primera vista descubrir que es mucho lo que se gana con las buenas relaciones.

De hecho, en el discurso inaugural de la tercera Conferencia «La Nación y la Emigración», el ministro cubano de Relaciones Exteriores, Felipe Pérez Roque, dio su versión de lo que podría ocurrir. Entre otras cosas, dijo: «los cubanos podrán viajar entre ambos países sin restricciones, los que deseen reestablecerse en Cuba después de jubilarse podrán hacerlo, la inversión en Cuba no tendría obstáculos, no habrá emigración ilegal, no habrá amenazas de guerra, la retórica mediática desaparecería».[1] De este modo, afirmó, «la nación cubana habrá alcanzado al fin, tras siglos de lucha y enormes sacrificios, su derecho a vivir con plena justicia y libertad».[2]

Como por esos días se habían anunciado las medidas recomendadas por la Comisión para la Ayuda a una Cuba Libre, aprobadas por el presidente Bush y aún no ejecutadas al momento de escribir estas líneas, el ministro manifestó que ante esta situación, los cubanos se hallaban en una nueva «encrucijada»: optar por «el retorno a la República corrupta [...] que nos ofrecen», o elegir «la República viril, libre e independiente, "con todos y para el bien de todos", soñada por José Martí que nuestro pueblo ha construido y está dispuesto a defender». De la opción que se tome dependerá, según el Ministro, «el derecho de llamarse cubano».[3]

Personalmente y desde hace muchos años, he soñado también con la República «con todos y para el bien de todos», la he imaginado y deseado pero no la he visto, no la hemos construido. La propia Conferencia mencionada demuestra que el sueño martiano no se ha logrado: tantos cubanos emigrados, por razones políticas o económicas, son prueba de que *todos* no estamos ni hemos alcanzado *el bien* deseado en este suelo. A ello podría añadirse el número indeter-

---

[1] Felipe Pérez Roque: Discurso de apertura de la III Conferencia «La Nación y la Emigración», La Habana, 21 de mayo de 2004. Los fragmentos que aquí aparecen fueron tomados de la edición de *Granma* posterior a la inauguración, la cual no conservo. El discurso puede ser consultado íntegramente en los sitios: http://www.lajiribilla.co.cu/2004/n159_05/159_27.html; https://www.rebelion.org/hemeroteca/cuba/040523roque.htm; http://www.revolucioncubana.cip.cu/wp-content/uploads/2012/12/IIIconferencia.pdf. (N. del A.).
[2] Ibídem.
[3] Ibídem

minado de los que desean emigrar. Y cuando Martí escribió *todos*, yo creo firmemente que quería decir *todos sin excepción*. Pensar que alguien deba quedar fuera no es congruente con la voluntad martiana, si bien la autoexclusión podría ser la excepción.

Falta mucho por hacer. Pero coincido en que las medidas propuestas por Estados Unidos (deben comenzar a implementarse a fines de este mes), superan el *más de lo mismo*. Si las restricciones a los viajes constituirían, efectivamente, un auténtico bloqueo a los contactos familiares, interfiriendo relaciones que deben estar por encima de intereses políticos —bloqueo que ya habíamos padecido y, en buena medida, ha sido superado desde aquí—, sugerir que el futuro de la nación cubana será concebido por un grupo de estrategas norteamericanos nombrados *ad hoc*, resulta realmente inaceptable. Nombrar hoy un Coordinador de Transición en el Departamento de Estado para que dirija el futuro de Cuba, además de ser políticamente incorrecto, nos recuerda —es inevitable— la política aplicada a inicios del siglo xx, cuyas consecuencias históricas aún se viven, junto a las provocadas por los mismos cubanos. No debe ocurrir otra vez. De la grandeza norteamericana, que es real, debe llegarnos la amistad respetuosa.

Es «inaceptable que el futuro de Cuba sea diseñado a base de exclusiones y menos aún de intervenciones concebidas por un gobierno extranjero», afirmaron los obispos que integran el Comité Permanente de la COCC, en nota emitida el pasado 26 de mayo en relación con este asunto.[4]

---

[4] Nota del Comité Permanente de la Conferencia de Obispos Católicos de Cuba, *Palabra Nueva*, No. 131, año XI, La Habana, junio de 2004, p. 8.

Muchos cubanos residentes en el exterior, incluso declarados enemigos políticos del Gobierno cubano, han rechazado también tal posibilidad. Del mismo modo lo han hecho la mayor parte de los opositores cubanos dentro de Cuba. La actitud de rechazo ante la propuesta, por parte del Gobierno cubano y sus detractores, dentro o fuera de Cuba, es una señal que merece particular atención en Washington, pero también en La Habana: *Cuba une a los cubanos*, piensen como piensen en materia política.

La declaración pública de los obispos, quienes se manifiestan «comprometidos como Pastores con el presente y el futuro del pueblo cubano», denota que si bien el Reino de Dios no es de este mundo, es difícil desentenderse del lugar donde se nace. No es simple patriotería, es una expresión coherente de pertenencia y de identidad, reflejo de una «amarga inconformidad» ante dictados ajenos, como definiera hace muchos años Manuel Márquez Sterling, tratando situaciones similares. Cuba es para los cubanos motivo aglutinante, de adhesión, de ligazón y de unión, es decir, de cohesión.

Esto no oculta las diferencias de criterios políticos. Pero sí revela que los interesados en el *asunto Cuba* se lo toman muy en serio, aun cuando manifiesten preferencias políticas distintas.

Y esto es un buen síntoma de salud nacional. ¿Por qué no aprovechar en beneficio nacional este compromiso de tantos? Si verdaderamente, como dijo el ministro, no queda otro remedio que esperar al mejoramiento de las relaciones entre Cuba y Estados Unidos para que los cubanos puedan viajar libremente entre ambos países sin restricciones, o para que quienes residan allí puedan participar en el comercio y la inversión en Cuba —no especificó cuándo podrán participar los que residen aquí, lo cual sería bueno saber—, ¿por qué no levantar de una vez el proyecto «con todos y para el bien de todos» los cubanos, incluyendo a *todos* los que piensan de forma diversa o tienen criterios políticos diferentes dentro de Cuba y desean participar?, ¿se seguirá llamando mercenarios, y excluyendo, a esos opositores o disidentes que públicamente han defendido la nación soberana e independiente y tienen, por el mismo hecho y por mucho más, «el derecho de llamarse cubanos» y ser reconocidos como tales? Del Gobierno cubano debería llegar la apertura a *todos* los cubanos.

Pero, por otro lado, esperar al mejoramiento de las relaciones entre Cuba y Estados Unidos, algo tan deseable como impredecible, para que la nación cubana alcance al fin «su derecho a vivir con plena justicia y libertad», según palabras del ministro, ¿no es concederle demasiada responsabilidad al gobierno de turno en Estados Unidos? Creo que sí, y no debe hacerse.

Si las medidas aprobadas por el presidente Bush llegan a ponerse en práctica en toda su potencialidad, es algo que está por verse. Sin embargo, han generado un rechazo bastante generalizado. Ha habido aquí una buena y oportuna muestra de *virtud doméstica* —como aquella reclamada en su momento por Manuel Márquez Sterling— ante *la injerencia extraña*, síntoma de identidad nacional que debe ser aprovechado por el mismo Gobierno cubano: sumar, integrar de una vez. Cuba gana con la unidad y la participación de todos los que se comprometen con ella aun desde posiciones distintas. Cuba pierde con la exclusión de uno solo. Cuando hablo de ganar y perder, no pienso solo en cuestiones morales, pienso también en beneficios materiales reales, necesarios siempre, pero de modo particular en esta época.

Estoy convencido, como cubano con pleno derecho, pero también como cristiano que trata de ver la condición del ser humano más allá, o más acá, de las opciones ideológicas o políticas, que estamos así ante otra suerte de encrucijada no menos importante para el futuro de nuestra nación: sumar cubanos aunque piensen de manera distinta para levantar de un vez, la nación con todos y para el bien de todos, o restar y excluir, manteniendo la nación de los unos frente a los otros. Solo la primera opción es virtud.

Por debajo de la duramadre me rebota en estos días aquella otra idea de José Martí, en la que resumía, creo que con mucho acierto, el proceso de gesta y formación de las naciones: «se empieza con la guerra, se continúa con la tiranía, se siembra con la revolución, se afianza con la paz».[5] Creo que es la hora de la paz entre *todos los cubanos*. Y esta no depende solamente de la injerencia extraña, pero sí dependerá siempre de la virtud doméstica.

Junio de 2004.

---

[5] José Martí: «La democracia práctica», *Revista Universal*, México, 7 de marzo de 1876, en *Obras completas*, La Habana, Editorial Nacional de Cuba, 1963, t. 7, p. 348.

DIPLOMACIA CUBA-EE.UU.: ¿MISIÓN IMPOSIBLE?

Durante la pasada Navidad los templos se abarrotaron en La Habana y en otras diócesis, y más familias colocaron adornos navideños. Pero el ambiente social estuvo saturado por situaciones que empañaban estas fiestas, restablecidas oficialmente desde 1998 en el calendario civil. La fecha para la realización de un ejercicio militar tan cercana a la Navidad, la largamente transmitida reunión de la Asamblea Nacional del Poder Popular hasta el mismísimo día de la Noche Buena y, sobre todo, el intercambio de mensajes gráficos entre Cuba y Estados Unidos en el Malecón habanero, cubrieron como nube de humo contaminante las celebraciones navideñas.

Hace cerca de treinta años los gobiernos de Washington y de La Habana decidieron mutuamente abrir lo que se conoce como Secciones de Intereses, que permitieran la existencia de representantes diplomáticos y consulares. No fue una obligación entonces poner fecha al restablecimiento pleno de relaciones diplomáticas, pues la existencia de un enviado diplomático no implica el reconocimiento de un Estado. Pero después de casi tres décadas hubiera sido normal alcanzar niveles superiores en este sentido, pues tales «secciones de intereses» se establecen con carácter transitorio, previo a la creación de Embajadas. No es muy lógico suponer que el despliegue de tales recursos diplomáticos pretendía solo dar facilidades consulares, o permitir puntuales casos de contacto en materia de seguridad.

De hecho, también para un profano en la materia, es evidente que la presencia abundante de personal diplomático similar a la que corresponde a una representación que indica relaciones diplomáticas plenas, no se corresponde con los ánimos tan negativos que prevalecen.

Una aproximación a determinados acontecimientos a lo largo del pasado siglo, sin necesitar lentes de mucho aumento, indica que tanto la diplomacia cubana como la estadounidense son capaces de actuar de forma muy correcta y profesional, de manera *eficaz*, para usar un término apropiado. Incluso más de una vez han compartido cierto grado de responsabilidad en determinadas negociaciones, elaboración de proyectos internacionales o solución de conflictos, como los trabajos de discusión y elaboración de normas o cartas de derecho internacionales o las negociaciones que pusieron fin a la dimensión internacional de la guerra en Angola.

Es poco probable que alguna negociación internacional de peso no se someta a una consulta en el Departamento de Estado de Estados Unidos, pero tal vez sea menos conocida la vasta red que la diplomacia cubana, cultivada ya desde las primeras décadas del siglo xx, ha sabido tejer en la amplia geografía del Sur. Quizás naciones emergentes como Sudáfrica o Brasil tengan hoy mayor peso específico que Cuba, pero en materia diplomática la influencia cubana pesa por sí misma. Sin embargo, los gestos diplomáticos públicos entre Cuba y Estados Unidos no se corresponden con esa capacidad real.

Desde que en el siglo xv varias ciudades-estado italianas sustituyeron a los enviados transitorios por representantes permanentes, estableciendo las bases del servicio diplomático profesional moderno, pasando por la creación de las cancillerías y la elaboración de códigos de procedimiento y protocolo, hasta la firma de la Convención de Viena sobre las Relaciones Diplomáticas en 1961, poco ha variado en la esencia de las funciones diplomáticas. Las ocupaciones de rutina (atención a ciudadanos residentes en el Estado que acoge, asistencia a ceremonias y reuniones sociales), de información o inteligencia, y de negociación, permanecen como las tres principales funciones de los diplomáticos, encargados tanto de proteger los intereses de sus Estados como de favorecer las relaciones con el

Estado que les recibe. Pero la tercera, la capacidad de negociación, es como la consagración del diplomático.

Ciertamente hay diferencias entre los intereses de un país y otro, incluso entre aliados. Durante el último año fuimos testigos de un múltiple desencuentro político entre Cuba y los países de la Unión Europea, manifestado en crisis diplomáticas. Mediante negociaciones e intercambios de mensajes (públicos y privados), se reiniciaron los contactos y el descongelamiento de las relaciones restableció las posibilidades de las misiones diplomáticas. Es muy probable que los puntos de vista políticos opuestos causantes de la crisis (lo que se conoció como «guerra de los cocteles» y el congelamiento de las embajadas, después de los juicios de 2003, fueron la última expresión de una concepción diversa de la disidencia u oposición política por parte del Gobierno cubano y de la Unión Europea) no desaparezcan de inmediato, pero las partes aceptan negociar y mantener el diálogo desde esas bases.

El diálogo y la negociación son parte inseparable de la diplomacia. Además de defender y promover los intereses nacionales, la diplomacia entraña la inestimable posibilidad de acercar y potenciar las relaciones entre los Estados, y de ayudar incluso a modificar determinadas posturas en bien de la concertación. Es siempre mucho más lo que se puede lograr con el diálogo que con la renuncia a él. Después de todo, la interdependencia actual impone en un momento u otro la necesidad del encuentro y el arreglo negociado, a menos que exista el propósito deliberado de negarse a restablecer una relación, o de sacar mezquinos provechos de una aguda crisis. Unilateralmente, Cuba congeló y descongeló las relaciones con los países de la Unión Europea. La lógica sugiere que el descongelamiento facilitará el diálogo y la negociación.

Pero a diferencia de lo que ocurre con Europa, la paradoja de los intercambios de representaciones diplomáticas entre Cuba y Estados Unidos sin la voluntad de superar el desencuentro, denota la subordinación diplomática a la política de la guerra fría. A lo largo de estas casi tres décadas, las vigilancias y sospechas, restricciones en los movimientos, molestias a las sedes, expulsión de diplomáticos y frecuentes denuncias de actividades contrarias a la misión, reflejan la política del enfrentamiento y se convierten, en la práctica, en el abandono de una buena parte de los postulados que ambos gobiernos reconocen en la Convención de Viena y que, se supone, deseaban compartir cuando aceptaron de mutuo acuerdo el intercambio diplomático.

El otro problema está dado, precisamente, por la interpretación que se da a la soberanía de los Estados, que representa la diplomacia moderna. Tal soberanía no es patrimonio exclusivo del partido que rige o gobierna, descansa en todo el pueblo, con toda su variedad de intereses y enriquecedoras diferencias. Los intereses de un nutrido grupo de comerciantes estadounidenses, por ejemplo, entran en contradicción con la política de su país para Cuba. Mientras en la Isla, la situación social y política de numerosos cubanos, o las restricciones al ejercicio de ciertos derechos, están subordinados a las oscilantes pero siempre críticas relaciones entre Cuba y los Estados Unidos. Ni el representante de Estados Unidos en La Habana representa los intereses de los comerciantes norteamericanos, ni el representante de Cuba en Washington representa los intereses de los cubanos que disienten en Cuba. Es de suponer, y de desear, que en algún momento tales incoherencias desaparezcan con la voluntad de alcanzar altas metas políticas internas y externas, y con el correspondiente despliegue de las posibilidades diplomáticas.

Pero mientras tales metas no se alcancen, no debe despreciarse las posibilidades que ofrece el ejercicio de la diplomacia para ir restaurando los puentes de contacto. Si las políticas exteriores deben ser un proceso abierto que se pueda explicar públicamente, la diplomacia, aun cuando debe cumplir también metas políticas, no abandona negociaciones privadas eficaces, al decir de Sir Harold Nicholson en *Diplomacia*, una obra bien conocida entre los encargados de *hacer posible* la misión diplomática. Y sobre las cualidades que debe tener el diplomático eficaz, el propio Nicholson sugiere estas: *veracidad*, pues da reputación y credibilidad; *precisión*, que denota certeza intelectual y moral; *buen carácter*, que implica moderación y sutileza; *paciencia* y *calma*, que ayuda a ser preciso, razonable y desapasionado; *modestia*, para no vanagloriarse de los éxitos; *lealtad*, a los suyos y, correspondientemente, a la nación que acoge. Es evidente que el diplomático no busca el aplauso.

Rebotando entre intereses políticos, económicos o culturales, el ejercicio de la diplomacia puede ser un noble medio que acerque a los pueblos, o un instrumento de distorsión, de equívoco o desencuentro, capaz de poner en riesgo incluso los verdaderos intereses nacionales y la seguridad de las personas; un ejercicio difícil sin duda. Tal vez por ello C. W. Freeman Jr., un veterano con treinta años de servicio diplomático en Estados Unidos, en su obra *Diccionario del diplomático*, donde recoge centenares de comentarios sobre la materia, atribuidos a varios personajes que a lo largo de los siglos se han visto implicados, ha incluido este razonamiento suyo: «la diplomacia es un asunto demasiado importante para dejarlo en manos de torpes aficionados [...] demasiado portentoso para ser confiado a los políticos, pero demasiado político para ser dejado en manos de los generales».[1] Un asunto para personas que creen en el diálogo y el entendimiento entre las naciones, parece decir.

---

[1] C. W. Freeman Jr.: *Diccionario del diplomático*.

En un mundo globalizado e interdependiente, es necesario que la diplomacia «recupere su nobleza», como expresara Juan Pablo II a un grupo de diplomáticos en la Santa Sede, el 15 de mayo de 2003. Porque «la atención a las personas y a los pueblos, así como el interés por el diálogo, la fraternidad y la solidaridad son la base de la actividad diplomática y de las instituciones internacionales encargadas de promover ante todo la paz, que es uno de los bienes más valiosos para las personas, para las poblaciones e incluso para los Estados, cuyo desarrollo duradero solo puede sostenerse en la seguridad y en la concordia».[2]

Sería un tanto arriesgado afirmar que los próximos cuatro años continuarán siendo testigos del desencuentro entre Estados Unidos y Cuba. Pero si así ocurriera, las representaciones diplomáticas que ambos países intercambian desde hace casi tres décadas existirían solo para reafirmar que los gobiernos, al mantenerlas, se han propuesto conservar una suerte de misión imposible, aunque no cabalmente diplomática.

Enero de 2005.

---

[2] Papa Juan Pablo II: «Discurso del Papa a un grupo de nuevos embajadores ante la Santa Sede», *L'Osservatore Romano*, No. 21-23, mayo de 2003, p. 8.

ILEGALIDADES, RUMORES Y EL PUNTO COM

En los últimos meses, se ha hablado con más frecuencia sobre la corrupción. Al menos en los medios de comunicación, porque el asunto no ha dejado de ser tratado con mucha soltura en la vía pública, desde que alguien conoce algún caso aislado y lo acerca a su entorno. El tema no ocupa primera plana, si bien cada vez se abunda un poquito más, con la seriedad que merece. Pero hablar de ello no basta, sobre todo en estos tiempos.

Hace casi dos años, una noticia relacionada con un desfalco de grandes proporciones en las Tiendas de Recaudación de Divisas (TRD), en el que estaban implicadas personas ubicadas en varios niveles de esa entidad, recorría los barrios de La Habana, las casas, las oficinas, también se habló de ello en las guaguas y hasta en los templos, pero nunca en los medios de comunicación. Era una noticia vaga, a veces oficiosa, a veces confusa, pero repetida de forma continua, con insistencia, tal como define el diccionario el término *rumor*.

Con cierta frecuencia se escuchan rumores sobre las «explosiones». *Fulano explotó*; en tal firma *hubo una explosión*; en aquella tienda *explotaron una tonga de gente*; o en la oficina de la Vivienda de tal municipio *explotó todo el mundo*. Hay muchas *explosiones* de este tipo en Cuba, y hasta ruidosas en ocasiones. Pero las más de las veces se diluyen en el rumor, lo que resta alcance pero no impide su expansión, tampoco desmiente el hecho. Se cumple así el apotegma: la opinión pública no es necesariamente la opinión publicada; o sea, el fenómeno opinión pública no precisa de los medios de comunicación para que se verifique en la sociedad, no importa si es en una porción limitada de ella.

Tampoco el hecho negativo disminuye su impacto social por ser más o menos conocido. Puede ser que una persona tenga una enfermedad mortal y tal vez sus vecinos no lo sepan, quizás ni ella misma lo sepa, pero desconocerlo no evitará el fatal desenlace. Lo mismo ocurre con la corrupción, no importa si se convierte o no en noticia publicada. El daño social está hecho, y ocultarlo pudiera ser útil solo si su conocimiento público entrañara riesgos mayores, pero ocultarlo intencionalmente cuando es rumor expandido, más bien enturbia la convivencia, confunde y altera las relaciones, y nos mantiene en una virtual o ficticia realidad. Como los rumores alimentan la duda, entonces uno puede preguntarse si la intención no es precisamente que vivamos en la realidad ficticia.

Por otro lado, si aceptamos que la comunicación es cultura, entonces debemos admitir que la misma cultura, como expresión de la convivencia social, se enferma bajo el influjo de los rumores. Decir o no decir... he ahí un problema. Sin embargo, no debe olvidarse que de todas las crisis se pueden obtener lecciones sociales positivas.

«Lo único legal en Cuba es lo que se distribuye por la libreta de la bodega», me dijo una vez un conocido. Es un chiste, que ha perdido algo de actualidad desde que se habilitaron las tiendas en divisas. Es, además, un chiste con significado solo para quienes conocen la libreta de racionamiento que existe en Cuba desde hace ¡cinco décadas! Pero los chistes dicen mucho, como las leyes, sobre las características de una sociedad.

Marshall McLuhan, ese adelantado que, estudiando la comunicación social, fue capaz de prever algo de lo que sería el siglo XXI décadas antes de su llegada, el mismo que acuñó la idea de la «aldea global», sugería que si se desea conocer cuáles son las frustraciones de la sociedad, basta con estudiar los chistes que circulan. «El chiste —decía McLuhan— es una revelación de las frustraciones, de aspectos internos, de zonas de erosión» presentes en la sociedad.

El chiste mencionado expresa una de nuestras más conocidas y extendidas frustraciones sociales, relacionada con las carencias económicas y las limitaciones al consumo, sobre todo en los últimos tiempos, cuando la canasta básica se ha vuelto más básica (para algunos menos básica). Pero el chiste, que debe entenderse como reflejo de lo social y no como la misma realidad, habla también de los aspectos internos que marcan el diario social, es decir, *lo demás*, aquello que no es *lo único legal* que se obtiene por la libreta de la bodega, como las ilegalidades para sortear las limitaciones económicas y la distribución equitativa de la escasez, para alimentarse, vestirse, calzarse o bañarse cada día, así como de nuestras zonas sociales erosionadas, expresión del abandono de lo moral para superar los límites a la supervivencia, el engaño o «doble moral» (¿otro chiste?) al punto de llegar al no retorno, a continuar en lo ilegal e inmoral aun cuando no sea «necesario», o se han satisfecho ya las exigencias materiales invocadas para actuar ilegalmente.

Las realidades históricas pueden ser duras, pero no tiene sentido ignorarlas. El desprecio del socialismo más ortodoxo hacia la propiedad privada y el mercado convirtió al Estado en propietario de empresas que no controla totalmente en la práctica. Centralizar en exceso significa generar controles burocráticos gubernamentales en exceso, desconociendo tanto la verdadera función de los controles económicos como la voluntad e intereses individuales, y deja abierta la interrogante: *¿quién vigila a los vigilantes* cuando la propiedad es de todos y no parece ser de nadie?

Con no poca frecuencia las prohibiciones que contrarían el sentido común logran exactamente el efecto contrario. Lo racional se resiste a lo irracional, y esto se enfatiza cuando las prohibiciones y restricciones, además de contradecir el sentido común, no se corresponden con los cambios históricos, progresos y aceleraciones que superan los viejos cánones estructurales.

A las ilegalidades de orden económico se añaden hoy las relacionadas con la información. No importa cuantas operaciones se lancen en el país contra los accesos ilegales a Internet, el código *world wide web,* o *www*, seguirá siendo lo que es: la llave para entrar a un indomable laberinto de conexiones mundiales, también en Cuba, donde —se supone— los ciudadanos comunes no tenemos acceso a comprar computadoras ni a la red de redes que engloba al planeta. Lo mismo puede decirse de las cacerías cíclicas contra las parábolas y los receptores satelitales o contra sus rebozos naturales que son las copias en discos compactos o videocasetes.

En la práctica, ¿cuál es el efecto de no comercializar abierta y legalmente radios de onda corta, computadoras, el acceso a Internet o los teléfonos celulares, al tiempo que el país no renuncia a las nuevas tecnologías y prepara a sus ciudadanos como letrados del primer mundo? Unos cubanos no accederán a la información por estos canales, eso es todo. Pero eso solamente no es mucho hoy día. Los que sí acceden, absorben no solo los acontecimientos externos, también los internos que aquí no vemos, y los propagan. El rumor de hoy lleva apellido *punto com*, y refuerza la opinión pública no publicada. Hemos llegado al siglo XXI. Estamos en la era digital, y la comunicación ha roto todas las fronteras establecidas. El rumor en Cuba se ha digitalizado, también la ilegalidad.

Vivir «desconectados» parcialmente o pretender controlar la información en la era de la comunicación no tiene mucho sentido y refleja también algo de frustración —y hasta de desencuentro— cultural y social. No somos un país organizado al estilo *amish*, «desconectado» del mundo, tal como viven los miembros de la Vieja Orden Amish, aquella comunidad protestante norteamericana de vida muy austera y conservadora que, de manera voluntaria, rechaza tanto los botones como la luz eléctrica o el automóvil. Pero no tiene sentido tampoco una experiencia «semi-amish», lo que está en contradicción con los buenos planes de crear ciudadanos cultos y capacitados en las tecnologías modernas.

La mejor forma de evitar estas contradicciones y frustraciones sociales es adaptar todas las potencialidades humanas del país —no una fracción— a los tiempos actuales. Estamos verdaderamente en una nueva época, en la que no pocas de las viejas concepciones estructurales de la sociedad —no los valores humanos— han perdido vigencia.

Todos deberíamos coincidir en el objetivo: combatir la corrupción y la ilegalidad, vivir en una sociedad más justa, solidaria y culta. Pero habría que actualizar los medios y las estrategias a las circunstancias y los tiempos actuales para acercarnos a ese fin deseado y poder superar viejas contradicciones, las noticias vagas y confusas, las restricciones contraproducentes, algunas ficciones sociales, no pocas ilegalidades, engaños, falsedades e inmoralidades. La revalorización del mercado y de la propiedad privada responsable, satanizados inadecuadamente cuando ambos pueden desempeñar un importante papel social, podría ayudar. Buena parte de las acciones ilegales que vemos podrían ser comunes acciones legales, simplemente regularizando el cauce desordenado por donde fluyen hoy de manera turbia pero indetenible, impulsadas por la propia fuerza de las necesidades humanas.

La era digital demanda unas relaciones humanas, una comunicación y una cultura nuevas, o renovadas. En la aldea global, la economía, la comunicación y la misma cultura, van desbordando el mando centralizado, pues surgen y se propagan a través, y desde, numerosos centros individuales o autónomos. No presenciamos el fin del Estado, sino su renovación y modernización.

El desafío sigue siendo el bienestar del hombre, pero hoy es más evidente que la promoción de la virtud es *conditio sine quanon*. ¡Cuánta razón tenía el padre Varela!

Tampoco debemos olvidar que la globalización indetenible impone nuevos matices a la política. «La vieja política —cito nuevamente a McLuhan—, era una política de planes de acción, de partidos, de puntos de vista y de plataformas políticas. La nueva política es una política de imágenes: los planes de acción, los programas y los partidos no trabajan a la velocidad de la luz. No trabajarán a la velocidad eléctrica [...] Todas las antiguas categorías son inservibles [...]».

Bueno, quizás es demasiado categórica la afirmación, pero responde a las viejas categorías políticas que son, por lo general, demasiado categóricas.

Junio de 2005.

DARNOS UNA OPORTUNIDAD

Hace un tiempo vi a un par de turistas llegar en auto rentado a una gasolinera de venta a vehículos estatales. El pistero con presteza llenó el depósito, los clientes pagaron en efectivo y tomaron carretera. Para un extranjero no residente en Cuba y de visita por unos días, resulta inimaginable esta diversidad de gasolineras en divisas, gasolineras para expendio contra bonos a particulares y gasolineras para expendio contra bonos a estatales. Demasiados controles. Pero para los cubanos, demasiados controles puede significar precisamente lo contrario: demasiado descontrol.

Cinco días después de la «toma» de las gasolineras por los trabajadores sociales, una persona me dijo que se habían recuperado ya siete millones de pesos convertibles. Me pareció exagerado, pero como después se ha hablado de cientos de millones, tal vez sea cierto. En realidad, aún no tengo claro si se trata de millones de pesos convertibles o de litros de gasolina, pero de cualquier forma, con el precio de la gasolina entre 0.65 y 1.10 pesos convertibles, poca importancia tiene si se trata de pesos o litros de combustible: son millones. El robo es considerable, escandaloso, aunque sea rutina. Quizás eso sea lo peor: lo ilegal no nos sorprende.

No por gusto el puesto de pistero ha sido siempre —lo era antes de la liberalización del dólar— una de las plazas más ambicionadas en Cuba. Como lo puede ser hoy cualquier puesto de una simple cafetería en moneda dura. No es que allí se pague más, pues los salarios suelen ser bajos, pero *allí los verbos se hacen vida*: conseguir, resolver, gestionar... robar.

No es un fenómeno exclusivamente nuestro, cada vez se presentan más informes de alcance mundial sobre el tema. La corrupción es un tumor social terrible, normalmente asociado a la pobreza, al descontrol, a la ilegalidad, al deterioro del tejido social, al individualismo y al egoísmo, al desconocimiento de la autoridad pública, pero, sobre todo, al deterioro moral. Al día siguiente de la «toma» de las gasolineras por los trabajadores sociales, se anunció una auditoría especial al veinte por ciento de las empresas estatales para «evaluar el papel de los cuadros, funcionarios y trabajadores» en el «enfrentamiento a indisciplinas, ilegalidades y manifestaciones de corrupción administrativa», según se anunciaba en *Tribuna de La Habana*. Evidentemente, lo de las gasolineras es solo una arista del fenómeno. La corrupción suele reproducirse en condiciones apropiadas para ello y puede llegar a penetrar las mismas esferas de la administración, privada o estatal. Es evidente que las autoridades cubanas no desconocen la extensión del mal. No por gusto se creó en Cuba, donde todas las empresas y casi todo el mercado es estatal, un Ministerio de Auditoría y Control.

Pero las personas no son corruptas por naturaleza. Hay un sentido natural en el ser humano que indica la diferencia entre el bien y el mal, y por tanto la posibilidad de elegir entre uno y otro, entre lo moralmente correcto y lo incorrecto. Cuando un área laboral ha sido afectada por la corrupción, cualquier persona con una mínima base moral es propensa a actuar correctamente, y si la presión es demasiada, quizás intente cambiar de trabajo. Pero cuando son muchas las áreas laborales afectadas, es difícil escapar de esta realidad y entonces, por el contrario, se suelen buscar los puestos de mayor «rendimiento».

Los salarios bajos o insuficientes, las carestías materiales y la poca disponibilidad o accesibilidad a los recursos, crean un contexto apropiado para la expansión de la corrupción y el soborno. Cuando estas limitaciones predominan, las personas —tanto los funcionarios como sus subordinados— intentan compensar o suplir por sus propios medios, según sus jerarquías, creando complicidades y lealtades, tejiendo una red que se autorreproduce y expande de forma casi incontrolada hasta que, por la magnitud del desfalco, se produce el escándalo.

Un país que desee librarse de un mal semejante debe no solo actuar en el orden administrativo mediante leyes, regulaciones y sanciones. Un buen administrador debe ser también un buen renovador, máxime cuando las variantes económicas, y los métodos para hacer trampas, se desarrollan a incontables revoluciones por neuronas. Ciertamente había mucho de cinismo en la respuesta que me dio la cajera de un Cupet cuando vi a los trabajadores sociales y le pregunté qué había pasado allí: «los jefes creen que así se resolverá el problema». Al final de su misión, los trabajadores sociales permitirán conocer cuánto combustible se quemaba de forma irregular diariamente en las gasolineras, pero *el problema*, tal como vaticinaba la cajera del Cupet, podría continuar en el futuro.

Hay un dilema estructural detrás del extendido mal. El aumento salarial de los últimos meses no es suficiente, pero más dinero circulante sin poder suficiente puede generar otros problemas financieros. Habrá que aplicar fórmulas ajustadas a la realidad, renovar.

Pero tan importante, o más, que el problema estructural, está el desafío moral que representa la corrupción. Como para curar cualquier enfermedad, lo primero que debe hacerse respecto a la corrupción y el soborno, es reconocer su real alcance, causas y consecuencias, dónde hay más y dónde menos, hablar de ello tan abiertamente como sea conveniente, para ser conscientes de cuán mal podemos estar y cuán necesario es despojarnos de ello y, entonces, actuar en consecuencia con realismo y justicia, de manera que cada uno pueda lograr lo que necesita, no más y no menos. Hay una insuficiencia moral, además de una incoherencia social, cuando se pretende ignorar el mal que avanza y nos afecta y envuelve. Es importante ser conscientes del mal, que a todos nos debe doler, pero es más importante saber que puede tener remedio.

Sembrar valores es un lema bastante recurrente, pero del mismo modo insuficiente. La dificultad no está en el fin, que sería erradicar este mal, sino en el uso que hacemos de los medios. El sacerdote y filósofo español Alfonso López Quintás, en un artículo sobre la educación («Necesidad de auténticos líderes»), plantea el desafío que significa para muchos gobiernos lo que llama «deterioro en las costumbres». Y ofrece su percepción sobre el método: «Como toda corrupción en el ser humano empieza por la corrupción de la mente —tergiversación de conceptos, manipulación de planteamientos, falsificación del lenguaje...—, tales dirigentes promulgaron leyes de educación encaminadas a conseguir que los niños y jóvenes aprendan a pensar bien, razonar con rigor, decidir con acierto, vivir de forma virtuosa». Pareciera que este es el camino del éxito, pero como afirma López Quintás, la cuestión no está en que los profesores «enseñen a los alumnos valores y creatividad», porque «ni los valores ni la creatividad son susceptibles de ser "enseñados"; debe "descubrirlos" cada uno por sí mismo». «Se trata de una enseñanza *socrática*, consistente en "descubrir" las distintas fases del proceso humano de desarrollo. La fase decisiva se centra en torno a la experiencia básica del encuentro».[1]

Encuentro *con qué* sería una buena pregunta: con la verdad, con la dignidad del otro y la propia, con la justicia, con el derecho a la propiedad, con la creación de una riqueza —privada o pública— socialmente útil, con nuestras debilidades y fortalezas, con el pasado y el presente, con el derecho a pensar y expresar las ideas, con la fragilidad humana y su desbordamiento materialista, con el sentido

---

[1] Alfonso López Quintás: «Necesidad de auténticos líderes», reproducido por la agencia católica de noticias Zenit, 4 de mayo de 2005. Puede verse también en http://www.es.catholic.net/op/articulos/46406/necesidad-de-autenticos-lideres.html.

del poder y su posible corrupción, con la trascendencia... Nadie debe sentirse ajeno a experimentar este *encuentro*. ¿Quién tiraría la primera piedra?

Tal encuentro tendría que pasar, necesariamente, por el restablecimiento de la confianza entre las personas, de las personas consigo mismas y de estas en las posibilidades que puede brindar la sociedad. Sin confianza no es posible sostener una relación ni adelantar un proyecto personal o social. La sociedad debe y puede brindarnos la oportunidad de vivir de la forma más decorosa posible sin necesidad de recurrir a tretas y engaños; quizás sea más apropiado decir —como miembros de la sociedad— que *debemos y podemos darnos la oportunidad* de vivir de la forma más decorosa posible, porque *nosotros somos la sociedad*. Si hay algún mal del que no podremos culpar a nadie, ni buscar soluciones ajenas, es este.

Reformas estructurales capaces de crear un ambiente de justo bienestar, unidas a un apropiado enderezamiento moral, son las únicas vías de interrumpir el ciclo de vicios y poner remedio a este mal. No todo se resuelve con sanciones, ni es la riqueza el camino a la felicidad. Pero una sociedad donde todos encuentren su oportunidad, en la que junto a las primeras palabras los ciudadanos aprendan que su dignidad depende de la dignidad de todos, y que dañar, engañar o someter al otro es un atentado contra la propia dignidad, estará mejor preparada contra los virus que corrompen, primero, la mente, y después la misma naturaleza humana y toda la sociedad.

Noviembre de 2005.

DOS CARTAS Y DOS TEMAS

Con cierta regularidad leo la sección de correspondencia del diario *Juventud Rebelde*, donde el periodista José A. Rodríguez suele, además de canalizar las quejas de los lectores, solidarizarse con ellos en el reclamo de soluciones racionales.

En similar situación me veo ahora. He recibido dos cartas que son verdaderas solicitudes de ayuda por parte de sus autores. Antes de entrar propiamente en materia, aclaro que nuestras posibilidades de «ayuda» real son mínimas, por no decir nulas. Más allá del nivel moral y religioso, ni esta publicación eclesial habanera, ni la misma Iglesia como institución, gozan de potestad alguna en el orden temporal, o sea, a nivel social, como para satisfacer en el orden físico estas necesidades que, además de merecer satisfacción, no son aisladas.

La primera carta fue redactada en Los Palos, el 24 de junio pasado, por Yunier Pérez, quien escribe «habiendo agotado todas las posibilidades». «Desde hace mucho tiempo —dice la carta— mi deseo fue estudiar Historia. Mientras estaba cursando estudios de 10mo. grado en el Pre de mi localidad, Héroes de Angola, se me presentó la posibilidad de convertirme en maestro emergente, posibilidad que aproveché, entre otras, por las siguientes razones: librarme del servicio militar [...], las malas condiciones higiénicas de mi escuela y la otra, que me garantizaron, con toda seguridad, que podría estudiar Historia. Pequé de ingenuo, facilista, etc. Estando cursando estudios en la escuela de maestros, siempre me mantuvieron con la seguridad de que aunque fuera yo solo el que la pidiera, tendría garantizada mi carrera».

Pero no fue así pues, según cuenta, no podían otorgar la carrera porque eran «solo dos» los aspirantes, y cuando se dirigió a la Universidad Pedagógica de su municipio no tuvo mejor suerte. Yunier matriculó Psicología en la Universidad Agraria, aunque me cuenta que hoy es «estudiante de 2do. año de Derecho de la Universidad Agraria sin asistir a clases» —lo que no entiendo—. Y concluye diciendo que la única posibilidad que le queda para estudiar su anhelada carrera es «pasar el Servicio Militar [...] y solicitar la carrera por la orden 218».

Yunier, según sus palabras, «pecó» por ingenuidad y facilismo. Tal vez de lo segundo sí, por las razones que menciona —aunque tales facilidades no fueron inventadas por él—; pero de lo primero no creo. No se es ingenuo por creer en una promesa hecha desde ese nivel institucional. La necesidad de maestros es grande, y hacer ofertas atractivas para lograr el objetivo es un recurso válido; se busca así equilibrar los intereses colectivos y los intereses individuales. No es un chantaje, sino una especie de «arreglo» o «contrato social» que no debe nunca faltar, en el que las partes acuerdan, se comprometen y benefician mutuamente. Si entre las ofertas estaba la exención del Servicio Militar —oferta de las Fuerzas Armadas— y la posibilidad de estudiar Historia —oferta del Ministerio de Educación Superior—, resulta incomprensible que uno cumpla y otro no. Pero si el pretexto de «solo dos» es válido, ¿entonces por qué prometer lo que no se puede cumplir? Mala enseñanza...

La otra carta, con fecha 26 de junio, la envía José A. Trujillo, desde Lawton. José es un «fumador inveterado desde hace 50 años», ahora tiene sesenta y dos años y problemas de salud y al acudir a una cita con su médico de la familia, una joven que lo «trató muy correctamente», le recomendó varios análisis y pruebas, entre ellas una placa de tórax, si bien acompañó la recomendación con la advertencia de que «el Policlínico carecía de placas y que casi seguro que ese (examen) no se lo iban a poder hacer».

Resumo la misiva de José, quien escribió con una mezcla de «disgusto», «muchísimo miedo» pero con «responsabilidad»: no había placas en el Policlínico, una persona que encontró en su trabajo y se identificó como médico de La Pradera —donde se atiende a enfermos de otros países— le dijo que allí no escaseaba nada; José no descarta que, tal vez, no haya placas para rayos X en su policlínico por la «acción incorrecta desde el punto de vista administrativo» o «la desviación de recursos por parte de algún deshonesto», etc. Pero José ahora se pregunta: «¿Somos o no una verdadera potencia médica? ¿Potencia médica quiere decir que yo como cubano tengo que carecer de algo [en ese campo] que un foráneo tiene de sobra?» —si es verdad lo que dijo quien se identificó como médico de La Pradera.

José, como cualquier ciudadano cubano, experimentó por varias décadas la certeza de las instituciones de salud disponibles a toda hora. Pertenecemos a ese grupo de países —no somos los únicos— en que la expresión «ve al médico» es rutinaria. Por ello cuesta entender situaciones semejantes.

Hay un punto de coincidencia en ambas cartas: la frustración, una cierta sensación de inseguridad y desamparo. Estas experiencias son generadoras de individualismo, del «sálvese quien pueda», de la corrupción y claro está, del «tráfico de influencias». Todas estas expresiones sociales son, a la postre, un reclamo que debe ser atendido. Este es un reto insoslayable para las autoridades del país, pero también para los ciudadanos. Porque estos males requieren un reacomodo distinto de esa especie de «arreglo» o «pacto social», de equilibrio entre los intereses colectivos y los individuales, para lograr armonía social.

Por lo pronto, me permito aconsejar a José que fume menos —sé que es difícil pero no imposible—, y a Yunier que vuelva a insistir a otros niveles —¿queda aún la opción del «curso dirigido»?—. Es cierto que, muchas veces, el contexto o la torpeza de algunos nos impiden avanzar, pero *insistir* es un verbo que merece ser más experimentado.

Julio-agosto de 2006.

Orlando Márquez

CUBANOS DE AQUÍ Y DE ALLÁ

Del 18 al 22 de septiembre nos reunimos en la casa de la Agrupación Católica Universitaria (ACU) ubicada en Miami, Florida, sacerdotes y laicos cubanos residentes en Cuba y en Estados Unidos y Puerto Rico. Era la novena edición de tales encuentros, iniciados por los sacerdotes en el año 1997 en el bello San Agustín, y encabezados hoy por los obispos Dionisio García, de Bayamo-Manzanillo, y Felipe Estévez, auxiliar de Miami.

Con posterioridad, tuvimos una reunión con la Comisión de Relaciones Exteriores de la Conferencia de Obispos Católicos de Estados Unidos, en su sede de Washington D. C., prueba del interés de ese cuerpo episcopal por tales encuentros. Varios de nosotros, finalmente, mantuvimos un último contacto en la Universidad de Georgetown con cubanos residentes en Washington y Virginia. Son encuentros pastorales que permiten, además, adentrarse en las vivencias de otros: una experiencia singular.

Lo primero que aprecio con estos encuentros es que no solo la distancia nos ha marcado, también la incomunicación. Distancia e incomunicación conforman un binomio demoledor, demasiado dañino para el restablecimiento de lazos de unidad. Y claro que tiene también bastante peso aquello de «el hombre y sus circunstancias». Un amigo me dijo que, después de más de cuarenta años residiendo en Estados Unidos, donde habían nacido sus hijos y nietos, se sentía norteamericano con influencia cultural cubana; pero otra persona, con experiencia similar, me dijo exactamente lo contrario: se sentía cubana pero fuertemente marcada por la cultura norteamericana. Y ambos mantienen, como casi todos, un fuerte vínculo con sus orígenes, que remiten siempre a la Isla y a considerarse cubanos, de modo particular en Miami, el pedazo más «cubano» dentro de Estados

Unidos, donde todavía se puede vivir sin hablar inglés, y satisfacer la nostalgia, o alimentar el sueño de lo que pudo ser y no fue, o de lo que no es y podría ser, o —¿por qué no?— de lo que pudo ser y aún podría ser.

Los que íbamos de Cuba somos cubanos sin más influencia cultural que la cubana, y una experiencia de vida también distinta, otra realidad. De manera que todos somos cubanos, pero *de aquí y de allá*. Creo que experimentamos en esos encuentros lo que han experimentado muchos con los encuentros familiares que se han dado en las últimas tres décadas: vivencias e interpretaciones distintas, un sentimiento difícil de conceptualizar y una profunda necesidad de acercamiento.

Estos encuentros, reencuentros propiamente, de cualquier tipo y en las más variadas condiciones, llevan en sí toda la emoción y racionalidad del ser cubano, y de *la circunstancia cubana*, con sus claves de interpretación. Para quienes hacen del prisma ideológico el referente único, *irse* —sobre todo hace treinta o cuarenta años— es considerado exclusivamente una opción política; por lo que *quedarse*, podría entenderse de la misma manera. De modo que irse puede entenderse como un gesto de negación del *status quo*, y quedarse sería un acto de complacencia con el *status quo*. Esta conclusión, sin embargo, es reductiva y no engloba toda la realidad. Irse fue también, por ejemplo, preservar la unidad familiar, y quedarse fue, en no pocos casos, un acto consciente de enraizamiento, o de preservar un lugar a pesar de cualquier cambio social. Claro que no todo es blanco y negro, hay otras razones, como también existen otros referentes además del ideológico o político, pero los estereotipos políticos suelen prevalecer, y han prevalecido, al menos por ahora.

Quienes han participado en todos estos encuentros eclesiales dan fe de un cambio cualitativo a más en el acercamiento, tanto entre los que aquí residen como entre los emigrados, a pesar de no comprenderlo todo, o de interpretar una realidad vinculante desde claves distintas. Porque, a pesar de todo, cuando la política y la pasión ceden a la razón, se impone el referente cultural, el regreso a la raíz común: el reencuentro. Así como al encontrarse hermanos, tíos o primos, después de un posible «choque político» inicial se impone el referente familiar, al encontrarse cubanos de la Isla y del exterior, a pesar de un posible diálogo difícil, se puede imponer el vínculo cultural. De hecho, un aparente diálogo altisonante y apasionado tal vez no encierre otra cosa que la necesidad de ser escuchados y un profundo deseo de reencuentro.

Hasta el presente se han dado fundamentalmente reencuentros familiares, y no es poco. Los reencuentros familiares son la muestra más verídica de que el referente ideológico no es el más importante. El vínculo familiar hace estallar una y otra vez —o al menos cuestiona constantemente— todo intento político por limitarlo. Algo similar ocurre con el vínculo cultural, el único que permanece en el tiempo. La cultura es la olla donde se cocinan de modo permanente, generación tras generación, los ingredientes que nos identifican y caracterizan como comunidad nacional. La cultura ha superado —y debe continuar superando— todo límite ideológico, y se convierte, por el mismo hecho, en cimiento del acontecimiento que está por venir: *el reencuentro de la nación cubana.*

¿Qué otra cosa explicaría lo que algunos consideran el fenómeno particularmente «nostálgico» de la emigración cubana? Nombres del pasado, marcas, ropas, música, comidas, y hasta la idea misma de una «pequeña Habana» a más de 90 millas de La Habana, no son necesariamente un sueño por regresar al pasado, sino un aferrarse al tiempo —pasado— en que se produce el desarraigo del cultivo —cultura— de la vida, se interrumpe el proceso de la existencia natural misma con la emigración. No es algo exclusivo, sin embargo; allí es posible encontrar también la *little Italy* o el *China Town*, como se creó en La Habana, hace muchos años, el «barrio chino», porque toda emigración genera un conflicto de identidad cultural y el único modo de enfrentarlo es tratando de mantener vivas —cultivar— las raíces trasplantadas, un intento desesperado y traumático por ser y seguir siendo.

En su controversial y obligado libro *El choque de las civilizaciones*, Samuel Huntington lo explica así: «Al enfrentar las crisis de identidad, lo que importa para la gente son la sangre y las creencias, la fe y la familia. La gente se une a aquellos con ascendencia, religión, lenguaje, valores e instituciones similares [...]»,[1] es decir, a los que tienen una cultura similar.

«Durante la Guerra Fría —afirma Huntington en su obra previsora publicada por primera vez en 1996— un país podía ser no alineado, como muchos lo fueron, o podía, como hicieron algunos, cambiar su alineación de un lado a otro. Los líderes de un país podían hacer estas elecciones según sus percepciones en relación con sus intereses de seguridad, sus cálculos de equilibrio del poder y sus preferencias ideológicas. En el nuevo mundo, sin embargo, la identidad cultural es el factor central al conformar las asociaciones y antagonismos de un país. Aunque un país podía evitar las alianzas de la guerra fría, no puede carecer de identidad. La pregunta "¿de qué lado estás tú?", ha sido reemplazada por una mucho más fundamental: "¿quién eres tú?". Cada Estado tiene que tener una respuesta. La respuesta, su identidad cultural, definen el lugar del Estado en la política mundial, sus amigos y enemigos».[2]

---

[1] Samuel Huntington: *The Clash of Civilizations and the Remaking of World Order*, London, The Free Press, An imprint of Simon & Schuster UK Ltd, 2002.
[2] Ibídem.

Un lenguaje descarnado, sin dudas. No es un «evangelio político», pero sí es políticamente realista y comprobable.

Desaparecido el bloque socialista europeo, Cuba inició un proceso de mayor acercamiento con América Latina y España, a pesar de ciertos encontronazos políticos; en este mismo período, también se iniciaron los encuentros «La nación y la emigración», organizados y después suspendidos por el Gobierno cubano, los cuales, quizás, llegaron a ser la posibilidad mayor de reencuentro de la nación cubana después de iniciados los viajes familiares a finales de los años setenta. Y es también, en este mismo espacio de tiempo, cuando el Gobierno cubano ha procurado con más vehemencia —aunque sin éxito— el levantamiento del embargo o bloqueo de Estados Unidos, lo cual, al producirse, no solo promoverá intercambio comercial.

Tanto el mayor acercamiento con Iberoamérica, como el logro de unas relaciones armoniosas con Estados Unidos —que deben llegar más temprano que tarde—, es acercamiento natural a naciones con las que compartimos la génesis: valores, lengua y religión; e interés geográfico. Y tal acercamiento con esta región que compartimos todos, ¿no constituye un restablecimiento de lazos culturales comunes aunque de diferente expresión, una inserción más profunda en eso que llamamos *cultura occidental*?

En los encuentros «La nación y la emigración», si bien al parecer prevalecieron los referentes ideológicos y no los culturales en su concepción y posterior desaparición —no todos los emigrados calificaban para ser invitados—, tanto la respuesta de los invitados como algunas medidas que con posterioridad tomó el Gobierno cubano, fueron muestra de las posibilidades de acercamiento cuando prevalecen los vínculos culturales, la identidad común, a pesar de las opciones políticas. La idea debería ser retomada, pues es a la postre interés y deber del Estado hacer lo correspondiente para fortalecer la nación con todos los interesados en ese fortalecimiento y, ciertamente, muchos cubanos residentes en otros lugares se empeñan en preservar *su* pedazo de nación.

El acercamiento con Iberoamérica continuará, y mientras no existan unas relaciones normales con Estados Unidos se podrá hablar aún de guerra fría, aunque tal vez no sea por mucho tiempo; pero mientras la nación y sus instituciones, y los cubanos todos, no alcancemos *el reencuentro de la nación* y hayamos superado la fórmula «nosotros *vs.* ellos», el peso de tal división gravitará también en cualquier otro tipo de relación con no cubanos. De hecho, hay realidades que en su momento demandarán una respuesta consecuente. El día en que ciudadanos de Estados Unidos tengan permiso de su gobierno para viajar libremente a Cuba, ¿serán sostenibles los argumentos de hoy para negar la entrada a algunos cubanos residentes en aquel país? Llegado el momento de mayor integración con Iberoamérica, ¿cómo justificar el diálogo con un liberal o un socialdemócrata extranjero y no con uno cubano?

La historia de la nación cubana es la suma de las historias personales de todos. La conjugación de esos relatos individuales —no la negación de alguno de ellos—, y la cultura que compartimos todos, es lo que nos salva como nación. El reencuentro de la nación cubana, de los cubanos de aquí y de allá, es necesario. Tal vez no estemos preparados, y tal vez no sea obligado tener ya respuestas a unas preguntas que aún no han sido totalmente formuladas. Pero es bueno ir reflexionando sobre ello, porque la necesidad del reencuentro se percibe mucho más en estos tiempos. Habilitar el cauce apropiado sería una sabia decisión.

Noviembre de 2006.

DE IDENTIDAD Y REALIDAD

El reportaje publicado por el diario *Juventud Rebelde* el pasado 7 de enero, bajo el convincente título «Tres reyes regresan por su corona», pone el dedo en la realidad de la sociedad cubana de hoy. Cierto es que la tradicional celebración de los Reyes Magos no había desaparecido totalmente, ni es necesario demostrar que esté tan extendida para confirmar que ha sido recuperada, pues una «tradición nacional» no tiene que ser practicada por el ciento por ciento de la población; pero esta crece y debe seguir creciendo.

«Con el triunfo del Primero de Enero muchas de estas festividades de carácter religioso desaparecieron», afirma el máster Dagoberto Reyes citado en el reportaje, y añade que el «proceso [revolucionario] creó sus propios símbolos y trató de barrer el pasado». Parece ocioso concluir, ante el resurgimiento de tal tradición —y otras, sin anuncios, sin publicidad o propagandas de alcance nacional— que el «proceso» fracasó en su intento de «barrer el pasado». No obstante algo de eso hay, pues entre las «lacras burguesas heredadas del capitalismo» que había que combatir estaba la religión, y las tradiciones vinculadas a ella. Pero las festividades de carácter religioso no desaparecieron. Disminuyeron, menguaron, pasaban casi inadvertidas para la mayor parte de la sociedad, pero una minoría mantuvo sus creencias y costumbres, y las antiguas tradiciones religiosas.

Quizás para alguien hoy resultaría ridículo colocar en la sala de su casa un gajo de ese árbol de boliches y «adornarlo» con dos o tres bombillos coloreados a mano, pero eso precisamente se hizo mucho en el pasado, cuando no se vendían en las tiendas los arbolitos sintéticos *made in China*: era la expresión de una minoría que quería permanecer fiel a sus tradiciones y salvar la memoria, sabedora de que la Navidad se puede celebrar con muchas luces o con pocas, o ninguna, aunque algún «compañero» pensara que tales gestos eran un abierto desafío a la nueva realidad. Porque un error no poco costoso, o contraproducente de los ortodoxos conductores del «proceso» ha sido ignorar a las minorías, sin discernir qué valores las identifican o qué vínculos las unen, y clasificarlas automáticamente como incapaces de estar a la altura del «proceso».

Hubo también un craso error al ignorar que la tradición religiosa de los Reyes Magos —como la religión misma— había saltado ya las tapias de los templos y las restringidas representaciones de los nacimientos navideños en las casas de familias cristianas, y se había integrado a la cultura del país, y todos sabían de ella, y muchos la practicaban, tanto ricos como pobres, creyentes o ateos. En efecto, nuestra cultura es de raíz cristiana ibérica, y la fiesta de los Reyes Magos vino de España, como el idioma o el gusto por unos frijoles tan ardientes como nuestro clima, como cierta tendencia al choteo o el atractivo por el caudillismo. Cuando lo africano llegó, aportó su riqueza a un tronco que ya era español y también de él recibió y se produjo la síntesis de hoy. Quizás la mejor prueba de ello es la aceptación de lo español después de la independencia y el continuo flujo de inmigrantes «gallegos» mantenido por tantos años. Si España no hubiera recuperado La Habana de los británicos, es posible que en esta zona —o en otras si se hubiera extendido— hoy fuéramos más anglicanos que católicos, pero cristianos, sí, y con pocas oportunidades para la santería o el sincretismo, pues no eran tan tolerantes los británicos en materia religiosa… Pero somos lo que somos, y no somos ajenos a lo español.

Las buenas tradiciones no hacen daño, y no tienen que ser practicadas por todos para que sean tradiciones nacionales y gocen así del respeto o la consideración que merecen. Las «parrandas de Remedios» no dejan de ser una tradición cubana aunque no se practiquen en Miramar.

Y la Fiesta de los Reyes Magos ha sido por siglos otra tradición practicada en Iberoamérica y en Cuba, aunque no todos la sigan. Y va con nuestra cultura, a diferencia del Santa Claus, más europeo, ya norteamericano, arropado para otro clima, necesitado de trineos y chimeneas que no se encuentran por acá. Y la fantasía de los Reyes dirigida a los niños, como la del gordo *santicló*, no provoca ciudadanos atolondrados o chiflados.

De modo que siga la tradición, pero ¿cómo?

Ese es otro asunto inquietante reflejado en el trabajo publicado. Es cierto que esta festividad de origen religioso fue aprovechada por la «sociedad de consumo [...] para vender y potenciar el mercado de juguetes», como afirma otro especialista citado por *Juventud Rebelde*, pero el término «sociedad de consumo» es un tanto engañoso. En nuestra sociedad también se consume, pero el consumo es dirigido, no totalmente liberado, como los juguetes que compraban mis padres en mi infancia, cuya tragedia para obtenerlos no me provoca ninguna nostalgia. El consumo depende de la oferta, no tanto de la demanda. Compramos lo que se vende.

Si observamos un mercado cubano en CUC por ejemplo, quizás no siempre haya espaguetis o huevos, pero siempre hay ron o cerveza; y en una cafetería tal vez no dure mucho el helado, pero no falta la cerveza; la oferta de cerveza supera a las otras, y en el consumo de cerveza quizás compitamos con cualquier sociedad que consuma mucha cerveza. También se oferta en Cuba más cerveza que juguetes, y pudiera pensarse que por ser producción nacional es más barata que un juguete importado de China, pero en todas partes es más barata la cerveza que los juguetes. ¿Por qué no instalar fábricas de juguetes si somos capaces de producir circuitos eléctricos o medicamentos de tecnología de punta? ¿Cuánto cuesta una caja de bolas china, unos lápices de colores y un libro para colorear? ¿Cómo es posible que en un país de peloteros un guante y una pelota de béisbol de producción nacional, juntos, cuesten tres o cuatro veces el salario promedio?

Es cierto que constituye un error por parte de los padres provocar en sus hijos la ostentación o el sentirse superiores a los demás. Mas esto es un problema ético. He conocido personas con solvencia económica que nunca han presumido de ello, y así educan a sus hijos, y he conocido pobres que no se inquietan si su hijo roba al que tiene más. No se es más honrado por ser más pobre, ni más malo por tener más dinero. La falta de eticidad no distingue entre las clases o las razas, y si se llega al crimen la ley no hace distinciones en esto. Por ello no estoy de acuerdo con la afirmación de que, el peligro de esta tradición de los Reyes Magos, está en «los que reciben remesas y los que no», o en las diferencias que se crean entre quienes tienen ingresos más altos y los que tienen ingresos más bajos.

Es probable que el hijo del *barman* de un hotel tenga un mejor cumpleaños que el de un maestro, o que la niña que cumple quince años tenga mejor fiesta si su abuela reside en Hialeah, como también podría tenerla una quinceañera cuyo padre médico haya trabajado un par de años en Sudáfrica. Pero ver las diferencias únicamente desde esta arista nos conduciría, una vez más, a la injusta conclusión de que la igualdad se logra al reducir las posibilidades de quienes tienen más, en lugar de buscar la fórmula para aumentar las posibilidades de los que tienen menos.

La igualdad de oportunidades se basa en las condiciones sociales que permitan a todos los ciudadanos recibir igual enseñanza y competir por los puestos que sean de su interés, pero llegado el momento se impondrá el talento, la capacidad y la voluntad, el mérito personal, y esto no es un delito. Al mismo tiempo, quien tiene más no debe olvidar la solidaridad, la fraternidad y el compromiso social con los que tienen menos, y para ello se crean mecanismos sociales o económicos, de compensación y equilibrio. Pero ello es bien distinto de castigar a una persona con talento para premiar al menos capaz.

A la vuelta de varios años hablamos ya de nuevos ricos, o de diferencia de clases sociales en Cuba: los que tiene mayor solvencia económica y los que tienen menos. Pero lo cierto es que, aunque de manera solapada o a la sombra, no tuvimos nunca una clase única. Quien obtuvo mejores puestos logró mejores oportunidades y vivió mejor que otros, aunque con los otros fuera a recoger papas un «domingo rojo», pagara la misma cuota sindical o enviara los hijos a la misma escuela. Nunca fuimos iguales.

Las diferencias humanas no desaparecen por un programa político, ni siquiera por ser hijos del mismo padre y la misma madre. ¿Qué hace suponer entonces que todos tendremos igual gusto, aspiraciones o intereses? No es malo el dinero, sino el uso que de él hacemos. ¿Alguien piensa hoy en cerrar las tiendas en divisas, cerrar las oficinas de *Western Union* y cortar así la entrada de remesas, decomisar las cuentas en moneda dura de pintores, músicos o deportistas, y restablecer la «diplotienda», o sea, regresar a veinte años atrás? No es razonable.

Pero sí es posible mejorar las condiciones para ayudar a quienes están en desventaja, o al menos conducir una política financiera que permita al salario nacional adquirir algo más que unas libras de arroz o azúcar, como por ejemplo juguetes, ropa y calzado. De esto no puedo decir más porque no soy experto, pero sé de muchos buenos economistas que esperan la oportunidad de aportar ideas nuevas, o renovadas, gente que no estudió en Chicago, sino en la Universidad de La Habana.

Hacemos bien al estar atentos a la realidad, discutir sobre ella, sobre nuestras diferencias y nuestras similitudes, redescubrir tradiciones, rescatar lo que nos identifica, dignifica y une como ciudadanos. Así vamos a la esencia, así se descubren las metas comunes, así somos comunidad humana y nación. Lo demás… pues eso mismo, algo que, en determinado momento, puede estar de más.

Febrero de 2007.

A LO CUBANO

En un viejo libro de aforismos martianos titulado *Espíritu de Martí* he encontrado la siguiente frase: «Suele pasar a los pueblos lo que a las casas enemigas de médicos, llaman al fin al médico, pero demasiado tarde».

La alerta sonó entre nosotros hace varios meses, si bien los síntomas de la enfermedad se manifiestan desde hace años. Pero la alerta ha sonado definitivamente, desde niveles altos y más de una vez, con cierta insistencia periódica pero no tanta como para aparentar desesperación. Bien, es válido el método, pero hace falta la acción del «médico», creo que es urgente.

Es notable la reciente proliferación de trabajos en la prensa nacional que tratan sobre temas tan importantes y sensibles para la sociedad y que, aparentemente, eran soberanamente ignorados. No solo sobre corrupción, también sobre el transporte, algunas tendencias juveniles negativas, descontroles administrativos, entre otros. No es todo, pero es algo, y realmente no estábamos habituados a leer o escuchar desde esas tribunas lo que vivimos. No obstante, más allá de los trillados llamados a la conciencia ciudadana, no se ofrecen las correspondientes soluciones, o posibles propuestas según los tiempos que corren. A los periodistas quizá no corresponde dar soluciones sobre estos temas, pero sus esfuerzos quedan inconclusos si la oferta incluye solo hechos y retórica. Es que no basta reconocer el error, o los errores, la corrupción o ciertas tendencias al individualismo, el reto que representa una juventud con «más información y expectativas de consumo», o con menos «memoria histórica», según términos empleados por el ministro cubano de Relaciones Exteriores en un discurso ante la Asamblea Nacional a fines de 2005. Hablar públicamente del mal es un modo de manifestarse dispuesto a recorrer el camino para enmendarlo, pero hay que caminar, y probar nuevas rutas. En efecto, ha pasado el tiempo, y los retos de hace cuarenta años son bien distintos a los de hoy, como las expectativas, o el interés de vivir la propia historia. Las respuestas, por tanto, han de ser distintas.

Desde que el hombre vive en comunidad, que es la mejor forma de vivir, han sido inevitables las comparaciones y referencias. No está mal, porque de todo se aprende, si bien las comparaciones no son siempre válidas. En numerosos encuentros con personas de varias latitudes, al tratar el tema de la experiencia eclesial en Cuba y los modos difíciles de ir desbrozando caminos en los años transcurridos después de 1959, no pocos refieren el caso de la Iglesia en Polonia, un ejemplo del que —dicen— «deberíamos aprender». Si bien comprendo su ignorancia sobre la historia de Cuba y su Iglesia, no puedo menos que preguntarme qué electrodo tienen suelto en la cabeza como para impedirles razonar que Cuba no es Polonia, ni los cubanos, polacos. Pero no tiene sentido molestarse por eso, porque el simplismo racional abunda, porque pienso que después de todo quieren comprender y, lo más importante, no albergo la menor duda de que la Iglesia en Cuba se ha esforzado por actuar del modo que corresponde según las circunstancias, y continúa actuando.

Recuerdo lo anterior precisamente ahora que, dentro y fuera de Cuba, oímos hablar de comparaciones y posibles modelos que seguir para mejorar la situación social y económica en el país. Hace varias semanas leí en el diario *Granma* un artículo titulado «La táctica de las comparaciones», una especie de respuesta impresa lanzada *a quien pueda interesar*, o contra una pregunta que revolotea sobre la Cuba actual: ¿es el modelo chino, con su centralización política y decidida reforma económica, la solución para nuestros problemas? Si bien el artículo en cuestión responde solo en parte la pregunta, pues refuta la comparación y no adelanta nada sobre lo que llama un «modelo cubano» para salir de la crisis actual, coincido con su autor en que, «como cada país parte de situaciones diferentes, las soluciones y los medios para el logro de los objetivos tienen que ser distintos».[1] Y comparto, en parte, el criterio de que el gran éxito económico de China se debe a «la sapiencia de sus dirigentes comunistas». Digo en parte porque, en mi modesta opinión, considero que la sabiduría de los líderes comunistas chinos de hoy tiene menos dosis de marxismo y más de confucianismo, con sus soportes éticos, su concepción del orden social, la autoridad, el papel del Estado y la familia y aquello de tomar lo mejor del pasado. Si es cierto o no que Deng Xiaoping —quien fuera una vez «tronado» y luego regresara para iniciar las reformas en China hace más de veinte años— expresó que «enriquecerse es glorioso», no tiene gran importancia, en la práctica es el deseo no solo de muchos chinos, sino del mismo Gobierno cuya Asamblea Nacional aprobó hace unas semanas una ley que protege, y estimula, la propiedad privada.

Pero al parecer sí es cierto que dijo algo mucho más pragmático, un *slogan* heredado y, en buena medida, practicado por sus sucesores: «da igual que el gato sea blanco o negro, lo importante es que cace ratones». La actitud de los «sabios comunistas chinos» revela la antigua tesis de que el Gobierno y el Estado, de la línea que sea, existen para crear y mantener las estructuras que satisfagan las necesidades de todos los ciudadanos y mejorar su calidad de vida, pues no hay Estado, ni ideología ni interés político más importante que la persona misma.

No somos chinos, no practicamos el confucianismo ni tenemos una población tan numerosa como aquella capaz de estimular el inte-

---

[1] Manuel Yepe: «La táctica de las comparaciones», en *Granma*, La Habana, lunes 5 de marzo de 2007.

rés por desatar todas las potencialidades para convertirnos en una superpotencia, o provocar una atracción desmesurada de inversionistas de todo el mundo. Pero salvadas las grandes diferencias, a la postre nos vemos ante el mismo dilema moral que debe enfrentar cualquier sociedad y Estado moderno: el equilibrio entre los principios políticos y las necesidades sociales de los individuos.

Las manifestaciones negativas de nuestra sociedad, tan crecientes que merecen un espacio en la prensa nacional —individualismo, robo, descontrol, irrespeto a la autoridad e indisciplinas, corrupción, doble moral, el rechazo a la maternidad—, y otras no publicadas hasta hoy pero tan reales como aquellas —así como el elevado número de candidatos a la emigración—, no son otra cosa que expresiones de desafíos a las estructuras sociales, porque estas no cumplen ya su función de satisfacer ciertas necesidades de los ciudadanos cubanos. Los intereses de hoy no son los mismos de hace cuarenta años. Los intereses de un pueblo alfabetizado son bien distintos de los de un pueblo analfabeto. La potenciación de los niveles de instrucción o de salud ha despertado nuevos apetitos, nuevos intereses, nuevas necesidades en los cubanos, y eso exige nuevas respuestas, lo que se traduce en nuevas, o renovadas, estructuras sociales. Cambiar las estructuras no es quitar las columnas para que caiga el techo de la casa, como alguien pudiera pensar, sino modificar las columnas, las vigas y los espacios para seguir ampliando y levantando la casa, de acuerdo con las necesidades de todos sus ocupantes.

No creo haber descubierto nada. Me parece que algo así pensaba el ministro cubano de Relaciones Exteriores cuando, en el antes citado discurso, habló de «cambiar lo que haya que cambiar». Añadió que esos cambios debían hacerse «dentro de las ideas del socialismo». Pero ¿qué es el socialismo hoy día?, ¿el de la China de economía explosiva?, ¿el de Vietnam que sigue los pasos de su vecino?, ¿el de Venezuela que descansa en el petróleo y la agitación?, ¿el de Brasil, que se somete al límite del juego democrático, procura justicia social, mercado y buenas relaciones con todos?, ¿el de Corea del Norte, con hambrunas y afanes nucleares?, ¿el de Chile, mesurado y progresivo?, ¿el de Zapatero en España?

Ciertamente, hay más de una idea sobre socialismo, como también las hay de capitalismo. No son religiones. Los principios políticos no son dogmas al servicio de una religión, sino tendencias epocales limitadas que tratan de satisfacer necesidades humanas, y cuando así no ocurre, se transforman y modifican, o son superados por otros principios políticos más coherentes con la realidad.

Para un cristiano, como es mi caso y el de muchos otros, sabedor de que la plenitud no se alcanza en este mundo, pero que en este mundo vive y se compromete, lo más importante no es quién gobierna sino cómo gobierna, y es esto lo que condiciona la mayor o menor participación en los asuntos políticos. Del mismo modo piensan muchos no cristianos, sean mahometanos, budistas o ateos, quienes experimentan en carne propia la felicidad o la insatisfacción, en dependencia de la posibilidad o no de ver satisfechas sus necesidades básicas: seguridad, desarrollo, identidad reconocida y respetada y acceso político. La mejor sociedad —socialista, capitalista o una mezcla de ambas—, es la que satisface mejor las necesidades de los ciudadanos. Evocando el *slogan* del reformista Den, podríamos decir la que mejor «cace ratones».

Si antes copiamos el modelo soviético, hoy no se trata de copiar al calco el modelo chino o el brasileño, aunque sí lo mejor de cada uno de ellos, o de otros, que se adapten a nuestras circunstancias. Pero lo más interesante será desarrollar lo mejor que está aquí, entre nosotros. Sin muchos recursos naturales disponibles —al menos hasta ahora—, con una población decreciente, con tanta gente que «se cansa» y «emigra» —según el mismo discurso del señor ministro cubano—, pero al mismo tiempo con tanta gente talentosa y deseosa de poner a prueba sus posibilidades y conocimientos adquiridos precisamente aquí, está claro que se requieren respuestas renovadas.

Conocemos nuestro mal y nuestras necesidades, podemos ser nuestro propio médico desarrollando un modelo propio actualizado y coherente, nacional sin excesos nacionalistas, a lo cubano: desde lo auténticamente cubano a lo universalmente cubano; y para los cubanos, en especial para aquellos que se cansan, los que no encuentran otra solución que emigrar, los que tienen más expectativas de consumo o progreso personal y los de menos memoria histórica, o sea, los que están tan empeñados en mejorar su propia historia.

Abril de 2007.

CONTRA EL OLVIDO

Cuando el vicepresidente cubano Raúl Castro se refirió el pasado 26 de julio a la insuficiencia salarial como medio de «satisfacer todas las necesidades» de los trabajadores, indicó también que tanto el «dirigente» como el «trabajador de fila» deben «identificar con precisión y valorar con profundidad cada problema […] para enfrentarlo con métodos más convenientes». Ciertamente el asunto es de todos.

En las actuales condiciones, constituye todo un reto para los especialistas tratar de rediseñar la vida de los ciudadanos para hacerla más digna y placentera, o más confortable. Modernizar las instituciones y reformar las estructuras no es nunca una tarea fácil, sobre todo cuando los manuales, el funcionarismo y la burocracia han tenido, y tienen, un peso tan grande en la toma de decisiones, y en la misma ineficiencia, o en la incapacidad de responder de forma apropiada a elementales reclamos.

Hace unas semanas recibí una carta del doctor Joaquín Rodríguez Borrego, médico que reside en Santa Cruz del Norte. He aquí la carta:

«La cuestión que se aborda en esta carta concierne tanto al que suscribe como a veinte firmantes, pero también por extensión, a cientos si no miles de médicos y estomatólogos y bien pudiera anunciarse así: "En el rincón del olvido".

»En tiempos, trabajé en un ya desaparecido policlínico, sito en el casco histórico de este municipio. En el consultorio, a más de las historias clínicas y tarjeteros de vacunación, había dos cajuelas. Una, contenía los análisis de laboratorio clínico recién recibidos. La otra, más añeja, era una especie de almacén, atiborrada de análisis que habiéndose extraviado habían aparecido y de otros que nunca habían sido recogidos. Poéticamente, nuestras enfermeras solían llamar a esta cajuela "el rincón de los recuerdos". Pasaron los años y cosas vimos después —y seguimos viendo aún— que nos hacen sospechar que también existen en la vida otros rincones —del olvido— mas no precisamente para papeles caducos, sino para gente y, más concretamente, médicos y estomatólogos.

»Corría el año 2000 y tanto los que prestamos servicios médicos en Etiopía y otros países del Cuerno de África, como otros que lo hicieron en Nicaragua, un buen día nos enteramos que a los actuales cooperantes se les remuneraba con una suma de cincuenta CUC mensuales. Acordamos entonces —el que suscribe y otros veinte médicos cooperantes "veteranos", por así decirlo— enviar una carta dirigida al Consejo de Estado, en la que fundamentalmente se expresaba que "Estimando que era este un bien merecido estímulo… nosotros consideramos que sería consecuente y justo hacer esta medida extensiva a los profesionales que en décadas anteriores desempeñamos una labor idéntica en dichos países del Tercer Mundo".

»Al cabo de aproximadamente un mes, recibimos una comunicación del jefe de Atención a la Población —René Montes de Oca Ruiz— en la que se nos hacía saber que nuestra solicitud "había sido transferida a la consideración del Ministerio de Salud Pública". Así las cosas, decidimos esperar pacientemente la respuesta de nuestra propia instancia. Pasaron los días, las semanas y los meses, recibimos, al cabo… la callada por respuesta. Nueva apelación al Consejo de Estado, que nos sugirió entonces que nos dirigiéramos directamente a Salud Pública —que a todas luces olímpicamente había pasado por alto el traslado de nuestra petición, no obstante proceder del propio Consejo de Estado— ya que (text.) "es el que tiene la competencia para analizar su solicitud y ofrecer la respuesta que corresponda". Han transcurrido desde entonces siete años y no parece si no que el mutismo de Salud Pública tiende al infinito. Por tratarse de una cuestión de sociedad, dirijo a usted estas líneas y queda de usted, su hermano en la fe de Nuestro Señor».

A continuación aparece la firma del doctor Rodríguez Borrego y los nombres de los otros veinte médicos que suscribieron la carta del año 2000.

Está claro que, desde aquí, no es posible responder al reclamo cabalmente, pero algunos comentarios sobre un tema tan sensible es posible ofrecer. Comentarios de un simple ciudadano atento al actual capítulo de la nación cubana. Nada más.

Ante todo, entiendo que el propio concepto de «internacionalismo» ha cambiado sustancialmente. Tal internacionalismo en los años sesenta, setenta y ochenta, constituía parte de un «contrato ideológico», por llamarlo de algún modo. Cuba aportaba al mundo bipolar la fuerza de una solidaridad basada, fundamentalmente, en un voluntarismo ideológico dirigido a demostrar ciertos beneficios reales logrados por el Estado socialista, capaz de competir en índices salud y educación con el mundo capitalista desarrollado. La fuerza del «internacionalismo proletario» caló bastante hondo en muchos profesionales cubanos, en un momento en que se creía ciertamente en la «amistad indestructible» entre Cuba y «los hermanos países socialistas» y en la «irreversibilidad del sistema socialista». Claro que para muchos médicos, ser «internacionalista» era el «mérito» imprescindible para el Lada, o para discutir el derecho a la vivienda, pero es verdad que se creía fuertemente en el hermoso gesto solidario. Y el mayor beneficio para el Estado cubano era moral, o político a escala internacional, no económico. La solidaridad y el prestigio ganado así por el Estado cubano era más que suficiente, la compensación económica venía de la

URSS, fundamentalmente. Apenas alguien pensaba en generar y acumular riquezas para el país.

La situación hoy es bien distinta. El «internacionalismo» de hoy continúa aportando dividendos morales y también políticos en la arena internacional, pero el contrato es económico, también los beneficios. El país exporta servicios cuando envía médicos, ingenieros y otros profesionales y técnicos al exterior. Y estos profesionales saben que es este el único modo hoy de adquirir el auto —ahora un Daewoo o un Peugeot—, todo el mobiliario de la casa, tal vez la misma casa, y una entrada económica que no lograrán dentro del país en mucho tiempo. Por otro lado, la URSS y el CAME son historia, y el ALBA… ¿Alguien puede garantizar que la unión estratégica de cuatro naciones que dependen del petróleo de una, no va a desaparecer como desapareció otra aparentemente más poderosa? Más vale no olvidar la historia y procurar el empuje propio.

Volviendo a la carta en cuestión, honestamente pienso que es poco probable que el reclamo de los veintiún médicos reciba una respuesta positiva a su solicitud. «Quizás la mayor dificultad para responder a tal reclamo no sea económica», me dijo un economista cubano con quien comenté este asunto. «Pagar 600 CUC al año tal vez no sea lo más complicado, si se tratara solo de médicos, pero qué hacer cuando reclamen las enfermeras, los ingenieros, los maestros, los constructores…». Y los médicos que nunca fueron «internacionalistas» por la causa que fuere, añado yo. Pienso que la solución no está en pagar hoy 50 CUC mensuales a alguien que prestó tal servicio cuando no esperaba recibir por ello beneficio económico.

El reclamo del doctor Rodríguez Borrego y sus colegas, puesto por escrito, es el mismo que bulle en la mente de la mayoría de los trabajadores cubanos de hoy ante la insuficiencia del salario. Hay otros muchos problemas que afectan la vida diaria de los ciudadanos, pero este del salario es fundamental, urgente, diría que no admite dilaciones. Porque tal «insuficiencia salarial» rebota sobre la alimentación del trabajador y su familia, su capacidad real de movilizarse dentro de la ciudad o más allá, sus posibilidades de vestirse y calzarse, pagar la electricidad o satisfacer ciertas necesidades espirituales, como unas vacaciones de real esparcimiento y sana distracción para él y sus hijos, que siempre dependen de él, o de ella, de modo que las vacaciones sean algo más que tres o cuatro semanas sin ir al lugar de trabajo.

Pero la solución no puede estar en imprimir más «chavitos» para repartir, o en pagar miles de pesos que, llegado cierto momento, podrían crear otros males económicos. La solución está en crear riquezas y crecimiento económico. Lo ha dicho muy bien el vicepresidente cubano: «…cualquier incremento de salarios o descenso de precios […] solo puede provenir de una mayor y más eficiente producción o prestación de servicios que permita disponer de más ingresos».

Un lenguaje duramente realista cuando se ha vivido tanto tiempo del Estado providente y paternalista, y de maldecir la palabra «riqueza», al tiempo que se esperaba por la generosidad de la riqueza de otros. Queda claro que tener el mayor número de médicos o de maestros per cápita no es suficiente.

Pero la carta de los médicos y los siete años sin respuesta revelan, además, otro detalle importante. Los veintiún médicos, al remitir su carta, manifestaban su confianza en las instituciones mencionadas. Pero no recibieron respuesta, y la que recibieron no respondía su reclamo. Y esto denota una seria debilidad institucional: la ausencia de canales efectivos para responder a las necesidades ciudadanas, o al menos a *este tipo* de necesidad ciudadana. Ignorar la demanda no la elimina, solo la enquista y la acumula. Aunque la respuesta no satisficiera positivamente la demanda, era necesaria. De hecho, *es aún necesaria*. Ninguna institución, ningún Estado, puede darse el lujo de ignorar «olímpicamente» las demandas ciudadanas. No se trata solo de la debilidad moral que subyace en el desencuentro entre el derecho de los últimos y el deber de los primeros, sino de la separación efectiva que genera entre unos y otros. Sin confianza en las instituciones no hay sentido de pertenencia, sin sentido de pertenencia se pueden vivir el sacrificio y la espera, pero no se comprenden, ni se asumen. El individualismo, o el abandono, entonces es cuestión de tiempo, o de oportunidad.

De modo que la sociedad cubana de hoy demanda a un tiempo mesura e inteligencia, tanto como acciones y transformaciones concretas que se puedan ver, experimentar y hasta comer y abrazar. Y voluntad para dejar los manuales decimonónicos, único modo de responder a nuestras necesidades presentes de forma coherente. La carta olvidada de los médicos demuestra que las dificultades económicas son solo la punta del *iceberg*, hay otras que están en el núcleo mismo del andamiaje social. Por eso habló también el vicepresidente cubano de «cambios estructurales y de conceptos». Y sí, se puede… y se debe.

Septiembre de 2007.

PARA SUPERAR LA ANGUSTIA

En poco tiempo se cumplirán diez años de la visita de Juan Pablo II a Cuba. Muchos recuerdos y experiencias quedan de aquellos días, de hecho él mismo esperó que quedaran en nuestra memoria. Su discurso de despedida, en el aeropuerto José Martí, sintetiza tanto su buena voluntad para con los cubanos como su análisis de lo que llamó la *angustia* de Cuba. No creo que el Papa pronunciara la palabra angustia, ni hablara de nuestras dificultades, con lástima; todo lo contrario, con gran respeto, porque el respeto y el cariño se manifiestan con naturalidad y sin afeites si son verdaderos, y en la cercanía, como él lo hizo.

En la húmeda pista del aeropuerto habanero, ante representantes del Gobierno, la Iglesia, y para todos los cubanos, Juan Pablo II repitió su invitación a la apertura mutua de Cuba y el mundo. «De este modo —dijo— se contribuirá a superar la angustia causada por la pobreza, material y moral, cuyas causas pueden ser, entre otras, las desigualdades injustas, las limitaciones a las libertades fundamentales, la despersonalización y el desaliento de los individuos, y las medidas económicas restrictivas impuestas desde fuera del país, injustas y éticamente inaceptables».[1]

El Papa coincidía con muchos otros que, en diferentes foros y espacios, y desde tribunas políticas o religiosas también distintas, han proclamado que el conflicto que vivimos los cubanos tiene su origen tanto en males internos como en males externos. Se puede no estar

---

[1] Palabras de despedida de Su Santidad al pueblo de Cuba en el Aeropuerto Internacional José Martí, *Palabra Nueva*, No. 62, año VI, La Habana, febrero de 1998, p. 46.

de acuerdo con la afirmación, pero el desacuerdo no niega la veracidad de tales palabras.

Las «medidas económicas restrictivas impuestas desde fuera del país, injustas y éticamente inaceptables», son las que se articulan mediante el embargo o bloqueo impuesto por Estados Unidos. Aunque su eficacia ha sido muy cuestionada, y aun desmentida en parte por los hechos —más ahora que nuestro país adquiere varios cientos de millones de dólares en alimentos cada año en aquel país—, es poco probable su desaparición total a corto plazo. El académico Jorge I. Domínguez, en un trabajo publicado aquí hace cinco años, vaticinaba que si bien durante la administración Clinton, y a pesar de las leyes Torricelli y Helms-Burton, se vieron nacer raíces de entendimiento y respeto entre los dos gobiernos, en los primeros años del presente siglo —con el gobierno de George W. Bush— probablemente solo veríamos surgir de esas raíces «un matorral de arbustos y no un bosque de frondosos árboles».[2]

¿Están todas las cartas sobre la mesa? En los discursos que pronunciaran el vicepresidente cubano Raúl Castro (26 de julio) y el presidente George W. Bush (24 de octubre), quedó expresada la política bilateral actual: el «ramo de olivo» es rechazado por el «matorral de arbustos». Quizás no todas las cartas estén sobre la mesa, pero esto es lo que vemos. Y hay mucho más realismo en el Gobierno cubano cuando dice esperar por una nueva administración norteamericana para comenzar a dialogar —aunque no se logre el éxito— que en el discurso del presidente George Bush, donde declara que la intención de su gobierno es «romper el control absoluto que mantie-

---

[2] Jorge I. Domínguez: «La política de Estados Unidos hacia Cuba durante la segunda presidencia de Clinton», en *Palabra Nueva*, No. 111, año XI, La Habana, septiembre de 2002, pp. 27-43.

ne el régimen [cubano]» y, para lograrlo, propone un grupo de medidas que dependen del mismo Gobierno cubano para su implementación.

Cualquier intento de resolver un conflicto, también el cubano, pasa por reconocer lo que los especialistas en la materia denominan sus causas objetivas y sus causas subjetivas. Las primeras se refieren a realidades que están más allá de nuestra capacidad o posibilidades de solucionar, como lo es, en nuestro caso, la supresión del embargo o bloqueo, o impedir que el ejecutivo estadounidense refuerce las restricciones al comercio o a los viajes familiares.

Por su parte, las causas subjetivas del conflicto sí pueden ser modificadas, pues esto depende de la voluntad de cambiar las actitudes en las relaciones con los otros implicados directamente en el conflicto. Es decir, es algo que está en nuestras manos solucionar, modificar o enmendar.

En nuestro caso, las causas subjetivas son absolutamente internas, es posible identificarlas y actuar en consecuencia, porque dependen exclusivamente de nosotros. Este tipo de cambio es difícil y demanda un gran coraje. Por determinados prejuicios que hemos desarrollado, suposiciones, distorsiones religiosas, ataduras ideológicas, por los temores a perder ciertas posiciones o por la inseguridad ante las consecuencias de un cambio de actitud, nos paralizamos, aunque sepamos que el cambio de actitud es necesario para superar el conflicto. Modificar esas causas subjetivas implica, en ocasiones, dar un giro de 180 grados en los actos y en el discurso, para lograr un bien común superior. Hacer la paz con el enemigo es más difícil que combatirlo, pero es posible y más gratificante. Quienes se declaran luchadores por la paz deben saber que la paz no es necesario buscarla con los amigos, sino con los enemigos. Ese es el verdadero mérito de trabajar por la paz y la concordia.

Es posible cambiar las actitudes y hacer el giro de 180 grados, o de 120 grados. En los últimos meses se ha desatado un proceso de debate público —aunque no publicado— sobre los males que nos aquejan. ¿Cuál es el objetivo de invitar a decir, *sin miedo*, la verdad? Es reconocer la existencia del miedo en nuestra sociedad, así como la existencia de un conflicto subyacente, y eso es importante, mucho; como importante es la oportunidad que tengan los ciudadanos para narrar su versión de la realidad a partir de la propia experiencia. Cuando en tales debates la gente habla de la incomprensible escasez de artículos básicos —no de lujo—, de vandalismo, de corrupción, de crisis educacional, de discriminación interna, de restricciones a las libertades y falta de oportunidades, al tiempo que reclama a la autoridad por nuevas oportunidades, está avanzando en la solución de las causas subjetivas del conflicto cubano, confiando en que la otra parte —la autoridad que quiso escuchar— responda del modo apropiado a las demandas. Si esto ocurre, todos estaremos ayudando a remover esta especie de «marabú social» que nos angustia.

No hay que esperar soluciones inmediatas y repentinas, es cierto. La gradualidad es más conveniente que el radicalismo impetuoso y veloz. Pero la gradualidad debe ser vista pronto, porque la idea de «posponer una vez más» las soluciones no solo espanta, ahora sería tomadura de pelo y desaliento total. Comenzar a responder coherentemente a las expectativas surgidas sería la prueba de que las quejas encauzadas no son un momento para la catarsis colectiva, y que el Gobierno está dispuesto a escuchar y a satisfacer las necesidades de los ciudadanos, lo cual es su razón de ser.

Al comenzar a dar soluciones y a resolver poco a poco una parte del conflicto, pueden surgir otras dificultades; la primera de ellas, y tal vez la más importante, sería de tipo político; porque en una sociedad como la nuestra tanto la economía como la cultura, la educación o la salud, el deporte y hasta el enfrentamiento a un ciclón, se revisten con excesivos ropajes políticos —lo excesivo resulta lastrante—, y porque al asumir cierto mesianismo universal, innecesario al auténtico ideal de independencia, forzamos a muchos a tener un enfoque estrictamente político de cada acontecimiento nacional. Una respuesta puramente ideológica a este dilema dilataría el conflicto interno y la angustia. Una respuesta coherente, actualizada y no dogmática, además de ser más realista, necesaria y productiva, ayudaría a humanizar la política y a ajustar el foco de atención.

También otras dudas se pueden levantar, dentro y fuera, ante ciertas transformaciones que necesitamos y esperamos ver: ¿desaparece la Revolución cubana?, ¿se está debilitando el Gobierno cubano?, ¿tiene sentido mantener en prisión a personas sancionadas por decir, o escribir, muchas de las cosas que se expresan en el actual debate-público-no-publicado? Claro que es bueno considerar las respuestas apropiadas, pero en política, como en casi todo, importan más los actos nobles que las palabras.

No desaparece lo que es *historia*. Creer que la revolución «desaparece» es darle al hecho, épico y trascendente sin dudas, una carga que lo distorsiona, porque no se debe asumir como fin lo que es, por esencia, un medio. De manera que el hecho social que conocemos como «Revolución cubana» no está condenado a la desaparición, sino a asentarse en la historia nacional con toda su larga estela de luces y sombras, de dolor y satisfacciones, pesadillas y sueños. ¿Alguien se atrevería a declarar la *desaparición* de las revoluciones francesa, norteamericana o rusa?

Lo que sí está en nuestras manos hoy, es la oportunidad de dar una muestra al mundo de madurez y responsabilidad social, de respeto y aceptación de los criterios divergentes, de inclusión y no discriminación por ningún motivo, es decir, reproducir entre nosotros el mismo trato que exigimos de otras naciones. También está en nuestras manos la capacidad de adaptación a la nueva realidad mundial, de salvaguardar todo beneficio social logrado sin negar el crecimiento individual y sus derechos. Superar la angustia cubana no es algo que debamos a Juan Pablo II, es más bien una urgencia, deber y necesidad nuestra.

Un día llegará en que las relaciones entre Cuba y Estados Unidos queden libres de arbustos y otros obstáculos. Pero a la espera de ese día, remover cuanto marabú social nos separa y angustia aquí dentro, sustituyéndolo por la rama de olivo que nos une, será de gran beneficio para todos.

Diciembre de 2007.

PIDO LA PALABRA

Una persona me ha prestado su *Material de Estudio/abril-junio 2008*. Se trata de dos textos que debieron estudiar los militantes del Partido y de la Juventud comunistas en los meses indicados. El primero —para estudiar del 14 de abril al 14 de mayo— aborda «La dualidad monetaria en Cuba. Por qué fue necesaria, sus características y las acciones encaminadas a lograr la unificación». El segundo tema —para analizar del 15 de mayo al 15 de junio—, se titula «Nuevas condiciones históricas del socialismo en el siglo XXI».

Yo los estudié, y es el segundo texto el que motiva este comentario, específicamente uno de los diez párrafos que se identifican como «ajustes», y que corresponden al capítulo final del texto: «Cambios en las condiciones, en los métodos y en las estrategias» para aplicar el socialismo en el siglo XXI.

El «ajuste 9» dice así: «La religión no necesariamente debe ser enfocada como una forma de opio social en sí misma sino como un elemento con posibilidades de asimilación y alianza para los objetivos programáticos generales pues los valores éticos que promueve no son intrínsecamente contradictorios con los del socialismo. Las relaciones que la religión promete en el cielo, el socialismo lucha por construirlas en la tierra».

Aunque sin perder la ambigüedad, es una idea que hasta cierto punto se distancia de las antiguas concepciones leninistas sobre la religión. Hay ciertamente un cambio, una intención de adaptar la estrategia a los tiempos presentes. Eso es también hacer política. Pero las religiones no pueden entenderse desde el prisma político. La torpeza práctica de Lenin, engendrada por la idea de que la religión era un «producto y reflejo de la opresión económica», lo llevó a intentar erradicar la religión e implantar el ateísmo, lo cual no solo fue estéril, también contraproducente para sumar adeptos al proyecto que pretendía redimir a la especie humana. Si en ocasiones habló de la necesidad de no espantar a los cristianos y en el Proyecto de Programa del Partido Comunista de Rusia habló de eludir «cuidadosamente toda ofensa a los sentimientos de los creyentes», lo hizo para evitar que se afianzara —por oposición— «el fanatismo religioso». Al líder comunista se le hacía difícil controlar su desprecio por la religión, y en sus numerosos artículos, discursos y cartas no solo se regodeó en aquello de «opio del pueblo» como argumento frente a lo que consideraba «opresión espiritual» de la que el materialismo marxista era «implacable enemigo», sino que desató sus propios sentimientos contra «los curas mojigatos y burgueses», contra la religión como «una de las cosas más repugnantes que existen bajo la capa del cielo», «enemigo milenario de la cultura y el progreso», «la infamia más incalificable», «necrofilia ideológica»… Y en carta de regaño a Máximo Gorki calificó a los socialistas cristianos como «el peor tipo de "socialismo" y su peor tergiversación»… «Con Lenin no había arreglo», diríamos hoy.

Pero a diferencia de Marx, Engels y otros teóricos y propagadores del «ateísmo científico», Lenin puso en práctica sus ideas, las suyas y lo que interpretó de los anteriores, y su estilo, métodos y conclusiones, ahora como verdadera ideología religiosa, prevalecieron y no fueron ya cuestionados siempre que se intentó, e impuso un Estado socialista en el mundo. La causa es desgarradoramente simple: una ideología exaltada e intolerante —al menos la obra de los exaltados e intolerantes que prevalecieron—, y que a la postre demandó, para sí, el sentimiento religioso de los ciudadanos. Si el socialismo del siglo XXI deja estos sentimientos y convicciones en el siglo XX, algo se ha avanzado. Pero habría que despojarse de algo más que sentimientos.

Si en el siglo XIX muchos socialistas y comunistas propugnaban que la religión era un asunto privado con respecto al Estado (no fueron los primeros), Lenin torció la idea para llevarla en otra dirección, hacia la intolerancia religiosa propiamente: «El Partido del proletariado exige del Estado que declare la religión asunto privado; pero no considera, ni mucho menos, "asunto privado" la lucha contra el opio del pueblo, la lucha contra las supersticiones religiosas, etc. ¡Los oportunistas tergiversan la cuestión como si el Partido Socialdemócrata considerase la religión un asunto privado!».[1] Esta exigencia de Lenin al Estado fue presentada en mayo de 1909, cuando aún la revolución rusa no era un hecho, cuando el Partido de los comunistas rusos se llamaba Socialdemócrata y no se había apoderado del Estado, lo que ocurrió en 1917. Fue entonces, al alcanzar el poder, cuando la lucha contra la religión pasó a ser un asunto de Estado, en correspondencia con el Partido que regía tal Estado, reconstruido ahora para sus intereses.

Ya no era cuestión de sentimientos individuales, sino de una estrategia necesaria al programa ideológico. El patrón se repitió, con algunas variantes, en las demás naciones socialistas. Las consecuencias son harto conocidas.

En el siglo XXI, con la experiencia destrozada del socialismo real, o al menos lo que fue practicado por los seguidores de los clásicos del materialismo científico, especialmente allí mismo donde nació, con la realidad de la globalización no solo económica y cuando la fiebre por el consumo rebasa el mundo desarrollado, mientras las injusticias y desigualdades continúan siendo un reto para todo ser humano que

---

[1] Todas las citas de Lenin son tomadas del folleto *Acerca de la religión*, Moscú, Ed. Progreso, 1973.

piense un poco en sus semejantes, ¿cómo puede ser la religión «un elemento con posibilidades de asimilación y alianza para los objetivos programáticos generales» del socialismo? Si los objetivos del nuevo socialismo son el respeto a la diversidad de criterios económicos, políticos y hasta religiosos; si socialismo significa hoy *socializar* la cultura, la política, la economía, el pensamiento en función de la comunidad en general y no de un partido exclusivo y excluyente, sería comprensible la afirmación, aunque es preferible hablar de individuos religiosos y no de religión, pues esta remite a lo trascendente, a Dios propiamente.

La religión que intento practicar no sin dificultad cada día tiene su origen en el amor de Dios encarnado en Jesucristo, y puede expresarse en una sola frase: «Ámense unos a otros como yo los he amado». Está claro que los valores éticos del cristianismo no sirven para sustentar el odio y la lucha de clases. Puede argumentarse que la realidad política —las relaciones interpersonales y entre naciones— es muy complicada para aplicar semejante propuesta. Por ello los cristianos, conocedores de los límites humanos para alcanzar la felicidad completa, hablamos de un *reino que no es de este mundo*, pero que *en este mundo comienza a ser gestado* mediante el compromiso en la construcción de una sociedad más justa. El Sermón de la Montaña es la invitación de Jesús a practicar el bien en este mundo; aquello de «venga a nosotros tu reino» o «danos hoy nuestro pan de cada día», no son fugas que ofrece el Padrenuestro sino el reconocimiento de la dignidad presente en este mundo. Todo el trabajo caritativo y social desplegado por la Iglesia en el mundo da fe de ello. Para merecer la vida eterna es preciso empeñarse en esta vida. Es así, y así debe entenderse. Es algo muy distinto a la enajenante interpretación del marxismo-leninismo que sigue arrastrando el «ajuste 9».

Pero las relaciones que, según el «ajuste 9», «el socialismo lucha por construir sobre la tierra» —*el reino de dios en este mundo*—

necesitan del Estado socialista, no de la religión o de la Iglesia. Y si ese Estado se rige, como es nuestro caso, por un Partido que es marxista-leninista, el reto sería cambiar, soltar lastre y no continuar en el error de Lenin. El mismo Engels, al hablar sobre su idealizada sociedad sin Estado, reconocía un peligro para la «dictadura del proletariado» que Lenin y sus seguidores ignoraron: «la veneración supersticiosa del Estado y de todo lo que con él se relaciona». «En realidad —escribió Engels en marzo de 1891— el Estado no es más que una máquina para la opresión de una clase por otra, lo mismo en la república democrática que bajo la monarquía; y en el mejor de los casos, un mal que se transmite hereditariamente al proletariado triunfante en su lucha por la dominación de clase».[2]

¿Cómo aspirar a una sociedad más justa en la que los cubanos —no importa si socialistas, liberales, socialdemócratas, creyentes o no— puedan aportar desde su individualidad, desde su inteligencia y desde su capacidad de gestión, con sentido de pertenencia a la comunidad donde viven? El respeto a la libertad y a la ley justa debe ser privilegiado, de palabra y de obra.

¿Es necesario mirar en el pasado? Las sugerencias del padre Félix Varela al respecto son lámpara encendida. Y si la falta de fe fuera un obstáculo, si lo religioso y lo que representa produce desconfianza en algunos ideólogos del patio, ¿por qué mirar tan lejos? Para programa de república y nación tenemos a José Martí. Prefiero a Martí. Es nuestro, y en eticidad y agudeza política supera a todos los importados.

Muchos de los males que criticamos hoy en nuestra sociedad fueron previstos por Martí. No era socialista, ciertamente, tampoco fue un capitalista. Era un soñador de la república, de la convivencia de

---

[2] Federico Engels: «Introducción» a «La guerra civil en Francia», de C. Marx, en Carlos Marx y Federico Engels, *Obras escogidas*, La Habana, Ed. Política, 1963, t. I, p. 121.

los diferentes, del consenso y de la libertad responsable. Su pensamiento agudo adelantó los males del capitalismo monopolista y salvaje; así como los peligros de las ideas socialistas que vio nacer: el odio de clases; el peligro de corromper a los pueblos al buscar solamente los fines terrestres; el excesivo peso del Estado abrumado él mismo en sus innumerables empresas y empleados públicos; el funcionarismo autocrático. «¡Mal va un pueblo de oficinistas!», parece gritarnos desde el pasado.

Pero la gran dosis de bondad de Martí no llevaba la condena explícita a ninguna tendencia política, porque para él toda obra humana, toda organización social, como el hombre mismo que la crea, podría esparcir el mal si no es guiada por la idea superior del bien para unos y otros. Y en su crítica a aquel libro de Herbert Spencer sobre el socialismo —*La futura esclavitud*— dijo a los políticos, no importa de qué tendencia, lo que no fue capaz de decir Spencer a los socialistas de su época: «¡Yerra, pero consuela! Que el que consuela, nunca yerra».

Cuando se tiene semejante convicción, cuando el político es capaz de reconocer que no tiene la verdad absoluta, que su obra no es perfecta y necesita de los demás para avanzar, cuando a esto une su compromiso de aliviar el peso inevitable de las calamidades sociales que cae sobre los ciudadanos, y para ello busca en sí y fuera de sí las fórmulas flexibles y esperanzadoras, ¿qué importa si se es socialista o liberal? Cuando la política y quienes hacen política en Cuba, vistan el sagrado manto de lo humano sobre la piel ideológica de preferencia, estaremos todos en mejores condiciones de establecer alianzas, porque lo que nos une y hará progresar, a pesar de las opciones políticas, es la condición humana compartida en esta tierra.

Octubre de 2008.

COLABORACIÓN IGLESIA-ESTADO EN CUBA

Rafael Hernández, director de la revista *Temas*, escribió para nuestra publicación, y a propósito de los quince años de la carta pastoral «El Amor todo lo espera», expresó lo siguiente: «Los creyentes en el cristianismo y en el comunismo deben precaverse contra los excesos de su fe, la confianza desmesurada en sus propias ideas, a veces confundidas con la realidad o presas del voluntarismo... El mensaje pendiente, el de la autocrítica y la cooperación, nos debería convocar a todos».

Creo conocer lo suficiente a Rafael Hernández como para percibir su mente abierta, su capacidad de diálogo y su posición contraria a un cierto dogmatismo ideológico que no ha dejado de revolotear entre nosotros. Quizás no haya mejor prueba que este testimonio suyo en *Palabra Nueva*, cuando otros, identificados comunistas como él, declinaron hacerlo.

Pero tal vez su llamado a la «cooperación», que lo entiendo de modo distinto a aquel llamado a establecer «alianzas» entre creyentes y socialistas del siglo XXI, sobre lo que comenté en edición anterior, encuentre no pocos obstáculos precisamente en una idea recogida en su propia afirmación: la igualdad que se establece entre *creer en el cristianismo* y *creer en el comunismo*.

El comunismo no es una religión, aunque no son pocos los que atribuyeron al comunismo dogmas y una pretendida escatología que anunciaba un futuro de bienestar, siempre abstracto e indefinido, pero nunca alcanzado. Y quizás esto fue así porque ni siquiera la llamada ideología del materialismo científico pudo privar al hombre de su naturaleza religiosa, expresada así, en su modo más simple, por la creencia en un futuro que será mejor que el presente, pero sin certeza alguna, salvo que el presente es solo de sacrificios.

El cristianismo sí es una religión. No es lo mismo decir «creo en Jesucristo» y «creo en la Iglesia», que decir «creo en Marx» o «creo en el comunismo». Y aun para los cristianos, la escatología, lo que habrá de ocurrir cuando alcancemos la plenitud de los tiempos, «el cielo nuevo y la tierra nueva», se cumple ya en el tiempo presente con la encarnación, muerte y resurrección de Cristo, así como en la vida sacramental y de fe de los miembros de la Iglesia.

Estamos hablando, por tanto, de realidades, intereses y fines distintos, uno de dimensión «vertical» y otro de dimensión «horizontal», por decirlo de un modo más sencillo, si bien esas realidades, intereses y fines pueden coincidir en la convivencia de las mismas personas que comparten espacio y tiempo.

Dicho lo anterior, es factible entonces acercarnos al reto de la posible «cooperación» entre cristianos y no cristianos, una colaboración entendida en bien de la sociedad cubana y de todos quienes compartimos este espacio y este tiempo, algo superior y mucho más valioso que los proyectos políticos y las ideologías, porque es esta colaboración el ingrediente necesario a todo proyecto social de amplia base, fruto del consenso y el respeto de las diferencias. No se trata de negar las ideologías, sino de saber que ellas deben estar al servicio de los cubanos, y no al revés.

Hay un campo en Cuba, ciertamente limitado, restringido y bastante poco comentado, que constituye un buen ejemplo a pequeña escala de lo que se puede lograr a través de la colaboración: el campo de la asistencia social. Existen varios hogares de ancianos administrados por sus propietarios no gubernamentales, es decir, comunidades religiosas tanto masculinas como femeninas, que atienden a varios cientos de personas mayores, con familia o sin ella. En estos lugares algunos pagan, pero los que no pueden pagar también están allí; no se mira si el anciano es católico o no, basta que se le considere necesitado y será admitido —si existe capacidad para ello, claro está—. Estos hogares de ancianos reciben buena parte de su cuota alimenticia, de artículos de higiene y medicamentos, por subsidios estatales, lo cual no es poco. Pero de este tipo de institución asistencial existen solo unos seis o siete en La Habana, y uno en Camagüey, mientras la voluntad por parte de estos religiosos, y de la Iglesia en general, de aumentar este servicio social en otros lugares del país está sobre la mesa. ¿Por qué no posibilitar que la Iglesia aumente su colaboración en este campo, máxime cuando la demanda crecerá en los próximos años? Hace apenas unas semanas, en uno de los acontecimientos religiosos más importantes de toda la historia de la Iglesia en Cuba, y ante la presencia del presidente Raúl Castro Ruz, fue beatificado el padre Olallo, abandonado por sus padres, acogido y formado por religiosas y religiosos, ejemplo magnífico de caridad encarnada, reconocido ya en todo el mundo por esa capacidad de servicio de la Iglesia a la sociedad en el área de la salud pública.

Otro campo en el que la Iglesia puede colaborar es en el de la educación. Lo hizo antes en Cuba, y lo podría volver a hacer. Su experiencia es amplia y antigua en este campo. Incluso un país socialista como Vietnam se beneficia hoy de centros educacionales y de preparación técnica para jóvenes que están en manos de religiosos. No es difícil averiguar cuántos padres querrían que sus hijos asistieran a tales centros educacionales en Cuba y, si es voluntad de los padres, ¿por qué no corresponder debidamente, lo que estaría en sintonía con algunos compromisos adquiridos por Cuba en materia de libertad religiosa? Es cierto que este es uno de los campos más celosamente protegidos de las últimas cinco décadas, pero, en las condiciones actuales, cuando se pretende superar un cierto dogmatismo ideológico y lo de «opio del pueblo» ha quedado atrás, ¿alguien de verdad cree, o puede sostener sensatamente, que la participación religiosa en la educación constituye una competencia peligrosa para la sociedad cubana? Por otro lado, una escuela católica exclusivamente para ricos, o para católicos, no tiene posibilidades ni en Cuba ni en el mundo moderno; y ni siquiera es necesario devolver propiedades inmuebles expropiadas hace más de cuarenta años, pues en ocasiones bastaría con invitar a educadores católicos —consagrados o no— a colaborar en los centros educacionales abiertos hoy.

He aquí, pues, campos para una posible colaboración entre la Iglesia y el Estado: la asistencia social, la salud y la educación, mediante la ampliación de proyectos que ya existen y por la posibilidad de abrir nuevas vías de colaboración de amplio beneficio para la toda la sociedad.

Es cierto que nuestra convivencia ha estado sobresaturada de desconfianzas, recelos y temores mutuos. Es cierto también que no fueron los creyentes quienes hicieron las leyes, ni establecieron las directrices políticas, ni declinaron voluntariamente los «puestos de confianza», todo lo cual estableció un sedimento social de prejuicios que nos han conducido a una especie de fronteras internas nada útiles, parcelaciones enraizadas en las mismas neuronas, como códigos no escritos pero muy practicados.

Los cristianos sabemos, por lo apuntado antes, que el compromiso con Dios no puede desconocer el compromiso con la realidad social y humana en la que nos encontramos. Esforzarse por la mejora social, las buenas relaciones, la honestidad y el respeto a la ley justa está en el tuétano mismo del cristianismo. No es que seamos santos por colgarnos una cruz en el pecho o ir a misa los domingos, pero sabemos que el propósito de dar lo mejor de nosotros mismos allí donde estamos es una exigencia de nuestra vida de fe. Sin embargo, esto debe ser correspondido de igual modo por la sociedad y sus leyes.

Por tanto, un buen modo de comenzar a restablecer poco a poco la confianza mutua y de avanzar en la colaboración es, por un lado, dejar de percibir el cristianismo como un competidor político que pretende alcanzar su realización plena en este mundo mediante una teocracia, como ocurre en algunos países musulmanes; y por otro lado, crear los espacios que den oportunidad y promoción al mérito por encima de las convicciones religiosas y políticas, así como dejar de percibir y juzgar las religiones por su aparente adhesión «revolucionaria». Mientras tal criterio prevalezca, los cristianos, y la religión en general, continuarán siendo considerados como potenciales enemigos, al tiempo que seguirá siendo difícil para un cristiano sentir confianza en la sociedad donde vive.

Si el socialismo pretende seguir siendo una alternativa válida, el socialismo democrático sería lo más conveniente. En una conferencia titulada «Europa, política y religión», pronunciada en el año 2000 en Berlín, el entonces cardenal Joseph Ratzinger expresaba que, «en muchas cosas, el socialismo democrático estaba y está próximo a la doctrina social católica, y en cualquier caso ha contribuido notablemente a la formación de la conciencia social […] En cambio, el modelo totalitario se asoció a una filosofía de la Historia estrictamente materialista y atea», y su «cientificismo esconde un dogmatismo intolerante: el espíritu es producto de la materia», por tanto, sus consecuencias en el campo social producen una ruptura en la tradición moral de la Humanidad, por lo que «el ser humano puede convertirse en un instrumento; no cuenta el individuo, solo el futuro que se convierte en una terrible divinidad, que dispone de todo y de todos».

Puede afirmarse que una colaboración necesaria y fructífera demanda también una correspondencia desde el ámbito cristiano. Pero de hecho, no pocos de quienes se reconocen como socialistas participan ya de la vida de la Iglesia junto a quienes piensan de modo distinto, y la Iglesia no los ha rechazado, ni condicionado su presencia, ni sometido su declaración de fe a un exhaustivo análisis de verificación, lo que precisamente manifiesta la naturaleza eclesial, ubicada en un plano que supera todo sistema de divisiones humanas. Entre los cristianos de hoy es posible encontrar tanto la crítica a la «revolución» como la crítica desde la «revolución», pero quien realiza el proceso de conversión auténtica sabe que todo eso queda reducido a nada ante la realidad de Cristo que *es todo en todos*. Otra cuestión sería la crítica que, desde una ética cristiana, se haga a determinadas prácticas políticas manifestadas en la sociedad cubana. Bien, pues eso ocurre lo mismo en Cuba que en Italia, en Venezuela y en los mismos Estados Unidos. Todo cuanto fomente el odio, la injusticia y la división entre las personas o las sociedades humanas, así como el aplastamiento del individuo por la masa o el desprecio de las minorías, suele provocar una denuncia eclesial que siempre coloca al hombre, sea quien sea y piense como piense, por delante de cualquier otra prioridad. Pero no está de más recordar que, para la Iglesia, el anuncio siempre será más importante que la denuncia.

Así pues, en última instancia, se trata, efectivamente, de personas, cristianas o no, comunistas o no, quienes de modo conjunto podemos y debemos elaborar, y poner en práctica, el mensaje convocante de la autocrítica y la colaboración. Cuando empecemos a andar en esa dirección —*y el momento es ahora*—, habremos dado definitivamente nuestro primer paso hacia el siglo XXI.

Diciembre de 2008.

¿LA HORA DEL CAMBIO?

Después de trabajar durante más de un año a solicitud del Centro de Política Nacional de Washington (CNP por sus siglas en inglés), un equipo bipartidista dirigido por el ex embajador de Estados Unidos en México James J. Jones, e integrado, entre otros, por el entonces obispo auxiliar de Miami, Thomas Wensky, el profesor universitario Max Castro y el empresario cubanoamericano Carlos Saladrigas, presentó el 23 de enero de 2003 un informe titulado «Relaciones Estados Unidos-Cuba: momento para un nuevo enfoque».

En el informe de veinte páginas se afirmaba que «lo más probable es que Estados Unidos alcance sus objetivos respecto a Cuba a través de la negociación en lugar del aislamiento». El texto no recomendaba al gobierno del expresidente George W. Bush levantar el embargo, sino iniciar una nueva política, y permitir los viajes de ciudadanos estadounidenses a la isla, facilitar las ventas de medicinas y alimentos, eliminar los límites existentes entonces a las remesas, revisar las legislaciones vigentes sobre Cuba, viabilizar el intercambio científico, profesional y académico, y desarrollar la cooperación bilateral en temas de interés mutuo como la lucha contra el tráfico de drogas y de personas, la lucha contra el crimen y la protección del medio ambiente. Al principio todo fue ignorado y, un año después, el gobierno hizo exactamente lo contrario.

A fines de 2007, pude encontrarme en Washington con un funcionario norteamericano del anterior gobierno. Hablamos, claro está, sobre Cuba y Estados Unidos. Coincidió conmigo en que la política de aislamiento, heredada, mantenida y fortalecida por su gobierno no tenía seguidores. «¿Y entonces?», pregunté. Argumentó sobre los principios de la libertad, el respeto a los derechos humanos... Asentí. Añadí que el aislamiento ha traído solo más problemas, y pregunté si consideraba a China y Arabia Saudí, dos importantes socios de su país, como ejemplos de libertad y respeto a los derechos humanos. No hubo más argumento, y me confesó entonces que sus superiores no perdonaban, entre otras cosas, que el expresidente cubano Fidel Castro hubiera pensado en lanzar un ataque nuclear contra Estados Unidos durante la crisis de los misiles ¡en 1962!... Y quien quedó sin argumentos fui yo, porque ante la irracionalidad y la pasión es imposible argumentar. Debo añadir que el funcionario en cuestión no se manifestó solidario con tal política, solo compartió conmigo lo que no estaba en sus manos decidir.

¿Cuán distinto se ha manejado el asunto de este lado? Ciertamente la pasión no ha faltado. Después de nuestros «logros en salud y educación», todos estos años no ha habido tema más importante en los medios de comunicación nacionales que los males de Estados Unidos: sus disparates presidenciales; sus crisis económicas; su violencia social; su racismo (esto tal vez cambie algo con la elección de Obama); sus abusos policiales; sus sintechos; sus millones de habitantes sin seguro médico; sus drogadictos... Pareciera que todo el mal del mundo está allí y únicamente allí, lo peor, lo más despreciable. Y el intento por distinguir a los gobernantes norteamericanos del «noble pueblo norteamericano» —que los elige— resulta absurdo e insostenible.

«Una carta que marcó la historia», fue el título escogido por el diario *Granma* el pasado año para acompañar la reproducción de la carta escrita cincuenta años atrás —cuatro años antes de la crisis de los misiles— por el Comandante en Jefe del Ejército Rebelde, Fidel Castro Ruz, a Celia Sánchez, después que los aviones de la fuerza aérea cubana atacaran el bohío de un campesino con bombas hechas en Estados Unidos. En dicha carta el expresidente cubano escribió: «Al ver los cohetes que tiraron en casa de Mario, me he jurado que los norteamericanos van a pagar bien caro lo que están haciendo. Cuando esta guerra se acabe, empezará para mí una guerra mucho más larga y grande: la que voy a echar contra ellos. Me doy cuenta que ese va a ser mi destino verdadero». No consta que el expresidente siguiera considerando lo mismo cuando meses después Estados Unidos suspendió la venta de armas al gobierno de Fulgencio Batista. Ni fue repetido después. Aunque sí reimpreso, como esta vez el 5 de junio de 2008, con un título que nos sugiere, o pretende reafirmar, que nuestra historia está signada por el conflicto permanente con Estados Unidos.

Independientemente de lo criticable del apoyo del gobierno de Estados Unidos al de Fulgencio Batista, y de toda la fastidiosa y condenable injerencia en los asuntos cubanos durante la primera mitad del siglo XX, ¿realmente debía depender nuestra historia presente y futura del desdichado ataque contra la humilde casa de un campesino realizado hace más de cincuenta años y de los sentimientos manifestados en una carta escrita al calor de esos acontecimientos?; ¿debemos depender para siempre de lo que pudo ser y no fue durante la crisis de los misiles en 1962? No lo creo.

Barack Obama, durante su campaña electoral y contra todos los moldes establecidos, manifestó su disposición a dialogar con los líderes de los países considerados enemigos de Estados Unidos, incluida Cuba. Del lado de acá, no puede ser más evidente la voluntad para el diálogo enunciada una y otra vez por el presidente Raúl Castro.

Para muchos en su país, Obama es todavía un enigma. ¿Y para Cuba? Bueno, pues aquí la incógnita se amplifica. Buena parte de los cubanos están —estamos— a la expectativa de si el supuesto cambio en el modo de hacer política dentro de Estados Unidos y, por tanto, su proyección al exterior, implicaría también un cambio en las relaciones con Cuba.

Sin embargo, Cuba es una urgencia únicamente para los cubanos. Es poco probable que el tema cubano vaya a tener preferencia inmediata en el nuevo gobierno de Estados Unidos. Pero aún así Cuba (con sus cubanos en diferentes posiciones) no debe ser ignorada: demasiado cercana; demasiado activa; demasiado influyente a nivel internacional, regional y aun dentro mismo de Estados Unidos; demasiado desafiante y, tal vez, hasta con demasiado petróleo sin explotar.

Pero a pesar de esas disponibilidades manifestadas por ambos presidentes, ya se escuchan las alarmas del espanto —aquí y allá— contrarias a un nuevo status en las relaciones entre los dos países. Las rémoras fantasmales de la guerra fría se alzan otra vez, pretendiendo ignorar el reclamo de millones de personas. De aquel lado algunos hablan del peligro de «reconocer» a una dictadura que no cambia nada; de este lado, quienes alegaron siempre la inminencia de la invasión militar, gastado ya este discurso, alegan ahora el peligro de la «invasión cultural» que nos puede destruir.

Ante ciertas condiciones históricas y determinadas demandas que llegan en el momento oportuno y a las que es preciso corresponder, hace falta voluntad política para actuar con decisión y coraje. Del mismo modo en que el nuevo padre de familia no puede actuar ya como cuando era solo hijo, el nuevo responsable de una nación, sea grande o pequeña, no puede actuar, únicamente, como guardián de la historia anterior. La historia no se traiciona, ni se modifica, ni se detiene, ni se borra o escribe por anticipado. La historia se hace cada día y es preciso estar dispuesto a asumir la propia, y saber comprometerla y enriquecerla con la historia de otros.

Entonces hay que comenzar a hacer política desde la razón, como sugiere el informe mencionado al inicio de estas páginas. Hay, efectivamente, intereses comunes en los que es conveniente trabajar no solo para anticipar las crisis, sino por responsabilidad política con la región y con los propios ciudadanos de los dos países, pues hay demasiado dolor, demasiada ruptura y demasiada muerte.

Las señales de los dos presidentes sugieren un aparente compromiso con la hora presente: la hora del cambio. Gesto por gesto y concesiones mutuas fue un buen primer mensaje de parte del presidente cubano al norteamericano a inicios del año. Buena señal podrían enviar al mundo si demuestran que es posible el entendimiento y el encuentro entre generaciones y pensares distintos, y que la vida y las relaciones entre los dos pueblos no es dictada por el «destino manifiesto» ni por un «sentimiento antiimperialista».

¿Llegará por fin con la nueva administración norteamericana, y lo que parece ser un nuevo discurso en Cuba, la hora del reencuentro, el alivio para millones de cubanos, la oportunidad negada a los norteamericanos? Tal vez sí. Debemos esperar que sea así y hay muchos motivos para desear que sea así. Debemos exigir que sea así, aunque no me gusta la idea de condicionar toda nuestra mejora interna a las relaciones con Estados Unidos.

Siempre consideré que nuestra crisis es nuestra, que debe ser resuelta entre cubanos y que, en algún momento, el diálogo para solucionarla pasaría también por la Casa Blanca. No logramos despojarnos aún del virus que condiciona nuestra existencia a lo que ocurra en, y desde, Estados Unidos: *¡tanto han incidido en los asuntos de Cuba!* Si se comienza por un diálogo con la Casa Blanca antes de un diálogo nacional, no está mal. El orden de los factores no altera el producto final, salvo que se deseche algún factor, y no habría así un nuevo resultado en la ecuación. Pero siempre será más importante el diálogo nacional, porque si Obama no es el cambio para Cuba, ¿no cambiaremos Cuba para los cubanos?

Febrero de 2009.

HERIDOS DE CIFRAS Y DE URGENCIAS

Habían transcurrido casi dos años de aquel discurso del hoy presidente Raúl Castro ante el monumento al mayor Ignacio Agramonte en Camagüey —donde afirmó que habría que «introducir cambios estructurales y de conceptos»—, cuando la prensa nacional nos saludó el lunes 29 de junio con una «Nota Oficial» anunciando el restablecimiento del pluriempleo en Cuba.

Aquel discurso del 26 de julio de 2007 marcó una diferencia con respecto a los anteriores. Aquel no fue un discurso de ruptura, pero sí de renovación. Una renovación en el discurso no es poca cosa, de ahí las ilusiones que generó. Es cierto que el presidente anunció también aquel mismo día que «no todo puede resolverse de inmediato», pero sucede que cuando las necesidades se han acumulado por tanto tiempo, una mínima señal de aliento, aunque solo sea una palabra tan sencilla como «cambio», genera esperanzas y expectativas que es preciso atender de algún modo, y con no poca urgencia. Esto explica que unos meses después, el 24 de febrero de 2008, él mismo asegurara que la prioridad del país, y por tanto del Gobierno y todas sus estructuras, será «satisfacer las necesidades básicas de la población, tanto materiales como espirituales».

¿Cómo satisfacer las necesidades básicas —porque efectivamente «las básicas» no han sido satisfechas— de la población? Creando mayor riqueza. ¿Y cómo generar mayor riqueza? Con más producción. ¿Y cómo producir más? Con más trabajo. ¿Y cómo trabajar más? Ah... aquí está el dilema.

Después de tantos años —¡toda una vida!— oyendo hablar de ahorro, producción, exigencia, disciplina laboral, trabajo voluntario, domingo rojo, hacer más con menos y otras consignas por el estilo, y de saber que casi la mitad de lo que el país ingresa se invierte en comprar alimentos en otros lugares, o de que el 80 % de lo que comemos procede del exterior, con perdón de los especialistas voy a manifestar un par de inquietudes. Lo hago como cualquier cubano ordinario, como quien sabe solo un poquito de algo pero opina de casi todo, pues como aquí «quien no corre vuela»..., yo prefiero «correr» en este asunto que se ha convertido en una carrera contra el tiempo.

Pienso que lo primero sería aplicar un correcto uso del lenguaje para unificar —¿centralizar?— criterios y saber de qué hablamos; es decir, si estamos hablando en serio entre gente civilizada interesada en el bienestar de su país, o si vamos a continuar protagonizando la burda tragedia en que algunos burócratas siguen repitiendo bla bla bla con la certeza de que quienes los escuchan deben asentir alegremente mientras razonan cómo se come el bla bla bla.

El 25 de noviembre de 2007, tan solo cuatro meses después del mencionado discurso de Camagüey, un reportaje publicado en el diario *Juventud Rebelde* bajo el título «Empleo juvenil en Cuba, ¿el cuento de nunca acabar?», arrojaba luz sobre una pequeña pero significativa fracción de lo que debe ser una alucinante madeja de falsedades sociales, generadas probablemente por las estructuras o los conceptos fallidos. Un buen trabajo de equipo, sin dudas, no exhaustivo —no hace falta— pero haciendo sonar la alarma. «Hace tiempo territorios como Granma —refería el reportaje— se enorgullecían de haber logrado el pleno empleo, con una tasa de desocupación ínfima de un dos por ciento. Se llegó a plantear que el número de desvinculados del estudio y del trabajo rondaba las 2 000 personas. [...] Una pesquisa reciente de los trabajadores sociales del territorio, ha destapado otras cifras, más cercanas a la realidad: en la provincia hay más de 37 000 ciudadanos desvinculados. Esto, por supuesto, disparó el desempleo».

El periódico afirmaba que esta última cifra había incluido individuos desde los quince hasta los cuarenta y cinco años. Como en 2007, según la Oficina Nacional de Estadísticas (ONE), la población de Granma en ese rango ascendía a 403 645 personas, el por ciento de desvinculados superaba la cifra de 9,0. Pero si aquella provincia, se preguntaban los periodistas, se tenía como referente nacional por el bajo índice de desempleo, «¿cómo estarán otras provincias que manejan números más elevados?». Buena pregunta, aunque todavía sin respuesta.

Semanas después, el mismo diario volvía sobre el tema al reflejar una reunión de la UJC en Holguín («Empleo: entre ofertas e indiferencias», 12 de diciembre de 2007). En esa provincia, de un total de 496 853 personas en edad entre quince y cuarenta y cinco años (ONE), 42 000 estaban desvinculadas del estudio o el trabajo, para un 8,45 %. Tan solo el número de desempleados de estas dos provincias entre esas edades, sumaba 79 000 personas, cuando el total nacional oficial para toda la población en edad laboral era de 88 600, según datos de la ONE. En otras palabras, mientras Granma y Holguín rondaban el 9 % de desocupación en edades de quince a cuarenta y cinco años, y es de suponer que en otras provincias la situación sea similar —¿o peor?—, aunque no tengamos datos de ello, la cifra oficial de desempleo nacional era de solo 1,8 %.

En su edición del pasado 6 de julio, en el diario *Trabajadores*, el señor Manuel Montero Bistilleiro, del Departamento de Relaciones Exteriores de la CTC, hizo el panegírico de la situación cubana frente a la crisis mundial, y afirmó que el índice de desempleo en Cuba a fines de 2008 era de 1,8 %, algo diferente a la ofrecida por la ONE para ese año: 1,6 %; mientras en todo ese tiempo no han faltado las referencias a personas que deambulan sin hacer nada útil, reportajes sobre jóvenes que no aceptan las ofertas laborales o fábricas que se han cerrado. Si todo lo mencionado antes ya pone en duda estos discursos numéricos, lo que imagino que debe tener a los especialistas en política laboral y económica algo atolondrados, el hecho de que dos instituciones oficiales den cifras diferentes solo sirve para reforzar la neurosis de esos mismos especialistas.

Cuando estudiaba en el último año de la carrera de Arquitectura, el profesor de Economía de la Construcción —y asesor del ministro— nos aseguraba que en aquel entonces, 1989, cerca del 25 % de la fuerza laboral del país se dedicaba a labores no productivas: agentes del orden, personal de educación, salud, intelectualidad y mundo del arte, etc. No criticaba que existiera todo aquello, sino el volumen tan aplastante para un país pobre y dependiente económicamente.

Veinte años después la situación no ha variado mucho, al parecer. Sigo apelando a los datos que ofrece la ONE.[1] El pasado año, 4 948 200 cubanos se incluían en la cifra de empleados, de ellos 381 000, el 7,6 % ocupaban la categoría de «dirigentes». Si a ello se le añade los dedicados a la administración: 257 900; trabajadores de educación docentes y no docentes: 545 101; trabajadores de la salud: 335 622; personal deportivo docente: 41 676; artistas profesionales de la música, el teatro y la danza: 21 274, estamos ante la alucinante cifra de 1 582 573 cubanos en áreas no productivas, para un 31,9 % de la fuerza laboral del país. Faltaría añadir las fuerzas policiales y otras del orden, que no dejan de crecer, algún que otro empleo de servicio no productivo, y quizás varios miles de estudiantes universitarios municipales que acuden a clases —si acuden— un día a la semana y pasan los otros seis sin hacer nada, o casi nada, que no es lo mismo pero es igual.

Ciertamente, todo no es blanco y negro: cualquier inversión en educación y salud no se mide por sus rendimientos económicos, necesitamos el arte para alimentar el espíritu o preservar la cultura, siempre harán falta planificadores y administradores, entrenadores de-

---

[1] Todos los datos han sido tomados de su sitio web: http://www.one.cu.

portivos, oficinistas y agentes del orden. Pero vale la pena distinguir entre lo irracional y lo racional. Porque todo lo anterior es sostenido por el aparato estatal cubano, de un modo desproporcionado que no resiste la más simple cuenta económica e imposibilita el desarrollo, máxime en un momento de crisis como la actual, una crisis que, si algo va enseñando, es que no se deben repetir los errores del pasado.

El decreto ley 268/09 que promueve el pluriempleo o permite el trabajo a tiempo parcial de jóvenes estudiantes, entre otras cosas, por sí solo no logrará mucho. Mayores ingresos tal vez compensen los gastos en alimentos cuando la canasta básica subsidiada deje de ser menos básica, pero no necesariamente estimularían las fuerzas productivas o despertarían la necesidad de trabajar más, mientras quienes trabajen sigan atrapados en la condición de asalariados sin posibilidades de experimentar la corresponsabilidad y la copropiedad laborales; tampoco estimulará mucho si las otras ofertas (vivienda, transporte, distracción) sigan siendo nulas o tan limitadas en un país cuya población, que goza todavía de niveles de salud y educacionales relativamente altos, conoce que más allá de las fronteras nacionales hay mucho a lo que es posible aspirar.

Entre las «cinco leyes revolucionarias» que serían promulgadas de haberse logrado el éxito en el ataque al cuartel Moncada en 1953, había dos de particular incidencia en el asunto que hablamos, porque buscaban estimular la productividad, el progreso y el bienestar del trabajador, al convertirlo en corresponsable y codueño de su lugar de trabajo. En su autodefensa, conocida después como *La historia me absolverá*, el doctor Fidel Castro las presentaba así: «La tercera ley revolucionaria otorgaba a los obreros y empleados el derecho de participar del treinta por ciento de las utilidades en todas las grandes empresas industriales, mercantiles y mineras, incluyendo centrales azucareros. […] La cuarta ley revolucionaria concedía a todos los colonos el derecho a participar del cincuenta y cinco por ciento del rendimiento de la caña y cuota mínima de cuarenta mil arrobas a todos los pequeños colonos que llevasen tres años o más de establecidos».[2] Ante esta justa propuesta, justa porque reconoce tanto la función social como individual del trabajo, y que indudablemente podría ser actualizada, solo me queda preguntar: ¿alguien se opone?

El exceso de centralización económica y la estatización generalizada no solo originan una burocracia aplastante y excesivo gasto público, como indican las cifras antes mencionadas; son también generadores de corrupción, un gran obstáculo para la renovación, para el desarrollo de la iniciativa individual y el progreso. Me atrevo a decir que seguirán siendo el principal obstáculo para satisfacer las necesidades materiales y espirituales de los cubanos.

Parte del gran reto que enfrentamos hoy, es restablecer la confianza en nuestro país. Esa confianza debe moverse en dos direcciones: los ciudadanos deben confiar en la capacidad de los gobernantes para desarrollar una política capaz de hacer progresar al país, y los gobernantes deben confiar en la capacidad de los ciudadanos para poner a disposición del país su talento y fuerza, con plena libertad y sin más restricciones que las naturales. Y para ello es urgente destrozar viejos moldes que no funcionan. No hay opción. Es ese también el único modo de superar o disminuir un mal inherente al socialismo que Marx no supo prever, una diferencia de clases más insana e inmoral, la que existe entre la clase dirigente y la clase dirigida. Y de la primera, como dicen las estadísticas, hay bastante en Cuba.

Septiembre de 2009.

---

[2] Fidel Castro Ruz: «La historia me absolverá», en *Dice la palma. Testimonio*, La Habana, Editorial Letras Cubanas, 1979, p. 30.

LO QUE OIGO, LEO Y CREO

> «El porvenir de la sociedad se halla en manos de los que sepan dar a las generaciones futuras las razones para vivir y para esperar».
> Constitución pastoral *Gaudium et spes*, 31

Hace varios meses, tuve la oportunidad de escuchar a una ciudadana hablar en una reunión, de esas que se convocan en la noche bajo la tenue luz de una desvencijada bodega de barrio. Creo que era convocada por el delegado del Poder Popular. La voz de la mujer se oía claramente, estaba molesta y se expresaba con vehemencia. Recuerdo que logré retener una frase similar a esta: «¿Para qué me preguntan? Llevo veinte años diciendo lo mismo y nadie me da respuesta, me mandan de un lugar a otro y nadie me explica por qué mi casa está como está. Siento que me tiran a… [no es necesario escribir la frase]. ¡Estoy cansada!». Todos escuchaban, hasta yo que iba por la acera opuesta a más de diez metros de distancia. Nadie contestó, nadie rebatió. Casi de inmediato el grupo se disolvió poco a poco, solo dos o tres ancianos permanecieron murmurando bajo la luz mortecina en el portal de la vieja bodega.

Se me ocurre pensar que las cartas de los ciudadanos publicadas en la prensa nacional contando sus quejas y problemas, son una alternativa a la falta de respuesta efectiva del delegado de circunscripción. En una sociedad con demasiadas carencias materiales, y donde las decisiones políticas y económicas han sido, y son, tan fuertemente centralizadas, poco puede hacer un delegado de circunscripción, más que elevar quejas y bajar «se está estudiando», «el país tiene problemas» o «ustedes saben que somos un país bloqueado».

Pero la gente necesita respuestas efectivas a viejos problemas. Si no es así, se pierde toda la confianza en las instituciones, se genera el «cansancio», ese mal tan terrible en cualquier sociedad y que ya se expresa en las reuniones de barrio o de trabajo.

Suelo leer las cartas que publica *Granma* cada viernes, casi todas. Más que de quejas y problemas —aunque presentan problemas—, se trata de criterios y opiniones de la gente común sobre algunas dificultades económicas (sería bueno conocer también los criterios y opiniones de los expertos). Asumo, y entiendo, que sean cartas bien seleccionadas, pero reconozco que al menos en los aspectos económicos se ha intentado dejar en claro las diferencias de opiniones que existen entre los ciudadanos. Se nota incluso cierta diferencia generacional de intereses en algunos textos: hay lo mismo lenguaje de trinchera para salvar «nuestro socialismo», como propuestas más frescas y renovadoras para salvar también «nuestro socialismo».

Yo creo que el problema no está en las diferencias generacionales, sino en actitudes ante la vida, pero lo primero tiene cierta importancia y debe ser atendido.

En una entrevista publicada el 4 enero pasado en el diario *Trabajadores*, el canciller cubano Bruno Rodríguez hizo una revelación personal que me llamó particularmente la atención. «En mi época como dirigente estudiantil —dijo el canciller— nos preocupábamos más por lo que los adultos querían escuchar de nosotros que por lo que queríamos decir». Honesta confesión. El paso de los años, o el cambio del tiempo, no significa necesariamente cambio en las estructuras, categorías y actuaciones políticas. No sé cuántos jóvenes dirigentes de hoy actúan como el canciller en «sus tiempos», o se sienten cohibidos y se autorreprimen para complacer a los adultos. No sé cuántos, pero sé que los hay. Este es un reto con el que tenemos que aprender a bregar, todavía no asumido cabalmente.

Es cierto que en la entrevista mencionada, el canciller cubano invita a los jóvenes a «defender» la propia opinión y «ser honestos» y «hablar de lo que se piensa», pero cuando más adelante afirma que «el desafío» de la juventud cubana es «imaginarse cómo Fidel habría querido que este país fuera hoy de no haber existido el Período Especial, el derrumbe de la Unión Soviética, el endurecimiento del bloqueo», o «imaginarse cómo fue el socialismo cubano antes de que nacieran», está, sin proponérselo quizás, invitando a los jóvenes a asumir un desafío no necesariamente propio, a dejar a un lado su imaginación para asumir la de otros, o sea, a preocuparse más por decir eso que él decía en sus tiempos de dirigente estudiantil: aquello que «los adultos quieren escuchar».

Muchas de esas cartas publicadas en la prensa hoy, reflejan la situación cambiante que vivimos, la urgencia de «los cambios estructurales y de conceptos» que se anunciaron; porque la realidad es la desaparición del bloque socialista europeo que existió antes de que los más jóvenes nacieran, lo que modificó la vida del país; la realidad es una crisis económica que evidencia —en parte— nuestra vulnerabilidad ante la prolongada dependencia externa sin que hayamos creado y potenciado las bases propias para el desarrollo; la realidad sigue siendo la guerra fría con Estados Unidos, potenciada por ese «endurecimiento del bloqueo» (dispuesto por la anterior administración norteamericana y parcialmente modificado por la actual), medida absurda y anacrónica que mantiene constantemente renovadas las posturas de resistencia dentro de Cuba, haciendo más difícil la posibilidad del diálogo propuesto por el presidente Raúl Castro, o el cambio de política anunciado en su momento por el candidato presidencial Barack Obama, hoy ya presidente de aquel país.

El desafío de los jóvenes debería ser, primero, conocer lo que imaginaron e hicieron otros, sí, para desarrollar después la propia imaginación ante un mundo que cambió definitivamente y que no será ya el de los años ochenta ni el de los años cincuenta del pasado siglo. El desafío de los jóvenes debe ser generar, exponer y practicar ideas y soluciones nuevas ante la realidad que vivimos y, también, ante un conflicto con Estados Unidos que puede prolongarse quién sabe hasta cuándo, pero que no debe contribuir a paralizar los cambios que se han anunciado —y se esperan— como una necesidad de nuestra sociedad.

Cuando pienso en «mi época» de joven católico, descubro que fue bien distinta a la experiencia que viven hoy mis hijos como jóvenes católicos. Yo asistía a la parroquia San Agustín, en Marianao —hoy Playa—, desde mi niñez, cuando el ateísmo era secretamente dictado y abiertamente practicado, cuando las piedras rompían los vitrales del templo, los estudiantes católicos sentíamos la presión psicológica en las escuelas y en ocasiones se paraba en el matutino escolar a los creyentes frente a toda la escuela con ánimo de ridiculizarlos; algunos amigos mayores que yo fueron expulsados de la Universidad por su fe católica, otros ni siquiera pudieron entrar. Esa fue mi experiencia, o la experiencia de al menos dos generaciones de católicos después de 1959. Eso nos marcó, marcó nuestra vida de fe, nuestras familias, nuestro modo de interpretar el entorno y la sociedad que nos marginaba y no contaba con nosotros para lograr al «hombre nuevo».

La experiencia religiosa de las nuevas generaciones de católicos —y creyentes en general— es distinta. Aunque los dictados ideológicos que aún permanecen no han abandonado totalmente una actitud de sospecha hacia los creyentes, o falta de confianza para promoverlos en determinadas responsabilidades sociales, para los jóvenes de hoy la experiencia de fe no está signada por el trauma psicológico o el dilema de conciencia, como sí lo estuvo para sus padres y abuelos. De hecho muchos padres llegan —o regresan— hoy a la Iglesia de la mano de sus hijos. De modo que aunque yo comparta con mis hijos mi experiencia personal, no tiene ningún sentido esperar que sientan, vivan o hagan suyo un momento histórico que

—afortunadamente— no vivieron, que no los marcó. Su historia es otra, engarzada con la mía, continuidad de la mía, pero *otra*.

Por estos días también leo que a muchos jóvenes les falta compromiso y no cumplen las «tareas orientadas». Esto es bien distinto al *cansancio* gritado por la ciudadana en la reunión que mencioné antes: esto es *apatía*, lo cual es mucho más dañino para la sociedad. Pero es difícil comprometerse cuando uno no se siente responsable, y es difícil sentirse responsable cuando lo que se espera que uno haga es cumplir «tareas orientadas». Cuando los jóvenes sienten que su tiempo ha llegado, es error grave detenerlos o exigirles que se limiten a cumplir las «tareas orientadas». Cada generación tiene un pequeño porcentaje de responsabilidad en la historia de la nación, y si el mérito de cada una está en asumir su responsabilidad histórica, su plenitud se alcanza cuando respetuosa, prudente y oportunamente, va cediendo espacio a la historia que deben llenar las generaciones siguientes.

No creo —repito— que nuestro problema tenga que ser necesariamente de conflicto generacional, sino de posturas y actitudes ante la vida. De modo que el desafío es tanto de los jóvenes como de los adultos, porque nuestra hora es de consenso y puesta en común, de cambios graduales y no de continuidad, de escucha mutua, soluciones compartidas y vida en común, más que de «tareas orientadas».

Me considero un hombre de fe —por eso escribo estas líneas—, y quiero creer que estamos listos para los «cambios estructurales y de conceptos», aunque sean imperfectos o difíciles al inicio. Estimo que es el mejor modo de solucionar parte de nuestros problemas sociales, económicos y hasta políticos, y que es también la forma apropiada para abrir cada vez más el canal de acción a las nuevas generaciones, variadas, disímiles, con otras respuestas a nuevas realidades. Y ese canal, ordenado, gradual y decididamente, pueden y deben abrirlo los adultos.

También creo que el momento es ahora, porque es mejor actuar y equivocarse a tiempo, que tener la respuesta perfecta cuando sea demasiado tarde.

Marzo de 2010.

¿CUENTA CUENTOS OPPENHEIMER?

Andrés Oppenheimer es un afamado periodista argentino residente en Estados Unidos. Ha demostrado ser, realmente, un periodista de esos que investigan y rastrean los hechos, de los que asumen riesgos en varios frentes antes de abrir un frente propio para presentar así una visión amplia de los temas que le interesan en su habitual columna de opinión «El Informe» Oppenheimer. Yo había leído dos de sus libros: *La hora final de Castro: la historia secreta detrás de la inminente caída del comunismo en Cuba*, publicado en 1993 (una «hora» por cierto mucho más larga que el pomposo título profético de la obra), y *Cuentos chinos: el engaño de Washington, la mentira populista y la esperanza de América Latina*, de 2005, una crítica a las falsedades que quieren ofrecer algunos presidentes. Independientemente de sus conclusiones y ánimos, son dos textos paridos después de la pesquisa, el cuestionamiento y la confrontación inteligente. Por ese motivo me llamó la atención su trabajo «El cardenal timorato», publicado en su columna del diario *El Nuevo Herald* de la ciudad de Miami el pasado 22 de abril y, presumiblemente, reproducido en decenas de periódicos de América Latina.

Gracias a internet —sí, tengo en mi oficina del Arzobispado de La Habana el privilegio de acceder a internet— supe del texto, reacción de Oppenheimer a la entrevista concedida por el cardenal Jaime Ortega y publicada el pasado mes de abril en *Palabra Nueva*. No es usual comentar desde acá sobre las cosas que se dicen fuera de Cuba sobre Cuba y los cubanos. Creo que es inevitable comentar sobre Cuba en cualquier parte, quizás no solo porque los cubanos están en todas partes; pienso que puede incidir también el hecho de que *lo cubano* se hace sentir en todas partes. Como director de esta revista he visto muchos comentarios, notas y artículos de opinión muy variados escritos en otras regiones sobre lo que ocurre en Cuba, y sobre la Iglesia en particular. Unos dan risa, otros asombran, los hay meritorios que invitan a la reflexión y no faltan los que insultan placenteramente. Uno puede percibir ciertamente que algunos han sido escritos desde el dolor, no pocos desde la ignorancia, y unos cuantos con la ponzoña «heroico-patriótica» de la distancia. Pero cuando quien escribe no es un ignorante, ni encaja en ninguna de las otras dos posibilidades y lo que escribe es como «palabra de dios» que salta las barreras de la libertad de expresión o la ética, y se viste del mismo ropaje que denuncia para llegar a millones de personas, es válido preguntarse ¿por qué?

Veamos. El laureado periodista inicia su opinión con estocada a fondo: «Después de años de bochornosa pasividad, el líder de la Iglesia Católica en Cuba, Cardenal Jaime Ortega, está empezando a manifestarse un poco más explícitamente en contra de los más flagrantes abusos de la dictadura cubana. Pero lo está haciendo tímidamente y muy tarde». Y cierra su reflexión apelando al puñal de misericordia: «Sus nuevas declaraciones son bienvenidas, pero no es un hombre que me despierte gran admiración». Apertura y cierre resultan bastante subjetivos, pero la narración que discurre entre ambos extremos resulta muy alejada del periodista que investiga.

De entre la variedad de revelaciones hechas por el cardenal en la entrevista —que van desde el rechazo abierto a los intentos de la Oficina de Asuntos Religiosos del Partido Comunista cubano por instrumentar una política oficial que uniforme y aglutine bajo el mismo paraguas a cuanta manifestación religiosa o pararreligiosa exista en Cuba, o la negativa eclesial a sumarse a una alianza estratégica entre marxistas y cristianos para poder desarrollar su misión en Cuba (lo cual enfatiza la firme postura de la Iglesia como institución independiente dentro de Cuba); el llamado al diálogo entre los gobiernos de

Cuba y los Estados Unidos; hacerse eco del clamor popular por la urgencia de los cambios en la Isla; recordar el llamado del episcopado cubano a las autoridades a proteger la vida de los presos tras la muerte de Zapata Tamayo; la condena tajante a los actos de repudio contra las «damas de blanco»; la reiteración (ahora pública) a favor de liberar a todos los presos políticos, hasta el llamado a la reconciliación de todos los cubanos—, el premiado editor del *Herald* prefiere recrearse en una sola frase expuesta por el cardenal para sustentar con ella la poca admiración que le provoca el arzobispo de La Habana.

Oppenheimer se detiene en la expresión «violencia mediática» empleada por el cardenal para referirse a críticas externas al Gobierno cubano tras la muerte de Orlando Zapata Tamayo, y ya todo lo demás... está de más. Evidentemente, cualquiera puede estar en desacuerdo con el cardenal —el capelo no otorga el don de la simpatía pública o la infalibilidad— o con la expresión «violencia mediática». El adjetivo es fuerte y en el contexto nuestro ajusta mejor, por ejemplo, a lo que por esos días veíamos y se comenta en la entrevista: los actos de repudio, la *violencia* contra las «damas de blanco». Pero hay ciertas acepciones que pueden ser aplicadas más allá de lo estrictamente físico. Violencia es también sinónimo de agresividad, combatividad, belicosidad, fogosidad, impulso, ímpetu, vehemencia, exasperación, rabia, rabieta, ira, furor, furia, arrebato, cólera, enfado, enojo, odio, irritabilidad... Mucho de esto había en no pocos artículos de opinión sobre lo acontecido, y eso, considera el cardenal, contribuía a «exacerbar la crisis».

Pero admitamos que el término resulta inapropiado. Si molestó tanto al periodista laureado, ¿no hubiera sido mejor dirigir directamente su crítica y cuestionamiento al propio cardenal? En cambio prefirió otra vía y así lo describe: «Intrigado, llamé a Fariñas [Guillermo Fariñas, el cubano que inició huelga de hambre tras la muerte de Zapata] para preguntarle cuál era su reacción ante las declaraciones del cardenal Ortega. Según Fariñas, las declaraciones del cardenal "son tímidas" […] ¿Por qué cree que Ortega es tan tímido?, le pregunté a Fariñas. "Porque la jerarquía de la Iglesia no quiere perder las prebendas que le ha dado el gobierno cubano […]"» (¡¿?!). No hizo falta contrastar esto con una fuente eclesial, ¿para qué? Esa es la «verdad». Y el vocablo «tímida» expresado por Fariñas se convirtió en el «tan tímido» de Oppenheimer, quien finalmente lo convirtió en el «timorato», y dio para más: «No me extrañaría que Ortega haya publicado esa entrevista en la revista de la Iglesia porque se sienta presionado por sus propios súbditos a tener una actitud un poco menos timorata ante lo que está pasando en Cuba […] Por mis propias entrevistas con obispos y sacerdotes cubanos en el pasado, me consta que muchos de ellos consideran que el cardenal ha sido un freno a los esfuerzos por defender más vigorosamente las libertades fundamentales. Ellos, y Fariñas, tienen razón», pontifica sin miramientos ni pudor el analista del *Herald*.

Uno se dirige a quien le plazca, pero al menos habría sido más ético y periodísticamente correcto dirigirse, también, al autor del supuesto desatino. Es el «factor humano» que el periodista debe cuidar, según palabras del propio Oppenheimer expresadas en Montevideo, Uruguay, el 14 de junio de 2007 a voceros presidenciales, que encontré en internet, guardé con agrado hace un tiempo y ahora rescato.[1] El «factor humano» se fue a bolina y así se le hizo «más fácil pegarle con el garrote a alguien con el que nunca habló, que a alguien con quien uno se sentó a tomar un café, y le dio una cierta impresión de buena voluntad o de ganas de mejorar la sociedad o el país por

---

[1] Véase http://www.der.oas.org/spokespersons_meeting_june07v2_files/discurso%20Andres%20Oppenheimer.do.

más equivocado que uno piense que esté», como él mismo ejemplificara tan floridamente en aquel discurso.

Cuando leo que, junto a Fariñas, «tienen razón» los «obispos y sacerdotes cubanos», quienes le aseguraron que el cardenal ha sido un freno cuando ¿ellos? han querido defender las libertades en Cuba, ya no sé si se trata de ignorancia ajena o propia disfrutada con placer. ¿Es posible que existan tales figuras eclesiásticas? Tal vez. No lo afirmo, no lo niego. Aquí también podemos tener aquel *clericus clerico lupus* que definió muy bien Hans Urs von Balthasar, o el *laicus*, que también existe bajo las cúpulas de los templos. Al experto en temas latinoamericanos y cubanos —y a sus supuestas «fuentes» eclesiásticas—, me permito sugerirle la lectura del libro *Te basta mi gracia*, una «ladrillezca» compilación de más de mil páginas con escritos, declaraciones, homilías, conferencias y discursos del cardenal Ortega que van desde 1987 hasta 2001, cuando se imprimió (por cierto se vendió en Miami). Ahí podrá encontrar pronunciamientos sobre la pena de muerte, la comunión eclesial, los derechos humanos, los católicos y los comunistas, el hundimiento del remolcador *13 de Marzo*, etc., etc., etc. Todo ello fruto del celo pastoral que no es ajeno a la cuestión social y no, como tampoco ahora, resultado de «presión de súbditos». Y hay más que no está en ese libro que algún día, quizás, salga a la luz. ¿Pudiera indicar el muy leído e influyente Oppenheimer —si primero fuera capaz de consultar el libro— alguna otra persona, eclesiástica o no, que haya sido —¡dentro de Cuba!— tan consecuentemente crítica con los males de la sociedad cubana durante más de veinte años, al tiempo que se empeña en ver el lado bueno del cubano y mantiene la palabra que invita al diálogo y a la reconciliación entre todos sin distinción?

Resulta verdaderamente decepcionante que un líder de opinión que acumule los títulos —según su propia página web— de editor para América Latina y columnista de *The Miami Herald,* analista político de CNN en Español; conductor del programa de televisión *Oppenheimer Presenta,* y autor de varios *best-sellers* sobre temas políticos y económicos internacionales, quien escribe regularmente en más de sesenta periódicos de Estados Unidos y América Latina; es co-ganador del Premio Pulitzer junto con el equipo de *The Miami Herald* que descubrió el escándalo Irán-Contras, y ganador de los premios Ortega y Gasset, Rey de España, Maria Moors Cabot de la Universidad de Columbia, Overseas Press Club Award del Overseas Press Club de Washington D. C. y el Emmy Suncoast de la Academia Nacional de Televisión, Artes y Ciencias de Estados Unidos; el seleccionado por el Forbes Media Guide como uno de los «500 periodistas más importantes» de Estados Unidos en 1993, y por la revista *Poder* como uno de las 100 figuras «más poderosas» en América Latina en 2002, etc., se baje con semejante artículo de opinión, magnífico ejemplo del periodismo-chatarra, ese que se prepara rápido y fácil echando mano a ingredientes preelaborados por otros, sin consulta e indagación seria, acomodado al gusto de quien quiera consumir de forma expedita y de pie lo que le agrada leer sin necesidad de emplear las células grises, aunque se «envenene» el cerebro, se contamine el ambiente social con la mentira que propagarán sin frenos muchos de esos consumidores pasivos y se destroce el «factor humano».

Esperé el artículo con la opinión de Andrés Oppenheimer sobre la intervención del cardenal Ortega a favor de la marcha de las «damas de blanco», una gestión eclesial y una respuesta gubernamental sin precedentes en la Cuba posterior a 1959, pero no llegó. Sus millones de lectores se quedaron con su opinión del 22 de abril cargada con la frivolidad y la politización que él mismo denunció en su intervención de Montevideo en 2007. ¡Ah, sí!, aquí también vale aquello de «lo escrito, escrito está». No creo que haya llegado, ni mucho menos, la hora final de Oppenheimer, pero cuando pienso en el formulario *quién dice, qué dice, dónde dice, a quién* y *por qué lo dice* sugerido por Harold Lasswell para entender el ejercicio periodístico, pienso que el multipremiado periodista sabe contar muy bien, cuando quiere y hay consumidores dispuestos, cuentos chinos.

Mayo de 2010.

SOBRE LIBERTAD Y LIBERALIZACIONES

Hace unos años, de visita en York, Reino Unido, me interesé por conocer sobre personas que veía deambulando por la ciudad, los *homeless* o «sin-casa» que tanto se oye mencionar. Hablé con algunos de ellos y con responsables de instituciones públicas y privadas encargadas de atenderlos. Contrario a lo que yo pensaba, hay muchas circunstancias que determinan en ese país, o en otros, la condición de *homeless*. De hecho en aquel país una persona puede oficialmente ser declarada *homeless* aunque tenga una casa, si se prueba que no puede permanecer en ella, lo cual le permite recibir ayuda del gobierno local. De modo que quienes yo veía en la calle deambulando no eran *homeless*, sino *rough sleepers* según la ley, personas que dormían a la intemperie. Algunas de estas personas ocasionalmente iban a dormir a centros de atención, pero la mayor parte iba solo a comer algo o cambiar su ropa y preferían dormir en la calle. Cuando pregunté por qué no los recogían a todos y los mantenían internos, y así se garantizaba alimentos, cuidados y atención médica de conjunto, además de evitar ese feo espectáculo en las calles de tan hermosa ciudad, me dijeron: «Aquí no se hace eso. Este es un país libre. Si ellos quieren dormir en un refugio o debajo de un puente nadie se los puede prohibir, siempre que no molesten o agredan a otros».

Aprendí que yo estaba equivocado, que había digerido o asumido ese concepto erróneo muy difundido en mi país: el pretendido ordenamiento social riguroso, ese excesivo control uniformador. A pesar de que, desde hace tiempo, tengo mis propios criterios en muchas cosas, había hecho mía una idea que no me permitía ver que la libertad de cada hombre es suya y no depende ni siquiera de mis conceptos de salud pública u orden social. La ley y las instituciones en York, tanto públicas como privadas, tienen planes concretos para reducir el número de personas en estas condiciones (en realidad eran unas quince) y prepararlas para integrarse plenamente en la sociedad, pero entre esos planes no está retirarlas del espacio público por decreto o el uso de la fuerza. Quizás la idea de libertad de aquellos *rough sleepers* no fuera muy académica, les bastaba saber que un día podían dormir en el hostal Arc Light y al siguiente alimentarse en el comedor del Ejército de Salvación o pedir algo por la puerta trasera de la pizzería más importante de la ciudad. Esa era su libertad.

El problema de la libertad es tan antiguo como la misma vida humana, creada en y para la libertad. El deseo de dominar o hacer valer nuestros intereses o criterios sobre las personas que nos rodean forma parte de nuestra naturaleza, quizás esto tenga su origen en un instinto primario de sobrevivencia, de percibir que nuestra existencia peligra si prevalece el criterio de otros. Durante siglos de progreso humano existieron esclavos y esclavistas, vasallos y señores que podían disponer de la vida y los bienes de los súbditos; pero el verdadero salto al desarrollo llegó cuando el concepto de libertad se entendió de modo universal. Es cierto que continuaron los viejos vicios de dominación, adaptados ahora a las nuevas tecnologías, pero el bien inmenso del reconocimiento de la libertad como un derecho de todas las personas ha sido decisivo para el desarrollo humano y el progreso social.

Creados *a imagen y semejanza de Dios* implica que hayamos sido, forzosamente, creados libres. La libertad no se construye, ni se enseña ni se concede. La libertad es un derecho y, por tanto, se ejerce. Un derecho individual que plantea un reto colectivo: todos necesitamos ejercer ese derecho personal, pero debemos hacerlo respetando el mismo derecho en los demás. Si así no fuera habría caos y, para evitar el caos se aplican las leyes, que deben ser justas para ser acatadas con respeto.

En su encíclica sobre la esperanza *Spe salvi*, el papa Benedicto XVI afirma que el error fundamental de Marx al concebir su atractiva y revolucionaria propuesta social, estuvo en considerar que al solucionar el problema económico con la eliminación de los abusos de los capitalistas, se solucionarían para siempre todos los problemas sociales. Era una concepción materialista que ignoraba la naturaleza humana, resistente siempre a los moldes uniformantes, los planes igualitaristas y las restricciones antinaturales. Marx olvidó al hombre y su libertad, dice el Papa, olvidó «que la libertad es siempre libertad, incluso para el mal» (atención, el Papa no justifica el mal). Hay que aprender sobre ella cada día, y conquistarla cada día, porque cada día nos la pueden escamotear y también, cada día, se la podemos escamotear a otros.

Se comprende que libertad no es sinónimo de libertinaje, o hacer lo que me dé la gana, donde me dé la gana, a quien o con quien me dé la gana, según la distorsionada concepción de la tolerancia. Este último argumento llegó a constituirse en lo que algunos llaman ideología tolerante, aquella que pretende desconocer toda referencia a las buenas tradiciones, valores e incluso a cualquier forma de autoridad, en defensa de una supuesta emancipación, autonomía y elección personal que «no hace mal a nadie». Es cierto que la libertad se expresa también como el ejercicio de elegir entre dos o más opciones, pero es mucho más que eso, pues toda opción implica elegir entre un bien y un mal o, cuando menos, entre un mal mayor y un mal menor. Mi elección, aunque yo lo ignore, siempre es considerada éticamente, tanto si aquello que elijo tiene que ver solo conmigo o afecta la libertad de otros.

En nuestro país se oye con más frecuencia la invitación, por parte de ciertos dirigentes políticos, a responder con ideas a las críticas al modelo social que impera entre nosotros, a convencer con argumentos a los que no comprenden el proceso, etc. También proponen esto científicos sociales, periodistas y hasta algunos que envían sus cartas para ser publicadas los viernes en el diario *Granma*. Es un modo civilizado de actuar, totalmente distinto a la violencia revolucionaria defendida y practicada por otros. La violencia es siempre una expresión primaria, una condición latente y connatural también a nosotros, pero que es preferible y posible dejar de lado. Incluso entre ella y la moderación, somos libres de elegir. Ahora bien, en esta invitación a convencer con argumentos, que es práctica de civismo y de razón, ¿hay una aceptación implícita a la libertad ajena a pensar diferente, y por tanto una aceptación de intereses distintos dentro de una misma sociedad, o es solo la invitación a convencer o disuadir? En otras palabras, ¿es una invitación al diálogo o al monólogo?

Porque si, efectivamente, se da un gran salto al intentar persuadir a quien piensa diferente apelando a la razón y no a la fuerza, es inevitable que aflore otra pregunta que también merece respuesta en el orden práctico: ¿qué pasa si las razones y argumentos no convencen?, ¿qué pasa si el otro me quiere convencer a mí? ¿Voy a convencer convencido de que la verdad la tengo yo, o voy a convencer sabiendo que tal vez pueda modificar ligeramente mi criterio? Plantado en mis propias ideas, ¿espero como soldado en trinchera para lanzar mi contraofensiva, o considero que tanto mi argumento como el ajeno pueden ser inciertos? ¿No es posible la convivencia de las diferencias? Sería terrible asumir tal fatalismo social. Tenemos un desafío en la puesta en claro de las diferencias, sean de tipo económico, ético, filosófico o político. Nuestra riqueza está en la nueva esencia que podamos obtener de esas diferencias compartidas.

No creo que el argumento que propuso alguien en la Europa del siglo XIX deba seguir siendo dogma que no admite cuestionamiento. A estas alturas ni siquiera considero que lo haya propuesto como dogma. Tampoco creo que estemos condenados a la lucha constante, ya no de clases como sugería Marx, sino solo de los intereses personales y aspiraciones diferentes. ¿Puede alguien demostrar que es malo que una persona tenga iniciativa empresarial y que otra prefiera ser asalariada?, y si no es posible demostrarlo, ¿quién puede tener interés en frenar el «cuentapropismo» que oxigena los pulmones del Estado y la economía doméstica? ¿Cómo llamar «propiedad» a una casa o un auto que no pueden ser vendidos o regalados por su dueño legítimo?; ¿cómo hacer razonar a un atleta que no puede ser contratado en el exterior después, digamos, de cumplir ciertos compromisos nacionales, pero su entrenador sí tiene ese derecho? ¿Cómo aceptar que un extranjero pueda invertir en mi país y yo no? ¿Se puede justificar este tratamiento infantil que algunas de nuestras leyes dan a los ciudadanos? Es esta otra manifestación dolorosa del Estado paternalista.

No hay razones capaces de explicar las limitaciones al ejercicio de la libertad humana, ni argumentos que den razón del exceso de enfermizos controles burocráticos; del mismo modo que no hay discurso ni ideología que pueda defender o justificar formulas económicas y sociales cuya ineficacia ha sido largamente demostrada e innecesariamente padecida.

La cuestión tampoco es reducir el dilema a «capitalismo» y «socialismo», trampa preferida de inmovilistas y fariseos de la política. Esos términos, y los contenidos que expresan, seguirán existiendo por mucho tiempo más y continuaremos aplicándolos, pero la realidad humana, y por ende social, es superior a todo intento por encasillarla, más aún en una época tan singular como la nuestra, donde los capitalistas chinos son bienvenidos al Partido Comunista de su país, mientras al Gobierno de Estados Unidos se le llama comunista por aplicar fórmulas de mayor control estatal.

Pienso que debemos poner el foco de atención en lo que funciona y lo que no funciona, preservar los beneficios logrados en estos años y eliminar las políticas contraproducentes, trabajar en lo que dignifica al ciudadano, en lo que posibilita el desarrollo al tiempo que protege al que esté en desventaja. Debemos atrevernos a andar nuestro propio sendero. Quizás baste con dar el primer paso para descubrir que no es tan espinoso el camino, que los controles excesivos crean más problemas de los que pretenden evitar. Es verdad que el primer paso suele ser el más difícil, pero parados en la encrucijada ya no es válido volver atrás, o detenerse, en plena globalización, a ver el flujo de vida que corre vertiginosamente ante nosotros.

Los cubanos aspiramos a más desarrollo y más oportunidades, y para un desarrollo integral se necesitan menos restricciones a las libertades individuales y colectivas. El beneficio es amplio: los ciudadanos quedamos liberados de controles excesivos para poder así adelantar proyectos personales que, a la postre, pueden ser beneficiosos para la sociedad; el Estado se liberaría de cargas económicas, burocráticas e ideológicas innecesarias que le drenan la yugular, los almacenes y hasta ciertos argumentos; y el país sería un espacio más agradable y armonioso para todos. Esa es la importancia de la libertad y las liberalizaciones.

Julio-agosto de 2010.

¿LA HORA DEL PERDÓN?

La pregunta a algunos les pareció oportuna, a otros tal vez les sonó a impertinencia extemporánea. Pero tal como la tenía concebida, así la espetó aquel joven participante en un evento organizado por la Iglesia con la participación de católicos y no católicos: «La Iglesia ya ha pedido perdón; ¿cuándo la Revolución va a pedir perdón?». Cada panelista respondió a su modo ante la sorpresiva pregunta. A mí me quedó un sabor a duda e inquietud junto al deseo de buscar mi propia respuesta. ¿Es comparable la Iglesia a la Revolución cubana? ¿Debe la Revolución pedir perdón? Y si así fuera, ¿cómo sería posible? ¿Por qué hacerlo? O ¿por qué no hacerlo?

Para un cristiano no debería ser tan difícil pedir perdón o perdonar, hasta setenta veces siete si fuera preciso; pero en realidad es difícil, a pesar de pedir con frecuencia a Dios que perdone nuestras faltas como —al menos eso decimos— perdonamos las faltas de otros. Se nos hace difícil en parte porque, a pesar del Padrenuestro y la espiritualidad que queremos vivir, crecemos oyendo a nuestro alrededor que pedir u ofrecer disculpas, arrepentirse de un acto o una palabra, o pedir perdón, es un signo de debilidad en un mundo donde triunfan «los duros».

Muchos de quienes nos llamamos cristianos, cuando cometemos faltas le pedimos perdón a Dios, y punto, aunque la falta haya sido cometida contra una persona que convive con nosotros. Creemos que con darnos «golpes» interiores y en privado de arrepentimiento ante Dios es suficiente para solucionar el problema. Y la persona contra la cual hemos faltado, bueno… pues ya podrá darse cuenta que hemos cambiado y entenderá que podemos volver a hacer las paces sin necesidad de humillarnos ante ella presentándole nuestras disculpas. Sin embargo, también para los cristianos la ofensa exige un acto de reparación, de justicia, para con la persona que hemos ofendido. En general, y para toda sana convivencia, se trata de practicar a nivel de las relaciones interpersonales un acto de justicia que también se manifiesta, o se debe manifestar, a nivel social, nacional o internacional cuando se cometen faltas leves o graves entre las personas, las instituciones o los gobiernos.

Pedir u ofrecer perdón no es, después de todo, un acto de «origen» cristiano. Es un acto de justicia muy olvidado pero muy necesario a la dignidad de la persona y a la armonía social. Ni el perdón ni el arrepentimiento surgen con el cristianismo, pero en el cristianismo alcanzan, como otras prácticas humanas, su más completa dimensión. Abunda en los evangelios el perdón que ofrece Jesús a quienes se manifiestan arrepentidos ante él; en ocasiones bastaba que reconocieran la grandeza de Aquel que se presentaba ante ellos, aunque no dijeran una palabra. El «yo te perdono» que tuvieron aquellos el privilegio de oír, no era precisamente una manifestación de la «arrogancia» de Jesús ante la falta humana, sino su deseo de rescatar la dignidad herida por la falta cometida, pues en cada falta que cometemos, también contra otros, nos dañamos a nosotros mismos.

Y en cuanto a la necesidad que tenemos de reparar la falta, nos bastaría con recordar que si al llevar la ofrenda al altar nos acordamos de la confrontación que tenemos con el prójimo, sería mejor hacer antes las paces con él, o ella, para estar en mejores condiciones de presentar la ofrenda (cf. Mt 5, 23-24). Aun así, cuando la Iglesia pidió perdón públicamente —lo hizo el papa Juan Pablo II durante el último Año Jubilar—, no todos los católicos estuvieron de acuerdo con asumir la culpa cometida por otros católicos siglos atrás. Cierto que no había castigo, era más bien un acto de fuerte impacto moral y espiritual en un mundo donde la convivencia humana está muy dañada, una lección de humildad cristiana cuando nadie quiere ser responsable de sus propios errores.

Bien, todo lo anterior es para la vivencia desde la fe cristiana. Pero, ¿puede esperarse, o exigirse, algo semejante de toda la sociedad, sobre todo si en ella no todos viven en comunión con Cristo? Y si en lugar de sociedad o gobierno, hablamos de Revolución, ¿qué quiere decir pedir perdón en nombre de la Revolución? ¿Quién lo haría? ¿Cómo se haría? ¿Lo puede hacer uno en nombre de veinte, dos mil o millones de cubanos, o lo harían todos a una vez? ¿Se pediría perdón por los actos negativos del año 1960?, ¿o por los del año 1980 o los del 2000? Si pidiera perdón «la Revolución», ¿alguien tendría derecho a exigir lo mismo de la contrarrevolución?

Creo que la pregunta del joven lanzada a los panelistas puede ser motivadora, pero turbia; en su aparente ingenuidad, podría conducir a una irresponsabilidad tan negativa como lo que pretende condenar si, por ejemplo, el «revolucionario de ayer», una vez desencantado y con otros criterios, culpa a la Revolución que él mismo ayudó a triunfar y mantener, y a los revolucionarios que continúan llamándose así, de todos los males.

La Revolución cubana no es una abstracción, es una obra de personas, en este caso de ciudadanos cubanos. Aun cuando entiendo que la Revolución «pura» se podría circunscribir a la década de 1960, el carácter permanente que se le imprimió —y tal pretensión llega hasta nuestros días—, hace que la responsabilidad de los revolucionarios esté vigente, aunque los conceptos, propósitos e intereses hayan sufrido profundas modificaciones en cincuenta años. Puede ser responsabilidad de nosotros, de nuestros padres o de nuestros abuelos. No me refiero, por supuesto, al acontecimiento pretendido en la tesis de la continuidad revolucionaria a partir de 1868, y que sirvió para legitimar lo acontecido después de 1959, sino concretamente a la guerra revolucionaria iniciada en 1956 y que comprometió a tantos en los primeros momentos y aún después, también a aquellos que la hicieron y más tarde se le opusieron.

Si el papa Juan Pablo II, en nombre de la Iglesia, pidió perdón por actos cometidos desde la Iglesia siglos atrás, ¿pedirían perdón los «revolucionarios de ayer», fueran de un día o de treinta años, por lo que en su momento apoyaron, hicieron y defendieron? Y los que no clasificábamos entre los comprometidos, ¿pediríamos perdón por lo que tal vez dejamos de hacer —si se podía hacer algo más que simplemente *ser* uno mismo y *estar* contra todo pronóstico— o por lo que hicimos sin tanto gusto? Porque en realidad pocos escapamos a la arrolladora ola revolucionaria. La Revolución lo abarcó todo. El fenómeno social transformador sobresaturó nuestras vidas, penetró cada poro, se convirtió para algunos en el vellocino de oro, mientras para otros fue el ángel exterminador. En mayor o menor grado, a mayor o menor profundidad, la ola nos arrastró a casi todos. Entonces habría que pedir perdón por la violencia de la guerra, los radicalismos iniciales posteriores como las llamadas al paredón a ritmo de conga popular y callejera o el disfrute por la expropiación del puesto de fritas del vecino, los coros rabiosos en la multitud, la denuncia desde la oscuridad, las cotizaciones, el domingo rojo, el internacionalismo, la lengua mordida, las marchas, la simulación de la mano alzada y el pie listo para la huida… ¿cuánto más? Pocos podrían lanzar la primera piedra.

Y si alguien no solo creyó, sino que sigue creyendo en el «acontecimiento-Revolución» y sus radiaciones —por muy alejadas que estén de los orígenes—, ¿debería exigírsele que pida perdón? Estimo que demandar el «perdón de la revolución» tal vez no conduzca al lugar apropiado. La alternativa de los pueblos no debería ser pedir perdón por haber vivido, sino ser capaces de elegir entre vivir de modo responsable o irresponsable, entre construir separando y construir aunando. Y nos ha faltado mucho de lo segundo. Por otro lado, la responsabilidad se comparte, como se comparte el derecho a la nación, los éxitos o los reveses, o el compromiso para enmendar el error.

Las dificultades que vivimos hoy tienen solución, pero no en lo que se vivió en el ayer lejano o reciente, ni en el lamento por lo vivido, sino en las positivas consideraciones, decisiones y actos de vida actuales, por hoy y por mañana. No se trata tampoco de olvidar. El olvido es imposible, e intentarlo y proponerlo es irresponsable y poco ético. Pero la memoria negativa se purifica también con el ungüento del buen propósito, del bien que deseamos lograr y proponemos a otros. Tal vez necesitemos primero una reconciliación personal, reconciliarnos con nosotros mismos individualmente, con nuestro propio pasado y presente. Para quien así lo entienda, puede ser válido, además, un perdón personal o autoperdón, y hasta perdonar a otros sin que se lo pidan.

Al extendido rechazo a pedir u otorgar perdón, puede proponerse la audacia de la conmiseración. Precisamente por la aversión generalizada a la misericordia necesitamos misericordia, y eso demanda valor, renuncia y sacrificio.

No obstante, es cierto que los beneficios del perdón y la compasión suelen aflorar más temprano que tarde, cuando tales prácticas se manifiestan en el hogar o en la sociedad. Hay decisiones que corresponden al ámbito económico o político, pero hay otras que corresponden al ámbito personal y no requieren de las «orientaciones de arriba» para eliminar ciertos males sociales. Cualquier persona puede amanecer un día con el propósito de servir a quien tiene cerca, mostrar caridad y conmiseración o compasión. O si lo anterior suena demasiado débil, mostrar simplemente un gesto de bondad. Nos hace falta el bien: el bien decir, el bien actuar, el bien vivir. Obrar el bien para apartar el mal.

Tampoco me parece bien exigir el perdón ajeno desde la Iglesia. La gracia que recibimos gratis, gratis debemos darla, hasta setenta veces siete. Pero está bien pensar en el perdón.

Adelantarse a perdonar sin exigir la solicitud de perdón, sin arrogancias y sin esperar aplausos, es un acto que requiere coraje. No todos tenemos el valor de actuar como Jesús ante sus victimarios, pero podríamos intentarlo, hacer el esfuerzo, a ver qué pasa. No menos coraje demanda perdonarnos a nosotros mismos, porque significa reconocer nuestras propias faltas. Pero si seguimos en el camino de la descalificación, el enfrentamiento radical y esperar solo la rodilla en tierra del oponente, nos pueden quedar años de dolor y frustraciones.

Octubre de 2010.

SIN MIEDO A LA RIQUEZA

Algo se mueve en este país, aunque no se puede precisar con exactitud qué, ni hacia dónde… Más de uno ha dicho que nada ha cambiado y nada cambiará. Sin embargo, la Cuba de 2010 no fue igual a la de 2000, y menos lo será la de 2011. Pareciera que el lenguaje tampoco ayuda a comprender si en lugar de reforma económica hablamos de actualización del modelo económico, o si oficialmente se prefiere usar el término reordenamiento en vez de cambio, o si escuchamos que es necesario eliminar subsidios y un millón de puestos de trabajo para tener un mejor socialismo. Es difícil precisar qué ha cambiado, o cómo hemos cambiado, pero ya no somos los mismos.

Mucho tienen que ver los movimientos económicos anunciados de un tiempo a esta parte. Realmente son tan incipientes que se hace difícil, por ahora, hablar de algo más que anuncios. Y no importa el nombre que se les dé si funcionan o permiten lograr lo anunciado. Pero he aquí el nacimiento de otra duda y, de hecho, origen de nuevas contradicciones, nada extraño ante la nueva realidad, pero que de igual modo demandará nueva respuesta.

Se notifica el cese del despilfarro estatal, el reordenamiento laboral y la emancipación del cuentapropismo que ya no será sinónimo de lacra o parasitismo social, entre otras cosas, y eso no está mal. Pero el susto de unos y el escepticismo de otros surge cuando los unos, siguiendo el viejo «manual del usuario» del modelo soviético, se preocupan en exceso y expresan su alarma porque los cuentapropistas, los otros, se pueden volver «ricos» y ya no serían como los demás, o como ellos, o como yo, que tampoco soy cuentapropista. Es cierto que veremos, inevitablemente, una diferenciación más marcada entre quienes conformamos la sociedad cubana, pero que sea más evidente en el futuro no significa que no exista ya, o no haya existido antes, por otras razones.

Creo que esa aceptación del otro como cuentapropista, pequeño empresario o nuevo «rico» si alguien prefiere llamarle así, debe ir permeando la sociedad cubana, aunque no todos comprendan. Si los planes que se anuncian en materia económica van en serio, debemos asumir y aceptar que el fin del igualitarismo significa, por el mismo hecho, el inicio de las diferencias en la legalidad. El fin del Estado paternalista hará que algunos se sientan huérfanos y otros liberados. Debemos prepararnos para una nueva realidad, la de ganarse la vida con el esfuerzo propio después de tantos años esperándolo todo —aunque el *todo* no fuera *tanto*— del Estado, ciertamente no por voluntad propia, sino porque eso decía el «manual», y tal vez más de uno recordará el viejo bolero por haberse acostumbrado a todas esas cosas: «¿por qué no me enseñaste cómo se vive sin ti?» Y, efectivamente, creo que el tránsito exige que el Estado ayude a los ciudadanos a transitar.

Los primeros momentos serán duros, inevitablemente duros, por ello es importante el consenso, el uso óptimo del tiempo, la transparencia del proceso y la decisión de llevarlo adelante con la flexibilidad necesaria. Porque aun sin llegar a las transformaciones políticas de Europa del Este, no faltarán entre nosotros los que añoren dentro de un año el pasado reciente de la libreta de racionamiento —cuando ya no exista— o el comedor en la empresa; pero el asunto es que tienen razón, precisamente, quienes impulsan las reformas o la «actualización del modelo». No se trata de sueños ni de antojos de revisión ideológica sino de economía, y fue la economía —no otra cosa— la que arrasó con el socialismo real. No hubo traición. El modelo, tal como indicaba el «manual», se sostuvo solo a base de voluntades alucinadas y alucinantes que, en su afán por ignorar la realidad económica, no hacían otra cosa que hundirlo en la agonía junto a la amplia mayoría de los ciudadanos. Pero ahora la agonía podría percibirse por el desamparo que sentirán algunos si no se crean las condiciones o recursos para atenuarlo.

De modo que en los próximos tiempos, si se cumple el programa, podríamos ver unos cubanos más «ricos» y otros más pobres, al menos hasta que las aguas vayan tomando su nivel. Y, vaya paradoja, la brecha de la diferencia podría disminuir, precisamente, socializando la riqueza mediante una política impositiva que fuerce a los más aventajados a contribuir con los menos aventajados, en otras palabras, tendremos necesidad de los «ricos» y las riquezas que puedan crear para no volver a desfondar al Estado. Y ¿acaso es malo desarrollar y tener una riqueza nacional que sustituya o disminuya la necesidad de apelar a una riqueza extranjera? Tal como se piensa hoy en la sustitución de importaciones, habría que ir pensando a mediano y largo plazo en la sustitución —no hablo de desaparición— de las inversiones foráneas con el uso de inversiones nacionales siempre que fuere posible, sean estatales, de cooperativas o privadas.

La liebre salta entre nosotros por donde se esperaba, pero es necesario ir destronando la inquietud, porque es difícil que alguien pueda convertirse en rico vendiendo pizzas, chapisteando un carro o dando clases de inglés. Tal vez gane más que el médico, pero ese/a trabajador/a por cuenta propia, o pequeño empresario/a si fuere el caso, no es responsable del salario del médico o del maestro. Y si tiene una «paladar» y gana más, mucho más que el deportista o el ingeniero, no debe ser reprochado por ello. Si roba y se prueba el robo, para eso están las leyes, y si no es así y paga impuestos, ¿dónde está el pecado?

Yo sí creo que Jesús dijo aquello de que es más fácil ver pasar un camello por el ojo de una aguja que ver entrar un rico en el Reino de los Cielos; pero no por creer esto estimo que sea imposible. Incluso puede que algunos ricos se adelanten a otros no tan ricos a gozar de la vida eterna. Después de todo, ni siquiera Jesús condenó al joven rico del evangelio y más bien nos permite concluir que se podría condenar a sí mismo por hacer de la riqueza lo más importante de su vida. El mal no está en la riqueza o en la pobreza, sino en el modo de vivir esas realidades, y en la honradez y la bondad que imprimamos a nuestras vidas, sea de ricos o de pobres. Si bien se pone en dudas el origen de muchas riquezas, no se debe dudar del buen origen de otras o del buen uso que le dan algunos dueños.

El término rico se refiere, en materia de economía personal, a alguien que tiene mucho dinero o muchos bienes. ¿Cómo poder medir esto? No es tan fácil si toda la supuesta riqueza no puede ser estimada, máxime en nuestra sociedad donde las irregularidades y el «resolver» se han convertido ya, prácticamente, en la regularidad, mientras determinados puestos laborales de influencia pueden incluir jugosas ventajas paralelas para quien no es cuentapropista. Dicho lo anterior, vale indicar ahora que el adjetivo rico ha adquirido en nuestro país una carga negativa inmerecida. El más mínimo indicio de apartamiento del patrón económico general, del estándar igualitarista bacteriano que hemos padecido, es decir, que alguien pueda vivir por encima de la libreta de racionamiento, sea porque ingresa dos mil o diez mil pesos al mes, es para algunos un pecado social terrible, un vicio repugnante que merece el castigo o, cuando menos, la puesta en duda de la honradez de tal persona. No importa si cultiva con éxito sudoroso un campo de cebollas o una cría de cerdos, o si arriesgó sus ahorros en una inversión que satisface una demanda creciente; para el celoso «compañero», el supuesto rico es un ciudadano peligroso, una amenaza para la sociedad, sin pensar que tal modo de concebir la naturaleza y comunidad humanas nos ha conducido precisamente al punto en que nos encontramos hoy.

Oponerse al «rico» solo porque es rico —aunque en realidad no sea tan rico o no se considere cómo alcanzó la «riqueza» o en qué la emplea— puede tener su origen en una convicción ideológica errada o simplemente en la envidia, entre otras causas, pero en la práctica tal oposición solo ofrece una alternativa: llevar al rico a la posición contraria a la que ocupa o impedir el surgimiento de un empresariado privado exitoso, y en esto no hay medias tintas, pues el antónimo de rico es pobre. *Ergo*, de alguna forma, al invocar el castigo o las sospechas sobre el nuevo rico, pudiéramos estar abogando, sin quererlo tal vez, por la primacía del pobre y la pobreza. Y, como queda demostrado, así no evitamos el robo, la riqueza ilegal de algunos y por tanto la desigualdad, aunque todos tengamos la misma libreta de racionamiento. De modo que la propuesta no debe ser castigar al exitoso y premiar al menos afortunado o incapaz, sino dar iguales oportunidades, y de eso sí hemos oído bastante. Basta cumplirlo al pie de la letra.

Como católico, no creo que «enriquecerse es glorioso» —idea esta atribuida al reformista chino Deng Xiaoping—, porque veo la gloria en una realidad trascendente a la nuestra, pero sí estimo que procurar con honradez y transparencia un país más rico es una necesidad en este mundo. Si hay condiciones y recursos para ello —tanto naturales como humanos—, aspirar a menos es una muestra de mediocridad lamentable. Medidas que eviten el monopolio, y un justo sistema tributario, no están mal siempre que el Estado permita la igualdad de competencias; pero poner límites ideológicos a la capacidad e iniciativa individual es contraproducente para el verdadero progreso. Para que nuestro país sea más rico necesitamos crear riqueza, y esta no se crea solo con escuelas y hospitales, sino además con la capacidad de generarla aprovechando esa cultura e instrucción acumuladas en ciudadanos saludables, lo cual no está reñido con la soberanía, la independencia y la dignidad del país.

Ciertamente la generación de riquezas, y el surgimiento de nuevos «ricos», puede representar un desafío de orden ético o legal diferente, pero la pobreza extendida no resulta menos desafiante o peligrosa para nuestra sociedad. Y la sociedad será más segura cuando los ciudadanos hayan alcanzado un nivel de vida acorde a sus posibilidades y aspiraciones sin perjuicio de otros. Cuba no debe darse más el lujo de resignarse a esperar solo préstamos o comprensión de los acreedores, abrirse exclusivamente a la inversión extranjera en detrimento de una potencial inversión nacional, o mirar con indiferencia cómo los cubanos buscan en el exterior la oportunidad de desarrollar los talentos que el propio país que los ayudó a adquirirlos les impide desplegar dentro de sus fronteras.

Los pasos dados hasta ahora y los enunciados en los Lineamientos, después de inevitables y duros reajustes iniciales nos pueden conducir por mejor camino. Mas llegará un momento en que la realidad imponga nuevas demandas a las que habrá que responder —como ahora— con decisión, como esta de acumular y reproducir mayor riqueza nacional. Quizás necesitemos entonces nuevos lineamientos o actualizaciones del modelo, y es muy probable que para ello necesitemos también una nueva y actualizada clase política movida por un sano orgullo nacional, apegada a la ley justa y sin miedo a la riqueza.

Enero de 2011.

REFORMAS: TAMBIÉN EN SALUD PÚBLICA

A inicios de los años ochenta del pasado siglo visité a un joven que estaba ingresado en el hospital psiquiátrico de La Habana, más conocido como Mazorra. No sé por qué razón había terminado en una sala de aquel lugar después de un intento de salida ilegal del país. Conversamos en áreas exteriores, recuerdo que estaba tranquilo y relajado, pero no olvido su afirmación de que para no dormir en el piso frío había tenido que fajarse por una colchoneta, y lo mismo debía hacer en ocasiones para conservar su ración de comida. Entonces no oíamos de la perestroika ni había desaparecido la URSS, la ayuda de los «países hermanos» era estable y por tanto no habíamos llegado al período especial.

A fines de esos años ochenta, mi hijo mayor —entonces tenía año y medio— estuvo ingresado por tres días en un hospital infantil del Vedado conocido como Marfán. Los exquisitos cuidados profesionales de la doctora no pudieron evitar que aquellas jornadas continúen siendo hoy un recuerdo desagradable, porque la inquietud por el hijo enfermo e interno se convirtió en verdadero temor ante la ausencia de agua corriente, las cucarachas merodeando entre penumbras, las colillas de cigarros pisoteadas en los rincones, mientras el carro de los biberones recién esterilizados permanecía expuesto durante un buen rato a la tos y estornudos de los pequeños que, caminando por sí mismos o en brazos de sus padres, fuera de las habitaciones, mataban el tiempo en aquel pasillo de las angustias.

No hay placer en tal afirmación. No. Esta es una crítica que duele. Porque no puede ser sino dolor hondo lo que se siente cuando se es consciente que en obra tan sensible conviven, a una vez, la vocación del médico consagrado junto a la falta de recursos elementales, el profesionalismo de primera línea junto a la contaminación del salón, la disponibilidad del presupuesto junto al saqueo y la indolencia, el sufrimiento en brazos del abandono.

Tanto la bronca del interno en Mazorra por una colchoneta, como mi experiencia personal vivida junto a mi hijo hace más de veinte años, eran la punta del *iceberg*, el quiste que comenzaba a crecer hasta alcanzar su actual extensión. El caso muy conocido de los fallecidos en Mazorra es ya la muestra del *iceberg* en toda su dimensión, inocultable a la vista y a la información pública, aun cuando no fuera publicada. Hace ya más de un año, incluso sin pedirlo, llegamos a recibir en nuestros buzones electrónicos las imágenes impactantes de los cuerpos sin vida, como si alguien quisiera lanzar la fría denuncia ante el espanto de Mazorra. No es necesario caer en manos de *Wikileaks* para que se produzcan las fugas informativas de determinados acontecimientos.

Pero aquellas aguas ignoradas décadas atrás trajeron estos lodos de vergüenza que nos cubren a todos por igual, si es que vemos en cada cubano un semejante. Haber ignorado los males incipientes nos ha llevado a situaciones indeseables y trágicas. Estábamos demasiado absortos en nuestros éxitos en salud, excesivamente complacidos con los trasplantes de órganos, las graduaciones anuales de miles de médicos y enfermeras, los récords de bajo índice de mortalidad infantil, la erradicación de enfermedades, el reconocimiento mundial a lo que habíamos logrado… y todo ello «a pesar de Estados Unidos y su bloqueo». Éramos el ejemplo que seguir, habíamos conquistado la fama en salud pública (y otras áreas), y era tanta la fama que no nos cabía ya ni en la prensa ni en los archivos, y la acumulamos donde se guarda todo lo que no pesa y se puede amontonar de modo indiscriminado: en la cabeza.

Se nos subió la fama a la cabeza y no previmos lo que podía ocurrir, ni quisimos ver la herida que se abría cada vez más, con el paso de los años, en nuestro sistema de salud. De modo que cuando en la calle se oían ya las conversaciones sobre el deterioro de los hospitales y el temor a estar ingresado, la contaminación de salones de operaciones que en ocasiones llegaron a provocar muertes, cuando en las paradas de guagua o en las oficinas se hablaba sobre el cansancio y agotamiento de los médicos y enfermeras mal remunerados y mal alimentados en las largas horas de trabajo en nuestros centros asistenciales, los «cuadros dirigentes» de la ya enferma salud pública cubana seguían proclamando en toda tribuna nacional e internacional que éramos una potencia médica.

Pero el mal de la irresponsabilidad que provocó la muerte de los enfermos en Mazorra y trajo sanciones sobre los culpables, tiene raíces más extensas. Semanas atrás compramos en casa, «por la izquierda», un producto enlatado, de buena calidad y barato, no existente en las tiendas. Días después se repitió la oferta. Pensamos que sería de algún colaborador cubano en el exterior que regresó a casa, o de los que hacen envíos de todo tipo para revender acá. Pero entonces supimos que los enlatados salían de un comedor para ancianos habilitado en una iglesia del barrio. Así es. Hemos llegado a un punto en que casi nadie escapa al mal del robo y la compra-venta en el mercado negro, porque este es un vicio que ha penetrado todos los poros de la sociedad cubana contemporánea. Y entre nosotros el que no vende compra, por la izquierda claro está, ya sea un carro, un turno en cualquier cola, un adelanto quirúrgico o mejor atención médica, una plaza laboral, una ración de pollo extra o la aceleración de un trámite migratorio.

Porque sabíamos que unas cosas no alcanzaban, otras demoraban demasiado y algunas se supone no estaban a nuestro alcance. A fuerza de deseos de vivir y sobrevivir aprendimos que además de vestirnos y ponernos desodorante, teníamos que saber decir *cuántoé'*, si queríamos alcanzar, adelantar y resolver lo que no estaba disponible. Así de simple, y unos somos más comedidos que otros, nada más. Y el vicio es tal que aunque no necesitemos más, tal vez seguimos con la misma práctica, porque hoy hay pero mañana... ¿quién sabe?

Considero que hacia las limitaciones y escaseces propias, es donde debemos apuntar las acciones primeras para enfrentar este mal que nos hiere. Porque dondequiera que la escasez se combine con la propiedad estatal —que es de todos y no es de nadie—, y sobre ellas influya el funcionario frívolo y poderoso que decide a voluntad sin necesidad de rendir cuentas periódicas a casi nadie casi nunca, y menos aún a estructuras ciudadanas independientes, el mal de la corrupción brotará e intentará destruir todo acto noble y digno, y toda entrega que se propuso ser desinteresada.

También, por todo ello, necesitamos reformas urgentes. No se trata solo de producción o de cumplir compromisos económicos internacionales, lo cual es importante sin dudas, pero la cuestión no es solo de números y de bienes materiales, es ante todo un modo de saldar una vieja deuda moral con nosotros mismos. La diversificación de la propiedad, la renuncia a la propiedad estatal absoluta en algunos sectores considerados clave, o el espacio necesario al emprendimiento personal independiente, no traerán el paraíso a la Isla, pero puede ayudar en la disminución de la corrupción y a poner frenos a una amoralidad que amenaza con asfixiarnos, ya sea en moneda contante y sonante o por el trueque de las influencias.

Es cierto que logramos conquistas sociales importantes, que los índices de salud se elevaron favorablemente y alargamos la esperanza de vida. Ello fue fruto de un propósito político, como también es cierto que tal propósito se logró en buena medida por un influjo económico externo cuya desaparición coincide en el tiempo con el inicio de la crisis en el sistema de salud, también en el de la educación y en otros. Una importante lección que nos deja esta crisis es el recordarnos que no somos superhombres, solo hombres y mujeres, ya eso es maravilloso; otra, es que lo que podamos tener o carecer depende de nosotros, de nadie más.

Cuando las condiciones que permitieron y garantizaron aquellos meritorios programas de salud han desaparecido, es urgente buscar nuevas fórmulas para recuperarlos y crear las garantías de su estabilidad. No sería desatinado considerar la participación en el sistema nacional de salud de instituciones religiosas cuyo carisma está vinculado, precisamente, a esta actividad, lo cual podría lograrse en estrecho vínculo con los planes gubernamentales en este campo. Quizás sea momento de ir pensando en la cooperativización de los servicios de salud, o en la combinación del servicio público con el servicio privado, lo cual sería beneficioso tanto para el profesional como para el asistido, y podría además generar ingresos para dedicarlos a la atención de los que menos tienen, o al fomento de otros sectores sociales.

«¿Cómo están las cosas por el hospital?», le pregunté a una mujer durante el trayecto en que le di «botella» cuando se dirigía a su trabajo, el hospital Mazorra, días después de conocerse las sentencias. «No están bien —me dijo—, y nunca van a estar bien». Pienso que tal fatalismo solo puede ser superado cuando se enfrenten consecuentemente las causas que generaron aquel fatal desenlace. Apelar solo al castigo, o a la conciencia y al sacrificio en tiempos de necesidades materiales y flujos digitales de internautas, no pueden ser la única acción. Tampoco ayuda la obstrucción mental de algunos, si lo que está en juego es, precisamente, la salud de nuestro sistema de salud.

Marzo de 2011.

LA MEDIACIÓN DE LA IGLESIA

Un fundamento en materia de comunicación social, y por tanto humana, afirma que nuestra opinión depende de nuestra información. Otros fundamentos, estos cristianos, invitan a no enfrentar a quien nos hace el mal, presentar la otra mejilla a quien abofeteó ya una, dar también la túnica a quien pide el manto, duplicar la distancia a caminar junto al que pide compañía en el camino, y dar, dar siempre al que pida, y dar de frente (Cf. Mt 5, 39-42). La humildad que demanda Jesús a sus discípulos no tiene comparación. No desconoce la presencia activa ni excluye una exigencia al valor personal. Pero la presencia se concreta camino del Calvario, y el valor personal se demuestra al cargar la Cruz.

En estos tiempos cualquiera emite una opinión, aunque no tenga una buena información, o no tenga ninguna. Es difícil resistir la tentación de ocupar un espacio en los medios de comunicación, a su vez propagadores, muchas veces, de una falsa comunicación, pues hoy suele vender más la opinión agresiva y denostadora, sea por error tomado de otros o calumnia intencionada.

Pero tanto el fundamento mencionado de la comunicación social, como los otros revelados en el sermón de la montaña, necesitan de la verdad, aquella que conviene y puede ser conocida. De manera que la opinión o información que se ofrece —del tipo y procedencia que sea, y desde cualquier medio de difusión— esté al menos mejor fundamentada, y aquellos que nos consideramos cristianos podamos conocer a cabalidad el peso de la cruz que se ha aceptado cargar.

Es oportuno, cuando ha transcurrido más de un año desde que se inició el proceso de diálogo entre la Iglesia y las máximas autoridades del país, que ha tenido como uno de sus resultados la excarcelación de más de cien ciudadanos cubanos, referirse a estas excarcelaciones y expresar de modo sintético cuál ha sido el papel de la Iglesia. Después, es probable que se mantengan las posturas erradas y el rechazo a la verdad dicha, al menos la verdad que se puede decir en este momento desde la Iglesia, pero eso ya no podría considerarse ignorancia sino perversidad.

Cuando el cardenal Jaime Ortega, acompañado del canciller de la arquidiócesis monseñor Ramón Suárez Polcari, recibía el 1ro. de mayo de 2010 a un grupo de esposas de prisioneros cubanos conocidas como «damas de blanco», se abría la posibilidad de un proceso de mediación de la Iglesia entre estas personas y las autoridades cubanas. Vale una aclaración, para usar la terminología adecuada en este caso. El conflicto se presentaba entre las autoridades cubanas por un lado, las que habían sancionado y mantenían en prisión a un grupo de ciudadanos opuestos al modo de gobernar de esas autoridades y que habían violado las leyes (una ley puede ser justa o injusta, pero a los efectos prácticos es ley, o precepto establecido que manda o prohíbe cosas); del otro lado los familiares de los presos: esposas, madres e hijas, quienes defendían y reclamaban la libertad de estas personas en nombre de la unidad familiar. En un momento determinado, al interceder el cardenal Ortega en contra del acoso a estas mujeres en las afueras de un templo católico, la Iglesia se convierte en tercera parte o actor que no ha sido invitado directamente, pero está convencida que le corresponde actuar para poner fin al acoso.

Cuando una de las partes —las autoridades cubanas—, responde positivamente al reclamo de poner fin al acoso y pide a la Iglesia que transmita esto a los familiares, y al mismo tiempo demanda que estos comuniquen, por medio de la Iglesia, qué desean, se da el primer paso para *la mediación*, concretada cuando estas personas aceptan a su vez responder a la demanda por medio de la Iglesia. *Ambas partes en conflicto se reconocen y comunican entre sí*, indirectamente, *con la mediación de la Iglesia*. Aunque hay un vínculo filial o de sangre entre el grupo conocido como «damas de blanco» y los presos, sus reclamos e intereses son en esencia distintos, pues ellas demandaban reunificación familiar, mientras sus familiares presos reclamaban cambios políticos. Las autoridades reconocieron lo primero y no lo segundo. Por tanto, en ningún momento se planteó la posibilidad de una mediación entre las autoridades y sus opositores, pues *no hubo reconocimiento ni comunicación mutuos.* Por las razones que sean, y no es necesario indicarlas aquí, ese día no ha llegado.

Esperar o demandar que la Iglesia llevara a la «mesa de negociaciones» a quienes se oponen a las autoridades resultaba improcedente en *este* proceso. *Negociación* es un término que define otra manifestación. La negociación es el proceso por el cual las partes en conflicto buscan resolver sus diferencias, se reconocen mutuamente, y lo hacen sin necesitar la mediación de terceros.

Sin embargo, lo que la Iglesia sí ha hecho durante muchos años, es expresar su convicción de que es necesario escuchar a todos quienes en Cuba manifiestan interés en aportar ideas y esfuerzos por el bien del país. Esto no tiene que ver con posturas políticas, sino con convicciones filosóficas y éticas que están en la médula del cristianismo. Desde esta misma publicación se ha reproducido muchas veces este criterio, del mismo modo que desde esta y otras publicaciones católicas se expresó, en el momento oportuno, el desacuerdo de la Iglesia con los arrestos y largas sanciones aplicadas contra estas personas, aún antes de que sus esposas, hijas y madres, se organizaran para demandar su excarcelación desde los predios de un templo católico.

Dicho lo anterior, es posible adentrarnos sintéticamente en el desarrollo de los acontecimientos. Las «damas de blanco» presentaron al cardenal Ortega aquel 1ro. de mayo las tres demandas que querían comunicar a las autoridades cubanas: 1) acercar a los presos a sus lugares de residencia, pues algunos cumplían sanción en provincias lejanas; 2) liberar cuanto antes a los más enfermos, empezando por el preso Ariel Sigler Amaya; y 3) permitir que sus seres queridos salieran de Cuba, aunque fuera solos, pues era preferible a tenerlos en prisión.

Se trataba de reclamos puramente humanitarios, no políticos, aunque tendrían después importantes connotaciones políticas dentro y fuera de Cuba. A pesar de que las presentes en la reunión eran cinco mujeres relacionadas directamente con solo cuatro prisioneros, afirmaron más de una vez que representaban a los cincuenta y tres que aún quedaban en prisión de un total de setenta y cinco sancionados en el año 2003. Esto mismo fue transmitido por la Iglesia durante el encuentro que el 19 de mayo sostuvieron, por un lado el presidente Raúl Castro, y por el otro el cardenal Ortega y monseñor Dionisio García, arzobispo de Santiago de Cuba y presidente de la Conferencia episcopal cubana. En esa reunión la parte gubernamental acogió el reclamo, y se comprometió a revisar esos y todos los casos sancionados por motivaciones políticas. Cuando el cardenal Jaime Ortega reveló en rueda de prensa estas y otras posibilidades que se abrían a partir de aquel encuentro, era evidente que algo inédito y novedoso comenzaba a tomar forma en Cuba.[1]

Trece días después de ese encuentro, el 1ro. de junio de 2010, la Iglesia anuncia los primeros traslados de presos. Once días más tarde se anuncian nuevos traslados y la primera excarcelación bajo la condición Licencia Extrapenal del más enfermo (semanas después viajó a Estados Unidos). El proceso de mediación, cuyo objetivo era aliviar la situación de los presos y sus familias, comenzaba a dar fru-

---

[1] «Especial: Conferencia de prensa del cardenal Jaime Ortega», *Palabra Nueva*, No. 196, año XIX, La Habana, mayo de 2010.

tos, y en ese momento España presenta su propuesta de acoger a los excarcelados que deseen trasladarse a aquel país. El 7 de julio, el Gobierno cubano comunica a la Iglesia y a España —mientras visitaba la Isla el canciller español— que excarcelará a los restantes cincuenta y dos, y el 8 de julio se anuncian las primeras cinco excarcelaciones de quienes aceptan la propuesta de viajar a España con parte de su familia. Al revisar otros casos fuera de los cincuenta y tres iniciales, como había dicho, el Gobierno cubano excarceló finalmente un total de 126 prisioneros, 114 de los cuales viajaron a España con familiares (a ellos se añadió otro que ya estaba en Licencia Extrapenal), lo que sumó cerca de 800 personas.

Aunque posiblemente conocía de antemano los deseos migratorios de muchos presos, las autoridades propusieron que fuera la Iglesia quien les comunicara su futura excarcelación y la propuesta de viajar a España. El cardenal Ortega personalmente quiso hacer las llamadas y hablar directamente con cada preso —por razones mayores en alguna ocasión delegó en otros la misión de hablar con los reclusos—, quiso escuchar personalmente sus inquietudes, pudo interceder y lograr visitas para los casos que deseaban consultarlo con la familia antes de decidir, pudo bendecirles y desearles lo mejor en la nueva vida que iniciarían en España, si esta era su decisión. Nunca intentó convencer a nadie de emigrar. De los cincuenta y dos, solo doce dijeron que no deseaban viajar a España, y permanecen en Cuba. Unos pocos preguntaron si viajar era una condición para salir de la cárcel, a lo que el cardenal les respondía que no, y les aseguraba que serían excarcelados posteriormente, como ocurrió. Quienes aceptaban viajar, eran conducidos a un lugar y sus familiares a otro, separados, mientras se procedía con los trámites migratorios, en los que la Iglesia no tuvo participación alguna. Al llegar al aeropuerto los esperaban funcionarios de la Embajada y Consulado españoles quienes les preguntaban si salían de Cuba por voluntad propia, y si este era el caso les pedían firmaran una declaración de conformidad, pues España no aceptaba trasladar a ninguno por la fuerza. Todos dieron su consentimiento y firmaron.

Por ello, es incorrecto afirmar que fueron forzados al exilio, u obligados a viajar como condición para no seguir en prisión. Más incorrecto aún es decir que el Gobierno cubano y la Iglesia se aliaron para desterrar a estas personas. La mejor prueba contra esta afirmación, quizás, sean los doce que decidieron permanecer en Cuba. Puede decirse que, por compromisos o presiones familiares, o por la experiencia de casi ocho años de encarcelamiento en condiciones que solo ellos conocen, cualquiera acepta la propuesta. Pero es más honesto decir esto —y perfectamente comprensible— que acusar falsamente a otros de conspirar para lograr la expulsión del país de estas personas. A la postre, por increíble que pareciera al inicio, se cumplió precisamente lo que pidieron las mujeres que se reunieron con el cardenal Ortega el 1ro. de mayo de 2010. Y los gobiernos de Cuba y España sobrepasaron aquellos reclamos.

La mediación de la Iglesia, concretada en las excarcelaciones, no fue la solución ideal. Su propósito era lograr, mediante el diálogo, una salida a la gran tragedia de estas familias. No hay solución ideal en un conflicto prolongado y que ha implicado a tantas personas ubicadas en las más disímiles posiciones, con criterios diferentes muchas veces, en medio de debates y presiones políticas de alcance nacional, regional y global. Pero es bueno decir también que no fue una mediación neutra, sino bien comprometida, que tomó riesgos y aceptó estar en el epicentro del torbellino, teniendo para todos, de un lado y otro, una mirada pastoral y caritativa, la caridad cierta que todo lo cree, todo lo espera y todo lo soporta; la caridad que nunca pasará, y permanece viva y dispuesta para toda oportunidad que la reclame.

Las leyes que llevaron a estas personas a la cárcel permanecen vigentes. Ahora, o en un futuro no lejano, es necesario que el país finalmente logre un espacio en el que las diferentes opiniones, intereses y criterios, puedan encontrarse y fundirse en un proyecto común y universal propio, no atado a intereses foráneos. Entonces, tal vez, no sería tan necesaria la mediación, pues estaríamos en presencia de una sociedad renovada que busca, mediante procesos francos y responsables de negociación, convertirse en la próspera y vigorosa sociedad de todos. Tal negociación aún no ha sido programada, ni se vislumbra en el horizonte, pero debe ser un propósito.

Mayo de 2011.

Orlando Márquez

ACTUALIZAR LAS RELACIONES HUMANAS

Desde la entrevista que publicáramos meses atrás con el empresario cubanoamericano Carlos Saladrigas,[1] varios y sustanciosos han sido los análisis, comentarios, artículos de opinión y hasta declaración de principios, publicadas tanto dentro —al menos un artículo en periódico de provincia— como fuera de la Isla en relación con el tema de los cubanos emigrados y la actualidad nacional. No es la primera vez que se publicaba sobre la emigración cubana y la imposibilidad de ignorarla, pero, quizás, los cubanos de la Isla no habían tenido antes una referencia tan directa sobre sus aciertos y errores, el interés irrenunciable por el país de origen en tantos emigrados a pesar de las diferencias ideológicas y los desgarramientos, las metamorfosis experimentadas y el deseo de participar de algún modo en la solución de la crisis que vivimos. Las palabras de Saladrigas reflejan también el sentimiento que, tal vez, otros cientos de miles de emigrados cubanos gritan en voz alta o en silencio cada día: la nación cubana no tiene fronteras y vive más allá de nuestra geografía insular.

Cada año son más los cubanos que vienen desde Estados Unidos, España, Italia y otros lugares, porque el número de los que emigran no decae, crece. Y crece así el número de los que desean mantener y estrechar vínculos con familiares que quedaron en la isla, o con amigos, o simplemente quieren regresar a recuperar capítulos perdidos de sus historias personales. En los últimos tiempos, no son pocos los que han regresado después de más de cuarenta años de ausencia.

---

[1] «No es fácil cambiar, pero lo hice», entrevista a Carlos Saladrigas, *Palabra Nueva*, No. 207, año XX, La Habana, mayo de 2011, pp. 33-38.

Ciertamente somos una nación fragmentada desde hace varias décadas que trata de recomponerse y restablecer lazos para entender su propia historia pasada y reacomodar el presente. «La-revolución» es un argumento bastante fácil para explicar la dispersión, porque con ella se desató la diáspora. Es cierto, pero demasiado abstracto para asimilarlo como una respuesta tangible que ayude a impulsar la reconstrucción del tejido social. «La-revolución» —al igual que «la-contrarrevolución»— es una experiencia humana concebida, desarrollada y sostenida por personas, hombres y mujeres, ciudadanos cubanos, nosotros, o una parte de nosotros. De modo que es en nosotros donde debemos encontrar las respuestas apropiadas para el restablecimiento o recomposición de la nación fragmentada.

Es una cuestión de justicia, pero no solo. Es también una necesidad para el futuro. Corresponde al Gobierno cubano restablecer la justicia en este campo, por ser la autoridad del país la que determina la política migratoria tanto para los que residimos en la Isla como para los emigrados. Y es obvio que en las regulaciones actuales hay demasiadas y molestas restricciones al movimiento migratorio, es decir a la libertad de las personas para entrar y salir del país, lo cual no es justo. De ahí la importancia de «actualizar la política migratoria», según palabras del presidente cubano Raúl Castro el pasado 1ro. de agosto, durante la última reunión ordinaria de la Asamblea Nacional.

En cuanto a los emigrados, la «actualización» debe constituir un acto de justicia porque, ante todo, quienes emigraron son cubanos y, salvo que renuncien o desprecien pública y voluntariamente su condición ciudadana, tienen más derecho que ciudadanos de otros países a visitar esta, su tierra natal. Ni siquiera deudas legales deben negar tal derecho, y lo más probable es que quienes estén en tal situación declinen voluntariamente para evitar el castigo. Además, los motivos que originaron su salida —sea huyendo del Gobierno Revolucionario hace cincuenta años, presionados por razones políticas después, forzados por lazos familiares o en busca de mejores oportunidades económicas— por sí solos no despojan a estas personas de su condición de ciudadanos cubanos, adquirida por nacimiento, tal como declara la Constitución de la República. Por esta simple razón, toda persona nacida en Cuba —menos los hijos de extranjeros—, aunque viva en Kansas City o en Kuala Lumpur desde hace cincuenta años o una semana, conserva sus derechos como ciudadano cubano.

Ciertamente hay otras serias contradicciones en este aspecto. La ley, por ejemplo, no admite la doble ciudadanía y declara perdida la propia cuando se adquiere una extranjera, si bien reconoce el derecho de los nacionales a cambiar la ciudadanía. Por ello resulta incoherente —pudiera decir indecoroso— exigirles a los emigrados nacionales que visiten su país de origen con pasaporte cubano —aunque hayan adquirido la nacionalidad del país donde residen— y cobrarles un costosísimo permiso de entrada estampado en un pasaporte que los reconoce e identifica como ciudadanos cubanos.

Sobre las restricciones y controles migratorias para con los que residimos en la Isla se ha hablado mucho y publicado poco. El asunto es clamor popular desde hace muchos años y ha llegado incluso a formar parte de los tan mencionados Lineamientos. «Estudiar una política que facilite a los cubanos residentes en el país viajar al exterior como turistas», como se afirma en el número 265, suena estimulante por aquello de reconocer —¡finalmente!— que los cubanos puedan ser «turistas en el exterior», pero refleja el mismo espíritu controlador y paternalista que se quiere erradicar en otros campos. Afirmaciones de este tipo sirven para recordarnos que nuestro alcance y límites no dependen de la libre voluntad o capacidad personal —tampoco entonces nuestros sueños o aspiraciones—, sino solo del permiso que el Estado, o más bien ciertos funcionarios con poder, nos conceda.

Obviamente este artículo no pretende ofrecer soluciones, en nuestro país hay numerosos y bien dotados especialistas en la materia. En nuestra edición anterior publicamos un trabajo sobre el tema, escrito por un especialista. Fue revelador conocer, gracias a ese trabajo, que la ley que regula la ciudadanía en Cuba fue sancionada en 1944. Sin dudas hace falta una actualización en la materia.

En la época de la globalización, donde la movilidad humana no tiene límites y las fronteras físicas definidas en los mapas no constituyen ya barreras rígidas sino muy flexibles, las leyes nacionales deben ajustarse a tal flexibilidad, lo cual no niega la preservación de la soberanía. De lo contrario no avanzaremos mucho, ni en esta ni en otras áreas de interés nacional, sobre todo porque vivimos no solo en época de globalización, también de interconexión, y necesaria armonía, entre todos los estamentos e instituciones sociales dentro de un mismo país.

Cuando este trabajo sea publicado, ya habrá sido dado a conocer a la opinión pública un documento titulado «La diáspora cubana en el siglo XXI». Se trata de un análisis sobre la emigración cubana y sus posibilidades de participar en, y contribuir a, el desarrollo nacional, en dependencia de ciertas modificaciones legales tanto en Cuba como en Estados Unidos para facilitar esa participación. Elaborado por una comisión compuesta por los académicos cubano-americanos Uva de Aragón, Jorge Domínguez, Jorge Duany y Carmelo Mesa-Lago, y el autor de estas líneas que es solo cubano, el texto no tiene detrás una entidad financiera copatrocinadora, ni sus autores representamos intereses económicos de terceros. Al intentar arrojar luz sobre las tendencias actuales de la emigración internacional y su contribución al desarrollo del país de origen, las ventajas de aprovechar las potencialidades de ese sector emigrado cubano que desee (no todos desean, claro está) participar de conjunto con sus familiares o amigos en la Isla, del actual proceso de reformas, o cambios o actualización económica, creo que no solo hacemos un aporte comprometido y actualizado, sino que expresamos también, de algún modo, la posibilidad de colaboración entre cubanos que viven en espacios diferentes pero coinciden en un bien superior para el país de origen común.

Cada vez se hace más evidente la urgencia de una concertación nacional, es decir una actualización, para bien, de las relaciones entre quienes componemos la nación cubana. El camino al desarrollo del país —ese debe ser el propósito de cualquier actualización económica, política o migratoria, y nada menos que eso—, así como la estabilidad nacional y el entendimiento entre los diferentes protagonistas cubanos, no debe supeditarse, por ejemplo, al levantamiento del embargo o bloqueo de Estados Unidos, país sumido hoy en sus propias calamidades internas que demandan toda su urgencia y energía, ni a una mejora de las relaciones con aquel país, ni a la existencia de un fondo millonario para generar desestabilización interna en este país. Tampoco debe condicionarse a la modificación o eliminación de la *Posición Común de la Unión Europea para con Cuba*, un texto redactado por quienes, o no conocían la naturaleza del Gobierno cubano y su probable respuesta, o la conocían demasiado bien como para saber que solo serviría para la confrontación. ¿Cómo entender que Europa cada año favorezca a Cuba condenando el embargo-bloqueo de Estados Unidos en la ONU, y al mismo tiempo mantenga la *Posición Común...* que condiciona y limita sus relaciones políticas y económicas con Cuba?

En otras palabras, la salida a la situación crítica que vivimos depende ante todo de nosotros, de reconocer la apremiante necesidad que tenemos de desatar de una vez todas las potencialidades creadas en el país en las últimas décadas y de restablecer los lazos humanos, sin más restricciones que las que demanden el sentido común y la ley justa, dejando definitivamente atrás el paternalismo de Estado y el maldito vicio del «controlismo» y sus aparejadas incongruencias (todavía demasiado presentes en el Decreto 292 y en las resoluciones ministeriales para la venta de automóviles, por ejemplo). Esto no es desconocer la crisis global o la interdependencia con otras naciones.

Pero el pretexto de condicionar las políticas internas *únicamente* a las actitudes políticas de terceros, no es un argumento favorable para nación alguna que desee ocupar, o mantener, un espacio propio en el ámbito internacional. Hostilidades siempre habrá, y crisis y enemigos o divergencias, y contratiempos y calamidades indeseables, pero la nación mejor preparada para enfrentar estos u otros retos, es aquella que sepa levantarse más alto, no física pero sí moralmente, cuando actúa como un solo cuerpo y busca el crecimiento y la armonía internos, el respeto por las diferencias, su capacidad de reacomodarlas en beneficio de todos y el mantenimiento de la salud social, para poder después entenderse con el mundo.

Ningún país puede evitar la globalización y sus efectos, esté interesado o no, sea rico o pobre. Pero es necesaria la salud social, que se logra solo mediante la armonía y el consenso —y nunca por la imposición de unos sobre otros—, para poder integrarse mejor al mundo globalizado. Por eso es tan importante la actualización migratoria, como también la económica, la política, la social... *Actualizarlo todo*, y hacerlo de modo tan flexible y dinámico que solo permanezca invariable lo esencial: la dignidad plena de los cubanos.

Octubre de 2011.

UN MOMENTO DECISIVO

Cuando era un joven estudiante de secundaria, descubrí que no ser militante de la Juventud Comunista me ponía en desventaja social ante otros compañeros de clases. Ya conocía que ser católico o creer en Dios me merecía —a mí y a cualquier otro creyente como yo— la desconfianza, pero ahora añadía que esta condición también me impedía estar a la «altura» de mis compañeros militantes de la Juventud Comunista. En las reuniones de «méritos y deméritos», mis compañeros militantes podían hablar de mis «debilidades ideológicas», o de si conversaba mucho en clases —lo cual no negaba—, pero cuando llegaba mi turno de hablar y defenderme, al igual que otros no militantes, solo podíamos criticarnos entre nosotros.

La situación se mantuvo en el Preuniversitario, la Universidad y hasta en el lugar de trabajo, y en este último ya se unían a los militantes de la Juventud, los del Partido Comunista. Ante las críticas de un militante comunista había poco que hacer. Ningún militante podía ser criticado en público, solo por otros militantes en su comité de base. Advierto que siempre me llevé bien con todos, pero en este sentido —y en otros muchos— ser militante era un privilegio que te podía mantener en otro nivel: ser intocable ante los no militantes. Parece insignificante, pero no lo es. De este modo se comenzó a abrir la brecha entre el ciudadano común y el militante, aquel que pertenecía a la «clase dirigente». No obstante, asumir el «rol dirigente» constituye una grave responsabilidad. Hoy en día no sé cómo es, quizás haya variado en algo, pero no estoy seguro. De hecho, la condición de «vanguardia» o «dirigente» atribuida al PCC en la Constitución de la República, mantiene a sus miembros en una situación privilegiada sobre el resto de los cubanos ordinarios: pertenecen al partido que «dirige» a todos. Yo sé que los mismos estatutos declaran que el Partido «asume el mandato del pueblo», pero en realidad no siempre es así. Basta con reparar en las antiguas quejas ciudadanas en contra de las abundantes restricciones de todo tipo, restricciones que comienzan a ser removidas por razones administrativas, no ideológicas.

Hace varias semanas se puso a disposición del público un texto llamado *Documento Base para la Primera Conferencia Nacional del Partido Comunista de Cuba*, que se celebrará a fines de enero del próximo año. De este modo se puede conocer el criterio del pueblo sobre el texto, lo que es, de algún modo, anticipar criterios públicos sobre la propia Conferencia. Yo no podría decir qué decisiones debe tomar el PCC en su próxima reunión, no me corresponde cuestionar su ideología o estrategia partidista; pero como ciudadano que depende bastante de las decisiones que se tomen en esta institución política, como cualquier cubano que quiere lo mejor para su país, como hombre de fe en Dios que vive aquí, puedo expresar algunas consideraciones.

Lo primero es que tal Conferencia se convoca, y debe desarrollarse, en lo que *podría ser* el escenario más decisivo de la historia nacional. Claro que hubo otros momentos decisivos y críticos. A fines del siglo XIX los cubanos lucharon por la independencia, y la conquistaron a medias. Más de cincuenta años después nuevamente hubo una guerra, esta fue civil y revolucionaria, para revalidar la soberanía nacional y la autodeterminación del país; la revolución social y radical hasta el extremo, se concretó con el compromiso de una mayoría de la población, al menos en la primera década posterior al triunfo de 1959. Pero el momento actual indica una lucha distinta, un reacomodo de intereses que debe resultar en un estadio nuevo al que deberíamos llegar por el camino civilizado de la paz, la ley justa, el consenso y la solidaridad nacional, y de lo cual se evidencian ya algunas muestras favorables: la independencia y la autodeterminación del ciudadano frente al Estado, sin perder su vínculo con él.

En mi opinión, ahí podría radicar el mayor desafío que enfrentamos como grupo humano, y como ciudadanos. Con perdón de los redactores del citado *Documento…*, y con independencia de unos cuantos puntos con los que puedo estar en desacuerdo, entiendo que este carece de una visión de futuro, de un espíritu de proyección a mediano y largo plazos.

Los últimos llamados del presidente Raúl Castro a dejar atrás mentalidades retrógradas, prejuicios y «boberías» de algunos cuadros dirigentes que generan estancamientos económicos y hasta el daño a la dignidad del individuo, así como las importantes medidas económicas —inversiones en la creación de Zonas de Desarrollo, exploraciones petroleras o el todavía limitado pero válido aliento al trabajo por cuenta propia, por ejemplo—, pareciera que apuntan más a un mañana que es necesario levantar hoy, a una Cuba futura que debe haber superado la pobreza, la mediocridad y el desaprovechamiento de su abundante talento humano; una Cuba que debe proponerse alcanzar un mayor nivel de desarrollo y que debe dar respuesta a situaciones tan disímiles como la necesidad de aumentar la producción nacional a pesar de la inminente escasez de mano de obra; o a la necesidad de relacionarse con el mundo en igualdad de condiciones, lo cual es difícil de lograr desde una posición de desventaja como resultado de la pobreza económica; o a la urgencia de superar la indiferencia de las nuevas generaciones ante un discurso que pareciera desconocer el que ellas ya elaboran como cubanos, aquí y ahora.

Aunque se hace eco de ciertas afirmaciones gubernamentales, el *Documento Base…* parece más bien un intento de poner parches a los problemas del día a día, no una respuesta al reclamo de toda una sociedad cambiada y cambiante que busca asideros para un mañana que se percibe incierto.

El pueblo cubano es uno, pero ese uno lo constituye un conjunto de seres humanos, personas con su propia opinión sobre las cuestiones sociales o su responsabilidad social, con sus convicciones políticas, económicas, religiosas, familiares… Aun conservando la unicidad cultural o nacional identitaria como pueblo, y hasta la unidad política en un sentido más amplio del término, cada uno de nosotros mantiene su autonomía como persona y como ser social con intereses y propósitos únicos. La convergencia sana de esas autonomías y de esos intereses, por distintos que sean, es lo que nos debe llevar a compartir la vida en este territorio, que es común, como el bien que debemos procurar. Quien pretenda asumir el «mandato del pueblo», asume no solo el de una parte, sino los criterios e intereses de todo el pueblo.

El deber de la autoridad política, por tanto, es garantizar la convivencia de esas autonomías e intereses, tanto individuales como grupales, y orientarlos hacia el bien común, el desarrollo económico, el avance individual y social, y el crecimiento espiritual de toda la sociedad. El sujeto principal de la acción política es la persona humana en toda su variedad existente, ella debe ser el origen y destino de todo el esfuerzo, de todo proyecto y de toda motivación política. A la persona, sus nobles aspiraciones e intereses, su búsqueda del bienestar propio y familiar, o el del grupo que integre o desee integrar por motivos de interés, deben servir el Estado, así como las instituciones civiles y políticas.

Es aquí donde, entiendo, está el meollo de la cuestión. Históricamente, los partidos comunistas que adoptaron el modelo del Partido de la Unión Soviética —incluido el cubano—, no solo afirmaban su primacía como clase dirigente de toda la sociedad, sino que vinculaban matrimonialmente el Partido con el Estado, y la «razón de Estado» —en realidad del Partido, o de su grupo dirigente— se superponía a todo interés individual o social, cultural o económico, familiar o espiritual. Todo debía ser decidido por el Partido y nada podía hacerse sin él. Desde luego que eso produjo grandes contradicciones, y todavía las genera entre nosotros cuando un militante debe elegir entre un interés familiar, o personal, y el Partido. Recientemente, el propio presidente Raúl Castro denunció un caso discriminatorio contra un militante del Partido por razones de fe religiosa.

Lo cierto es que el «centralismo democrático» leninista no fue tan democrático, y dejar todas las decisiones en manos de un grupo dirigente, o poner la cuestión ideológica y partidista por encima de los intereses económicos, sociales, culturales, familiares y espirituales, no sirvió para salvar a la misma Unión Soviética. Cuba no es la antigua URSS, ni los retos que enfrenta hoy incluyen otros de carácter étnico o multinacional, que también contribuyeron al hundimiento de aquella organización social. Pero los retos económicos y humanos son similares. Si al menos una lección fuera posible, es que aquel camino, aquellos métodos y aquella supremacía partidista, probaron su ineficacia, y sería bueno hallar respuestas propias a problemas propios.

Creo que en esto el pensamiento martiano podría ser de mucha utilidad. Para Martí lo esencial era la libertad humana, su humanismo se desborda de cada texto, de cada línea que escribió y de toda idea que transmitió. Lo esencial para él no era la revolución, pues en ella vio solo el medio para alcanzar el fin y bien supremo: la libertad de los cubanos y la instauración de una república que diera cabida y posibilidad de concertación armónica a todos los intereses nobles y universales de los ciudadanos. Pero cuando el PCC, tanto en sus estatutos como en este *Documento...*, quiere definirse martiano y marxista-leninista, solo toma del primero el ímpetu de su obra revolucionaria, que efectivamente fue su última etapa, pero que Martí no pensó perpetuar en la república tras lograr la independencia. Dejando a un lado que el propio Martí no comulgaba en absoluto con el marxismo y el odio de clases (no conoció a Lenin, y no vale la pena especular lo que hubiera escrito sobre él), y que no por ello dejó de denunciar los abusos capitalistas, como mismo lo hizo por aquel entonces el papa León XIII, quizás sea tiempo de inclinar la balanza y ser ante todo un poco más martianos: es nuestro, es grande, sus ideas parten del ser humano y a él regresan, son universales y por tanto vigentes.

Claro que mucho dependerá la Conferencia de la postura que adopte el presidente Raúl Castro. Él lleva la doble responsabilidad de presidir el Gobierno del país y encabezar el Partido único que dirige el país —pienso que no debería ser así, pero aún es así—. A él correspondería hablar de actualización política, una vez que ha hablado ya de actualización económica. Desaparecidos los bloques políticos del ayer, y ante el surgimiento de un mundo nuevo, el Gobierno del país no tiene más compromiso que con las necesidades y los intereses legítimos de los ciudadanos. Quizás tenía razón Alexis de Torqueville cuando afirmaba que el momento más peligroso de un gobierno en dificultades es cuando trata de mejorarse a sí mismo. Sin embargo la política, como la vida misma, puede ser un arte meritorio, de lo posible o lo imposible, da igual, pero arte al fin que beneficie a todos.

Noviembre de 2011.

AMAR LA LIBERTAD

Los cristianos sabemos que al conocer la Verdad revelada por Dios en Jesucristo, adquirimos para siempre la libertad del espíritu: *libres de* la mentira; *libres de* la oscuridad del pecado que nos aparta de Dios; definitivamente *libres para* anunciar el evangelio y proclamar aquella Verdad en todo tiempo y lugar; *libres para* actuar según nuestra conciencia y vocación. Esta es la razón por la cual muchos cristianos, en casi todas partes y también en Cuba, se pueden sentir motivados a adentrarse y actuar también en el campo de la política, liberados ya de las ataduras del mundo por la fe en Cristo y responsables ante Dios —por aquella Verdad que nos hace libres—, para encarnar allí donde vivimos la fe recibida. Y no necesariamente como representantes de la Iglesia, sino como cristianos que actúan según su conciencia en un campo donde no existe una última palabra. De ahí que no todos coincidan en su filiación política. Parece complicado pero no lo es tanto.

La Iglesia, como institución, puede sentirse obligada a expresar sus criterios cuando determinadas acciones tomadas por los políticos o los poderosos, pongan en peligro la dignidad y la libertad de los ciudadanos, o cuando un conflicto social profundo amenace la paz o la concordia social, con independencia de que tenga éxito o no en su empeño. Los fieles laicos, como miembros de la sociedad, asumen el compromiso de adaptarse a las estructuras del mundo para procurar, o al menos contribuir en la liberación integral del hombre y humanizar el entorno donde viven. La esperanza cristiana debe enraizarse en la historia para transformarla y mejorarla, de lo contrario sería una enfermiza huida del mundo, no una esperanza, mucho menos cristiana. Es muy posible que la distancia creciente entre la sociedad moderna y el cristianismo, sea el resultado de la separación entre la experiencia religiosa y la experiencia civil o social, por aquella pretensión de confinar la religión a las cuatro paredes del templo, donde molesta menos. Pero el mensaje de Cristo no es vayan a sus casas y acuérdense de mí, sino *vayan por el mundo y anuncien el evangelio*. El mensaje cristiano no es un dato privado ni la vida de fe un traje que queda colgado en la puerta al salir. Por imposición, o por autoexclusión, la religión cristiana, como derecho humano, se hizo extraña al mundo moderno cuando fue separada de la vida social. Y aclaro que no se trata de procurar la teocracia, tan dañina como el totalitarismo o la dictadura política.

Y todo ello está intrínsecamente ligado a la libertad. El pasado junio, en un encuentro con autoridades políticas, militares y empresariales de Milán, el papa Benedicto XVI evocó textos que el santo patrono de la antigua ciudad, san Ambrosio (s. IV), había dirigido al emperador, para recordarle que era tan humano como sus súbditos. Según el Papa, de los textos de san Ambrosio se concluye que «la primera cualidad de quien gobierna es la justicia, virtud pública por excelencia, porque atañe al bien de toda la comunidad». Pero la justicia no basta. Es necesaria otra cualidad: «el amor a la libertad», recuerda el Papa citando al obispo de Milán, conocedor de la experiencia gobernativa. Porque Ambrosio, al momento de ser elegido obispo a solicitud del propio pueblo —¡menudas virtudes habría mostrado para que así fuere!—, era prefecto o gobernador del territorio de Liguria-Emilia, cuya sede principal era Milán. De ahí que pudiera el santo afirmar sobre los gobernantes: «los buenos aman la libertad, y los malos aman la esclavitud» (como el esclavismo ha sido superado, hoy podrían amar el sometimiento o la docilidad de los ciudadanos). «La libertad no es un privilegio para algunos, sino un derecho de todos —dijo Benedicto XVI a los políticos milaneses—, un valioso derecho que el poder civil debe garantizar». La verdadera laicidad del Estado, continuó diciendo, se propone «asegurar la libertad para que todos puedan proponer su visión de la vida común, pero siempre en el respeto de los demás y en el contexto de las leyes que miran el bien de todos».

No por repetido llegamos a asumir plenamente que la libertad es un derecho de todos, sea en la casa, en el trabajo, en la escuela o a nivel social. Se debe entender como una libertad acompañada o guiada por la razón, siempre en busca del bien, responsable por cada acto que se practica y capaz de aceptar los límites propios cuando se encuentra con la libertad de otros, pues una vez asegurada está al servicio del bien propio y de otros. Se trata entonces de una *libertad de*, antes que una *libertad para*.

En los últimos tiempos, algunas medidas aprobadas en el país han servido para ir restableciendo esa libertad individual relegada por tanto tiempo. Acceder a hoteles, vender casas o comprar autos, o eliminar aquel vergonzoso permiso de salida, no es todo, pero es derecho finalmente reconocido, es justicia social de no poca importancia. No es todo, pero es. Esas medidas no inciden solo en el orden económico o social. Hay también detrás de ellas una dimensión política que estremece y traquetea el suelo sólido y punzante que se ha pisado por tanto tiempo.

Realmente no esperaba escuchar la afirmación, desde el gobierno actual, de que «la función del Estado no es regular las relaciones entre los individuos», porque lo vivido durante casi cinco décadas ha sido lo opuesto: la injerencia extrema del Estado, a través de sus funcionarios representantes a distintos niveles, en la vida privada de los ciudadanos. Pero tal afirmación, con absoluta naturalidad y sin el menor asomo de dudas, provino del presidente Raúl Castro durante una sesión plenaria de la Asamblea Nacional en diciembre de 2010. «¿Por qué tenemos que meternos en la vida de la gente?», se preguntó y preguntó el presidente cubano, y hubo aplausos. Este simple argumento, que explica ciertas reformas recientes y debiera arrinconar a la rancia ideología y al vetusto «manual de gobierno», que sacude incluso al simple ciudadano común, es quizás la expresión más importante que he escuchado del gobierno en mi país en mucho tiempo —con independencia del contexto en que fue dicho—. Y fue bueno decir allí, donde se reúnen los que se comprometieron a legislar en Cuba, que el Estado debe respetar la libertad individual, que no es concedida por ningún poder establecido pues es connatural al ser humano, como la piel o los sentimientos; fue bueno decirlo allí porque quienes componen las estructuras del Estado o del Gobierno deben respetar esa libertad, y porque la misión del funcionario público —sería mejor decir servidor público— no es hacer más difícil y complicada la vida de los ciudadanos que dice representar con negativas frecuentes, sino servirles y ayudarles en su búsqueda de la felicidad, y estimular los nobles propósitos alcanzables solo con el uso apropiado de la libertad, porque esos propósitos nobles del individuo son los que enriquecen, material y espiritualmente, la nación de todos. No es el Estado por sí mismo quien logra el progreso y el desarrollo del país, sino los ciudadanos por medio de las leyes oportunas y estimulantes que promueve y aplica el Estado.

No se trata de eliminar todas las leyes y restricciones, porque si bien la ley no debe entorpecer la libertad, la libertad verdadera necesita de la ley. Pero también el poder necesita normas que controlen su alcance de modo que no exceda ciertos límites, como aquellos que, precisamente, protegen la libertad y el derecho individual. Así como la libertad de cada individuo queda limitada por la libertad de otros individuos, la libertad del poder debe quedar limitada por la libertad de los ciudadanos. A mayor libertad ciudadana mayor legitimidad del poder, y viceversa.

Si el propósito es aligerar la enorme carga económica que lastra hoy al Estado cubano, que los ciudadanos alcancemos el bienestar espiritual y material al que tenemos derecho y el país se enrumbe en un camino de progreso y desarrollo, es necesario continuar ampliando los espacios de libertad individual y social, eliminando cuanta restricción sea necesario eliminar; de modo especial aquellas que, pretendiendo impedir la riqueza legal, estimulan el enriquecimiento ilegal.

El modelo político existente en Cuba ha puesto límites excesivos a la libertad, más bien hemos padecido de una superproducción de leyes restrictivas y regulaciones desmedidas. Sí, hemos oído que se justifica con razones de Estado, lo colectivo sobre lo individual o la unidad ante una amenaza externa tan poderosa y tan próxima, y algún argumento más. Pero el hecho cierto es que no pocas cuotas de libertad individual y social han sido suprimidas y el costo, individual y social, ha sido alto, demasiado alto. Y peor aún, hemos aprendido a convivir —unos más y otros menos— con estos excesivos límites a la libertad, al punto de sentirnos extraños, y hasta comportarnos con cierta torpeza, cuando tenemos nuevas oportunidades y más libertades.

Debemos aprender a amar la libertad, porque amándola aprendemos también a respetarla en nosotros y en los demás. No basta ser culto para ser integralmente libre. Con la cultura y la educación se puede garantizar la *libertad de* la ignorancia, pero no se garantiza la *libertad para* ejercer el conocimiento adquirido y la propia habilidad natural si existen demasiadas prohibiciones cuando ya hemos dejado atrás el desconocimiento de las letras y las ciencias. La libertad integral no es solo aquella autonomía o libertad interior que pueden experimentar los mártires del cristianismo, un enfermo impedido de caminar o un preso maltratado por sus carceleros. La libertad integral inherente al ser humano y querida por Dios, la libertad responsable para realizar el bien y alcanzar las nobles aspiraciones personales y grupales en la sociedad, necesita expresarse públicamente, y ser amada, cultivada, protegida y transmitida, como la vida misma, también entre nosotros.

Noviembre de 2012.

OTRO SINCRETISMO Y SU DILEMA: UNA OPORTUNIDAD REAL

Es difícil, por no decir imposible, pretender resumir en pocas palabras el contexto cubano actual. No se puede «atrapar con el cerebro» una realidad tan diversa, compleja y contradictoria como la que vivimos hoy en Cuba, y definirla de modo unívoco. Y esto no es malo, más bien todo lo contrario, pues refleja la heterogénea composición social, que aflora y se percibe cada vez más diversa como no lo habíamos visto antes, aunque nunca fue tan homogénea como algunos querían hacernos creer.

Del mismo modo, lo que ocurre es indicativo de la quiebra, o transformación, de un molde social, político y económico, aunque no veamos de manera clara el nuevo molde que lo habrá de sustituir.

Me atrevería a decir que, si hay algún término para sintetizar el contexto cubano actual, este sería *sincretismo*. Este vocablo es bien conocido por nosotros pues con él nos referimos a la pretendida síntesis del cristianismo católico con la santería o ritos religiosos afrocubanos, pero su significación primera no fue esa.

Cuenta la tradición que los antiguos cretenses, aquellos adversarios entre sí, solían dejar las diferencias a un lado cuando era necesaria la alianza para luchar contra un tercero. Este intento por conciliar diferencias e intereses opuestos para lograr un fin conveniente para todos, se llamó *sygkretismós*, sincretismo. Con el paso del tiempo se definió así a los sistemas filosóficos y las creencias religiosas que tratan de conciliar doctrinas diferentes, aunque esto pocas veces es posible.

Así, percibo y entiendo nuestro contexto cubano actual. La sociedad cubana está cambiando, efectivamente, y transita por un período de sincretismo en que voluntades y voluntarismos, realismos e idealismos, tanto como concepciones políticas opuestas en apariencia, conviven a un tiempo y comparten también el espacio. A veces con más conciencia de las diferencias, otras no tanto. Se sabe que el modelo, tal cual se impuso por cinco décadas, es ya insostenible e ineficaz para el desarrollo, lo cual habían «descubierto» hace ya muchos años socialistas este-europeos y asiáticos. De ahí el creciente esfuerzo por «actualizarlo» o reformarlo.

Sin embargo, el pavor y estremecimiento que produce en algunos todo aquello que parezca «capitalismo» dificulta el paso firme de las reformas. Porque toda ideologización excesiva, del tipo que sea y en el lugar que sea, genera distorsiones visuales o interpretativas de la realidad, que mantienen a la persona que así lo percibe y a las instituciones a su disposición, en una actitud puramente defensiva, en la cual emplean y derrochan todas las energías, las mismas que pudieran emplearse en el progreso y desarrollo de la sociedad, entre esta y las personas, y entre las sociedades. Pero al mismo tiempo no se puede vivir negando lo que conocemos como «capitalismo» —para otros se trata de economías basadas en el mercado—, o evitar relacionarse con aquellos países así considerados, pues sería como suicidarse en el mundo de hoy.

Ese es el dilema que enfrentamos. Todo sincretismo lleva en sí el dilema, y nos pone cara a cara con propuestas distintas que pretenden, cada una por sí misma, alcanzar el bienestar deseado. Y el dilema quizás sea mayor no cuando se presentan dos o más propuestas, sino cuando se ha vivido siempre creyendo y ofreciendo una única propuesta y esta es cuestionada y confrontada por una realidad distinta. Tal vez eso explica por qué algunos pretenden no despertar de un viejo sueño deshecho, mientras nuevos sueños buscan realizarse; por qué llamamos cuentapropismo a la empresa privada por pequeña que sea; o el esfuerzo ideológico de algunos por lograr una mixtura martiana-marxista-leninista, a pesar de las marcadas y comprobables diferencias entre el cubano y el alemán interpretado a su vez por el ruso, en relación con la sociedad y el hombre; o por qué se toman necesarias medidas para liberar el aparato estatal del lastre que representan cientos de miles de empleos improductivos e innecesarios, lo cual debe generar y potenciar un mercado laboral no estatal o privado, pero no todos tienen derecho a ello en estos momentos. Ese sincretismo igualmente pudiera revelar por qué se espera crear riquezas, pero no ricos; y tal vez sea la razón por la cual se espera obtener una fuerte inversión extranjera, pero no aparecen aún las garantías que la propicien. Pudiera haber otros ejemplos.

Pero este sincretismo debe ser transitorio. ¿Cómo llevar adelante una actualización económica que demanda introducir mecanismos de mercado, libre contratación, eliminación de subsidios y cobro de determinados servicios, aumentar la inversión extranjera, hacerse cada vez más competitivo en el mundo actual, disminuir el paternalismo de Estado y el burocratismo, medidas todas necesarias y presentes en el discurso oficial, y al mismo tiempo exigir a las nuevas generaciones una sólida preparación político-ideológica basada en el marxismo-leninismo, propuesta y práctica que condicionó toda la vida política, y por tanto económica, social, cultural y espiritual de la nación, lo cual derivó en una realidad que hoy deseamos superar?

No se puede servir a dos señores, como afirmó Jesús hace dos mil años. El modelo económico podrá ser actualizado, y tendrá éxito, tanto en cuanto se actualice el modelo político, de modo que el último no niegue o contradiga al primero. Ambos son inseparables y se necesitan entre sí, como las piernas de un cuerpo: sólidas al tiempo que flexibles, capaces de articularse y llevar un paso ordenado y armonioso. Es cierto que algunas medidas económicas van superando ya ciertas concepciones políticas, pero no se debe pretender ignorar la conveniencia para el país de estas prácticas del mercado, o tolerarlas como un mal menor, y mantener un discurso político desactualizado que puede frenar, y hasta hacer retroceder, el potencial que hoy se invita a alcanzar. Sería como pretender caminar hacia delante manteniendo la vista atrás. Es imposible o, en el mejor de los casos, se logran solo tropiezos, caídas o movimientos erráticos sin avance real.

Pero tal sincretismo es un paso de avance respecto a un pasado cerrado y monocromático, y puede ser el preludio de un contexto totalmente renovado y más plural, en el que sea posible enaltecer, defender y mantener por igual tanto los derechos y libertades sociales como individuales. En otras palabras, un estadio social en el que, por un lado, preservemos aquellos beneficios y derechos sociales promovidos y desarrollados por décadas en Cuba a los que nos acostumbramos y asumimos como garantizados, y por otro se nos permita promover y enaltecer los derechos y libertades individuales, porque se reconoce en ello un derecho de cada cubano, así como la posibilidad de enriquecer y potenciar el bienestar material y espiritual de la sociedad. No es necesario proponerse descubrir «la tercera vía», basta solo con encontrar la vía propia, que incluya lo mejor de cada tiempo, que preserva las mejores tradiciones sin temor a crear otras nuevas.

El capitalismo es capaz de generar riquezas y desatar toda la capacidad creativa del hombre, lo mismo para el bien que para el mal. Puede generar bienestar para todos, pero no es democrático en su esencia, pues su fin no es la justicia, sino el enriquecimiento por medio del capital que obtienen los más creativos, o los más inescrupulosos; es por ello que necesita las bridas de un Estado capaz de mantener el equilibrio social con medidas que garanticen la sociabilidad de la riqueza.

El socialismo, tal como lo conocimos, no podía en realidad alcanzar el bienestar y el progreso de todos, aunque lo afirmara, pues su fin era la lucha de clases para cambiar el viejo orden, sin dudas injusto, mediante una revolución social que destruiría hasta los cimientos de la antigua sociedad burguesa, creando así nuevas injusticias. Para ello debía mantener una lucha constante contra los fantasmas del pasado, un desgaste perpetuo de energías reclamando siempre el sacrificio y la renuncia al derecho individual en bien de unos derechos colectivos que garantizarían la renuncia a las diferencias, de modo que todos pudiéramos caminar en pos de una felicidad colectiva tan imprecisa como el tiempo que tomaría alcanzarla. Y esto en realidad convertía el medio en el fin: el «paraíso proletario» se hizo inalcanzable. Ni el propio Carlos Marx pudo explicar cómo llegar allí.

Para bien de todos, el Gobierno cubano debe seguir impulsando con vigor los pasos de lo que se ha dado en llamar «actualización del modelo», pues no basta con ver la luz al final del túnel si nos quedáramos parados a mitad de camino. Recientes medidas tomadas en beneficio de la ciudadanía, y otras que se anuncian, deben y pueden ayudar en el crecimiento material y espiritual, individual y social; también servirán para aumentar nuestra relación e intercambios de todo tipo con otras sociedades y ciudadanos. Nuevas oportunidades, patrones de vida y conocimientos, generarán a su vez nuevas demandas y, por el mismo hecho, nuevas respuestas y nuevas medidas.

Quizás nuestro sincretismo actual nos lleve a una verdadera combinación de positividades presentes en las dos filosofías o modelos sociales opuestos. Una economía mixta no es ajena al mundo de hoy, tal vez debiéramos en verdad intentarlo, sin más límites que los que demandan el derecho y el bienestar individual y social. ¿Puede existir igualmente una propuesta política mixta? No conozco. Lo importante es estar atentos a las humanas necesidades y auténticas demandas individuales y sociales presentes hoy en nuestra sociedad, demandas muy distintas a las de la Europa del siglo XIX, incluso marcadamente distintas a las de la Cuba de hace cincuenta o quince años. En esto pudiéramos aplicar también el mismo principio que se aplica a la cuestión socioeconómica: que nadie quede abandonado. Como los antiguos cretenses, debiéramos dejar de lado algunas diferencias para lograr un bien común: el bienestar del país todo y, de una vez, con todos.

Febrero de 2013.

LA VIDA NO ES UN ENSAYO

El anciano pidió enseguida la palabra, no quería ser ni el segundo ni el quinto, sino el primero en intervenir cuando se comenzara a debatir el primer panel del evento «Un diálogo entre cubanos», convocado por *Palabra Nueva* en abril del pasado año. Preguntó cuándo se pondrían en práctica algunas de las propuestas del documento «La diáspora cubana en el siglo XXI», y habló de las rumoradas reformas migratorias que esperamos por tanto tiempo, del reencuentro natural e integral entre los cubanos separados por la emigración, y de las reformas económicas que permitieran una participación amplia y total de los interesados, de dentro o de fuera, por el bien de la Isla: «¿Cuándo será eso? ¡Porque ya yo no tengo mucho tiempo!», dijo para concluir su intervención.

Y dijo más... Su exposición sorprendió a unos cuantos, no por lo que dijo sino por quién lo decía. Pero si él precisamente no tenía respuestas, nadie en la sala las tendría. Revolucionario y comunista de siempre, Alfredo Guevara volvió a acomodar el saco sobre los hombros y el cuerpo en la silla, probablemente sabiendo que no habría respuestas. Pienso que solo quería compartir su angustia con los demás, una angustia que no tiene colores políticos ni ideológicos, porque es, esencialmente, angustia humana, aunque aquellos la provoquen. Y es cierto que no tuvo tiempo; meses después murió, aunque alcanzó a ver la eliminación del injusto permiso de salida que sí le molestaba aunque no lo sufriera directamente. Otros muchos han muerto sin haber visto siquiera las incipientes reformas actuales, habiendo vivido siempre bajo el peso de las prohibiciones y los controles, los mismos que aún desean mantener los seguidores disciplinados de un polvoriento manual que no incluye un capítulo para hacer la vida normal a los ciudadanos.

La categoría tiempo es demasiado importante como para no darle la atención que merece. Con todo respeto pienso, luego digo, que este proceso de reformas o actualización, debería ser con prisa pero con pausas: con prisa para avanzar de forma expedita y sin titubeos, pero con las pausas estrictamente necesarias que posibiliten redireccionar el cauce o apartar los obstáculos estructurales o humanos que impiden el avance.

Si pensamos en la situación cubana de hace siete años, no es tan difícil reconocer los cambios ocurridos en la sociedad, casi todos de orden económico, pero con repercusiones en el orden social y, de algún modo, en lo político. La decisión más importante y digna de todo reconocimiento, ha sido la de eliminar el permiso para viajar al exterior —salvo en casos que restringe la ley—, porque a pesar de otros controles que todo Estado ejerce sobre los ciudadanos, este es un importantísimo reconocimiento a la libertad de movimiento de los individuos, derecho humano fundamental, tanto como el derecho a la salud o la educación, garantizados ya desde hace mucho tiempo. Pero ese y otros cambios, por ser tantas las carencias y las restricciones acumuladas, resultan apenas perceptibles mientras no beneficien a un sector cada vez más amplio de la población, ni incidan en los índices económicos.

La actual propuesta de alcanzar un «socialismo próspero y sostenible» indica, nada más y nada menos, que antes habíamos vivido un socialismo no próspero e insostenible. Y no es poca cosa, porque el *antes* significa cinco décadas, el tiempo de más de tres generaciones de cubanos. Basta ver lo que podemos hacer en cinco minutos —desde nacer o agonizar hasta la muerte, escribir un mensaje, leer una noticia, levantar un pedazo de pared o ayudar a un amigo—, para reconocer la importancia del tiempo. Duele demasiado saber que no lo hemos aprovechado como debíamos, porque no se trata de un bien material que puede ser recuperado en otro momento. El tiempo perdido no vuelve porque nunca lo hemos poseído, no podemos recuperarlo ni adquirirlo en propiedad, tan solo medirlo y ocuparlo bien o mal, nada más.

De modo que cuando hablamos de recuperar el tiempo, en realidad indicamos la voluntad de aprovechar mejor el tiempo presente. Se puede hacer en el presente lo que no se hizo en el pasado, pero las ventajas de hacerlo hoy ya no benefician del mismo modo ni a las personas ni a la sociedad, ni tienen las mismas consecuencias, porque el tiempo de las personas que ya no están entre nosotros, sus energías y capacidad de respuesta, se fueron con ellas, a la tumba o a otro país.

Por ello es importante que el proceso de reformas iniciado avance de forma expedita. Es comprensible que se intente evitar el desbordamiento, o el desboque de los «caballos del mercado», pero tal criterio no puede pesar más que las urgencias económicas y existenciales de las personas, las familias y el país; ni tampoco impide —más bien fomenta— la burocracia, el mercado negro y el enriquecimiento ilícito. Hallar el punto de equilibrio entre las consideraciones políticas y las demandas ciudadanas es siempre el reto de todo servidor público, y eso es precisamente lo que le permite lograr la confianza ciudadana.

La cuestión del tiempo en este proceso de reformas es importante por varias razones. Primero, porque lo que se ha anunciado, por muy escaso de especificidades que haya sido, suscita expectativas muy naturales en una ciudadanía preparada para conquistas mayores, pero con espacios muy limitados y mordida por el desaliento; y el desaliento ciudadano no es buen aliado de nadie ni de nada.

Segundo, porque a pesar de lo puesto en práctica, los indicadores económicos y la canasta familiar siguen siendo escuálidos.

Tercero, porque no se puede aspirar a construir un país y una sociedad prósperos, si no se posibilita la existencia de ciudadanos prósperos y no se abren las puertas a las fuentes de finanza que generen prosperidad, lo cual no elimina la propuesta de la función social de la riqueza. La idea de un país rico sin ciudadanos ricos puede parecer original pero no lo es, pues eso fueron la Unión Soviética y la China de Mao: países de grandes riquezas habitados por pobres.

Cuarto, porque las estadísticas y pronósticos nos anuncian, sin disimulos, que para el 2030 seremos un país con el 30 % de la población con más de sesenta años, similar a algunos países desarrollados pero con una peculiar diferencia: nuestro tercio en edad adulta y no productivo, sería un sector pobre en un país subdesarrollado y pobre.

Quinto, porque si lo anterior se cumple como se pronostica, tal vez el mejor modo de enfrentarlo sea crear condiciones que, por un lado, estimulen la natalidad y, por otro, desincentiven la emigración e incentiven la inmigración de gente más joven dispuesta a trabajar e invertir aquí capital y conocimientos, incluidos cubanos emigrados dispuestos a regresar.

Sexto, porque es una pérdida de tiempo insistir en la ineficacia probada de la propiedad estatal sobre toda rama de la producción y los servicios; resultan demasiado aburridos y absurdos los mismos llamados a la eficiencia, el control y la disciplina laboral en las empresas estatales, publicados en la prensa oficial hace veinticinco años o la semana pasada.

Séptimo, porque la desventaja económica y tecnológica, tanto del país como de los ciudadanos, nos coloca en una posición vulnerable ante la necesidad de insertarnos en una economía globalizada y la posibilidad del levantamiento del embargo-bloqueo de Estados Unidos.

Octavo, porque la estabilidad económica y la prosperidad personal y familiar, pueden ser un medio eficaz —no el único— para ese noble fin de recuperar determinados valores ausentes hoy en la sociedad; *la necesidad carece de ley*, según el viejo apotegma, y muchas de esas conductas antisociales e inmorales son provocadas, en parte, por las escaseces materiales acumuladas generacionalmente y sus consecuencias: el robo en las entidades estatales, la imposición de controles que contradicen la libertad que se pretende defender, el irrespeto a la autoridad, el tráfico de influencias de quienes ocupan altas responsabilidades y obtienen bajos salarios, la falta de viviendas o el deterioro urbano.

Noveno, porque acelerar la reforma o actualización y generar riqueza, sería el mejor modo de detener, y remontar después, la decadencia de los dos sectores más importantes de la sociedad: la salud y la educación.

Y décimo —y no menos importante—, porque cuanto más avanzado esté el proceso de reformas, más propicio será el escenario para quienes tendrán la responsabilidad política de conducir el país en el futuro inmediato. Tienen razón los obispos cubanos cuando afirman que «la mejor herencia que podemos dejar a las generaciones futuras es [...] trabajar por lograr un presente mejor»[1].

«La economía, estúpido», fue la frase ya antológica de James Carville, estratega de la campaña electoral de Bill Clinton, que dio el repunte y la victoria al candidato demócrata en 1992 sobre el aparentemente imbatible George Bush, entonces más preocupado por la política internacional. Y es cierto que la economía es muy importante, como lo demuestra este mismo proceso de reformas o actualización que intenta, además, poner orden donde ha prevalecido por tanto tiempo el desprecio a las leyes económicas, y no por falta de talentos y buenos criterios de especialistas formados aquí mismo y pocas veces tenidos en cuenta.

---

[1] Carta Pastoral de los obispos católicos de Cuba «La esperanza no defrauda», n. 22, *Palabra Nueva*, No. 232, Año XXII, La Habana, septiembre-octubre 2013, pp. 4-10.

Pero para la Iglesia y el cristiano, la esencia del tema es más compleja y rica. Contrario a lo que algunos suelen con cierta ligereza interpretar, no se trata de un favoritismo por el mercado y el rechazo a políticas que buscan mantener en el mínimo posible las brechas sociales. Ya sabemos que, entre nosotros, las críticas no oficiales, ciertos señalamientos de orden social o simples llamados de alerta, pueden ser interpretados por algunos como postura de enemigos. Para la Iglesia y para mí en lo personal, no se trata de una elección teológica entre capitalismo y socialismo, ni de reducir la cuestión a meros índices económicos o gritos de denuncias de masas.

Hay algo que está por encima de la economía, la política y los partidos: es la persona, es el ser humano el centro de la cuestión, el sujeto supremo en la lista de prioridades, el eje alrededor del cual se genera y adquiere su auténtico valor, todo proyecto social. *Creado libre por Dios para vivir siempre en libertad*, para buscar la verdad y emprender acciones que lo dignifiquen en cuerpo y en espíritu, es el ser humano, en su condición individual y social, quien debe ocupar siempre el foco principal de toda acción política, económica, cultural y social. Ante la libertad y la dignidad del hombre, de todos los hombres, todo proyecto social solo es útil si las reverencia y las sirve.

Esa libertad y dignidad han de prevalecer en el tiempo que vivimos en este mundo y la vida no es un ensayo, tenemos la oportunidad de vivirla una sola vez, y ese tiempo es sagrado.

Noviembre de 2013.

VALORES

En una esquina habanera, una valla propagandística —las nuestras no son publicitarias— muestra un dibujo con el siguiente mensaje: «Haz bien y no mires a quién». Suena bien al leerlo y escucharlo, o más bien reescucharlo. Es una de esas viejas frases que cayeron en desuso cuando se cuestionaron y acabaron muchas tradiciones, el tiempo de las ceremonias y las formalidades, el gusto por el vestir con decencia, el respeto por los mayores y el pan con frita. Lo último alimenta el cuerpo, o entretiene al estómago, pero lo anterior alimenta el espíritu de la sociedad, protege la convivencia y contribuye a la paz social.

El empuje revolucionario no soporta los moldes, necesita, como su nombre indica, sofocar las tradiciones, y desordenando la sociedad establece el nuevo orden social. Y a ese «nuevo orden» surgido del desorden impuesto sobre la vieja sociedad, fuimos convocados todos los ciudadanos, niños, jóvenes y adultos. En los niños y jóvenes tuvo su mayor impacto la convocatoria, porque vivir la «liberación» de las normas sociales y del control paterno ha sido siempre agradable a los jóvenes, y fue aquí para muchos el modo juvenil de vivir y ser parte de la transformación revolucionaria.

La inicial movilización para la alfabetización generó la sacudida de buena parte del espíritu clasista que pervivía. La luz del farol chino que iluminó al alfabetizador y al alfabetizado, generaba la sombra sublime de la solidaridad y de la dignidad que iguala a los hombres. Fue una buena movilización y arrojó buenos resultados. Pero como la revolución debía ser permanente en el tiempo, también permanente debía ser la movilización, y ya los resultados fueron otros, para los movilizados y para la movilizada sociedad. Y como dice Jesús en el evangelio, «el espíritu es fuerte, pero la carne es débil». No faltó la disposición, pero cuando la carne no pudo soportar el peso demandado, cuando la exigencia del nuevo orden y sus movilizaciones superó la capacidad humana del débil a quien le fue imposible igualarse al más fuerte, cuando la convocatoria movilizadora penetró la propia conciencia y violentó el terreno sagrado de lo individual y familiar, el espíritu de muchos también se debilitó y aprendió a mentir, porque era el único modo en que el cuerpo podía «cumplir» con la convocatoria y estar a la altura demandada por el nuevo orden: la mentira se hizo viral y nos contaminó. Hoy le llamamos doble moral.

El fraude de un examen de matemáticas para ingresar a la Universidad fue noticia publicada el pasado abril, pero es algo bastante frecuente desde tiempo atrás, aunque no se publicara. Después de exigir durante décadas a los maestros no tener alumnos suspensos para mantener alta la promoción escolar, o condicionar después el salario a la misma promoción escolar, lo cual abrió las puertas al oportunismo de algunos profesores para obtener «regalos» a cambio de promociones, o chantajear denigrantemente a los alumnos por igual propósito, logramos enviar a los preuniversitarios y universidades un número considerable de estudiantes cuyas calificaciones no eran el resultado del esfuerzo personal que quita horas al sueño o al entretenimiento, y mantuvimos en sus puestos a unos cuantos profesores inmorales, muchos de ellos exalumnos que practicaban ahora lo que otros profesores les hicieron a ellos antes. ¿Por qué la sorpresa ante este fraude? Durante años desviamos la mirada, cambiábamos el foco del lente y apuntábamos a otro lugar, a algo bonito, pero el monstruo de la falsedad siguió creciendo hasta alcanzar proporciones inocultables para el lente, forzado ya a mostrarlo.

A esta hora es posible que «los cinco profesores», y algunos más, hayan sido sancionados. Y es reprobable el acto, y condenable, pero para quien ha crecido en el fraude, lo moral es un peso innecesario, una molestia para la vida diaria y la sobrevivencia. Y ya no importan aquí los bajos salarios y las urgencias materiales, porque una vez que se cruza de modo reiterado la línea que divide lo correcto de lo incorrecto, sea involuntaria o voluntariamente, para sobrevivir o para cumplir una orden, ya no habrá más cuestionamiento ético a la propia conciencia, individual y colectiva, todo puede ser relativizado, la verdad es ignorada, la autoridad es burlada por la espalda aunque de frente se le aplauda, el engaño será común y ordinario, tanto como respirar y «resolver». La amoralidad, como marabú social, nos reta e intenta prevalecer.

Casi todos hemos sido víctimas y cómplices del engaño y del fraude. Fraude cometíamos cuando en la escuela al campo declarábamos falsamente haber cumplido la norma dejando detrás un daño que provocaba angustia en el guajiro; fraude comete el joven que declara su vocación sacerdotal y espera la primera oportunidad de estudios en el exterior para convertirse en emigrante; fraude es asegurar a los cubanos más pobres o de menores ingresos, que el transporte público mejorará, cuando los cubanos con más recursos compren los automóviles liberados, sabiendo que eso no ocurrirá mientras se mantengan esos precios de burla, que deberían al menos avergonzar a los fabricantes, ya que no avergüenzan a quienes los venden o decidieron tales precios.

Muchos sinónimos tiene la palabra fraude: estafa, falsificación, timo, robo, engaño, trampa, simulación, falacia…, y un solo antónimo basta: verdad. Es la verdad lo que debemos buscar y elevar, porque solo así llegaremos a las causas de los males que nos aquejan. Si solo continuamos despidiendo o encarcelando a defraudadores o ladrones, sin esforzarnos por eliminar las causas que los conducen a delinquir, seguiremos arando en el mar. Combatir solo los efectos no impedirá la reproducción del vicio y el mal social si no se actúa sobre las causas. Todos debemos sentirnos responsables, o al menos asumir la cuota de responsabilidad que nos toca y actuar según nuestras posibilidades.

Hemos oído un llamado a rescatar valores, es decir recuperar cualidades personales y sociales perdidas. Los valores pueden ser atributos añadidos por la familia y la sociedad a los individuos desde sus primeros años, y quedan como marca de hierro candente en el alma del ser humano y condicionan su actitud y respuesta a los desafíos y retos de la vida personal y social, pero se pueden perder. Y cuando no se añaden valores, se añaden contravalores, que siempre son dañinos y también permanecen.

Valores como *honestidad, lealtad, respeto, solidaridad, tolerancia,* entre otros, son útiles para la convivencia social. Pero si no se trata ahora de meras consignas, entonces deberíamos ir un poco más a fondo, hasta aceptar ciertos valores que son inherentes a nuestra condición humana, valores que son fuente de la cual brotan otros valores individuales y sociales que queremos recuperar. La Doctrina Social de la Iglesia considera estos valores como de alta prioridad para combatir lo que llama el pecado social, es decir el mal social, y para promover la sana convivencia, el progreso y la paz social. Estos valores, que no desconocen ningún otro valor, sino que más bien los asumen y los posibilitan, son: *la verdad, la libertad, la justicia* y *la caridad*.

La convivencia entre los seres humanos, cuando se funda en la verdad, es sana y fecunda, y más nos alejamos de la arbitrariedad y la confrontación cuando buscamos resolver los problemas sociales de acuerdo con la verdad que radica en el origen de esos problemas. La transparencia y honestidad, tanto en lo personal como a escala social, es fundamental para la sana convivencia, y en esto tienen un papel esencial los medios de comunicación. Una población como la cubana, bastante entrenada por la escuela de los libros y de la calle, de naturaleza aguda y vivaz, capta rápidamente la mentira o la manipulación de la información, la amputación de la verdad y la diferencia entre lo público y lo publicado.

La libertad es sagrada y es signo «eminente de la imagen divina del hombre»[1]. Todos tenemos derecho a ser considerados libres y responsables, tanto si creemos que es la voluntad de Dios o no. La libertad de cada uno, por otro lado, solo se expresa cabalmente cuando se reconoce la libertad del otro, lo cual crea lazos de reciprocidad que unen y generan respeto, para cerrar así las puertas al individualismo arbitrario, pues la libertad, como valor, debe ser también expresión de rechazo a todo acto negativo que atente contra la dignidad individual y social. Teniendo en cuenta lo anterior, la libertad, como cualquier otro valor, necesita ser reconocida y practicada públicamente, de modo que cada persona pueda realizar o buscar responsablemente su propia vocación, expresar sus propias ideas, decidir plenamente sobre su vida en el orden religioso, económico, cultural, social y político, siempre dentro de un marco legal justo.

La justicia, para un cristiano, manifiesta «a la voluntad de dar a Dios y al prójimo lo que les es debido»[2]. Pero creyentes y no creyentes podemos coincidir en la necesidad de reconocernos todos como personas dignas, con iguales derechos y deberes, merecedoras de trato justo. Cuando, en condiciones como las actuales, la dignidad y derechos de los ciudadanos pueden quedar supeditados a criterios utilitarios de tipo político o económico, la justicia como valor personal y social requiere particular cuidado para que no sea reducida o desvirtuada. Aunque haya sido definida, redefinida y actualizada según las épocas (justicia conmutativa, distributiva, legal, social,

---

[1] Concilio Vaticano II: Constitución pastoral *Gaudium et spes*, sobre la Iglesia en el mundo actual, n.17, Madrid, edición oficial promovida por la Conferencia Episcopal Española, Biblioteca de Autores Cristianos, MCMXCIX, p. 253.
[2] *Catecismo de la Iglesia católica*, n. 1807, Santo Domingo, Librería Juan Pablo II, 1993, p. 409.

restaurativa, etc.), la justicia no es una simple norma académica, pues lo justo es inherente a la persona y su dignidad, siempre anterior a la ley.

La verdad, la libertad y la justicia, son así valores que sustentan el edificio humano y social. Estos valores son garantía de paz y ordenada convivencia, pues todos compartimos la misma naturaleza racional, aspiraciones, intereses, espacio y tiempo, sin que nada sugiera que unos somos superiores a otros, cualquiera sea nuestro lugar en la sociedad. Mas todos estos valores, a su vez, necesitan de ese otro que la Iglesia llama caridad. No es necesario tampoco ser creyente para reconocer el amor como la única virtud capaz de apelar y movilizar la bondad presente en todo ser humano.

Si potenciáramos y privilegiáramos esos valores, fuente originaria de otros valores, creo que podríamos ahorrarnos muchas incomodidades y desilusiones, confrontaciones y conflictos, ataques y castigos, y hasta aprovechar mejor nuestros limitados recursos económicos. Podríamos tener y compartir una vida y sociedad mejores. Y no estaría mal promoverlos en nuestras vallas propagandísticas.

Junio de 2014.

LA ACTUALIZACIÓN Y EL FANTASMA QUE RECORRÍA EUROPA

En algún lado escuché un chiste «soviético», creo que de la era de la perestroika. Era más o menos así: Ante la grave crisis económica, el camarada jefe del Partido en la región decidió abrir un nuevo centro nocturno para recaudar divisas, la oferta incluiría también bailarinas ligeras de ropa. Transcurrido algún tiempo, se convoca una reunión de evaluación y se comprueba que los resultados no eran los esperados, los turistas se retiraban enseguida y las recaudaciones eran mínimas. «¿Han hecho los análisis de rigor, de la calidad del servicio ofrecido y de las bailarinas?», preguntó el camarada jefe y convocante de la reunión al camarada del Partido encargado de poner en práctica el experimento: «Ya lo hemos hecho camarada —respondió el inquirido—. Ofrecemos el mejor caviar y los mejores vodkas, y las camaradas bailarinas han sido seleccionadas de entre las más veteranas y confiables del Partido en el territorio. No entiendo por qué no logramos cumplir nuestro plan».

Se trata del viejo dilema que surge con frecuencia al intentar aplicar métodos nuevos en estructuras viejas. «Nadie pone un remiendo de tela nueva en un vestido viejo —dice Jesús en el evangelio—, porque entonces el remiendo al encogerse tira de él, lo nuevo de lo viejo, y se produce una rotura peor» (Mc 2, 22). O como dice la sabiduría campesina: «No se puede amarrar mulo en ventana vieja».

Evidentemente, las personas no son telas ni ventanas viejas, son personas, seres humanos dotados de capacidad racional y, mientras vivan, con algo de esfuerzo pueden adaptarse a las nuevas circunstancias. Pero esas adaptaciones no se dan por decreto, y no todos logran o desean adaptarse a las nuevas circunstancias. El camarada jefe del chiste, que tenía una visión más realista del contexto, rompió con ciertos dogmas inútiles y propuso métodos nuevos en correspondencia con las nuevas urgencias, pero se topó de lleno con las viejas estructuras partido-estatales, demasiado rígidas e ideologizadas para interpretar los nuevos tiempos y adaptarse a ellos. No todos estaban preparados para decidir por sí mismos y aportar ideas frescas a la novedosa propuesta.

La realidad supera al chiste. A la par con el lento avance de las reformas económicas o «actualización del modelo», entre nosotros crecen tanto la emigración de jóvenes como el envejecimiento poblacional (crisis agudizada a mediano plazo), al tiempo que no falta el llamado de algunos economistas a acelerar de forma decidida el proceso de reformas. Lograr el progreso y mantener en mínimo la brecha entre los que tienen más y los que tienen menos es un reto grande. Pero creo que una gran dificultad puede estar en otro lugar: ¿cómo convencer que se debe cambiar lo que fue concebido para no ser cambiado jamás? Ciertamente es muy difícil.

Quizás eso explique, o ayude a comprender —no a justificar—, el lento avance de las reformas económicas en nuestro país. Hasta cierto punto, se comprende que haya motivos para proceder con cautela, si se mira la experiencia de la desaparecida Unión Soviética y todo el sistema socialista del Este de Europa. Incluso en la propia Unión Soviética, cuando algunos líderes del PCUS se planteaban la necesidad de reformar la política económica y modernizar al país, se encontraron con el mismo dilema, pues los cambios económicos implicaban cambios políticos. En realidad, cada cambio en el orden económico, por mínimo que fuera, para los líderes del sistema significaba un cambio en el orden político, y tenían razón. Entonces reducían el problema a elegir entre el progreso individual y social o mantener el control del Partido sobre toda la sociedad.

El Partido siempre optó por el control como dictaban los cánones, pero al final este también se perdió, porque cristalizado en su rigidez y falta de decisión oportuna incrementó la crisis, primero económica, y después moral, social, política, total del sistema. También allí se añadía una particular complejidad decisiva: el nacionalismo de las repúblicas federadas que antes habían sido anexadas, cuya negativa a ser segundonas del centralismo del PCUS a favor de Rusia, crecía con el tiempo. Al final esta combinación del nacionalismo periférico y la debilidad económica del sistema, se impuso sobre el centralismo partidista, lo desconoció e ignoró, y este implosionó. La URSS no feneció apuñalada por la espalda, más bien murió como la madre que no supo ser, abandonada por patrias ajenas que una vez robó y amamantó, y por la propia patria que la parió y no supo cuidar, Rusia. La URSS murió deshidratada en medio de un salón lleno de sueros de glucosa, desconectada y rodeada de energía.

Aunque hemos visto entre nosotros expresiones y acciones de parte del gobierno que denotan voluntad para poner en práctica ciertas reformas económicas que urgen al país, estas son acompañadas de obstáculos y restricciones que impiden su éxito. Se trata de un «sí-pero-no» desconcertante, pero tal vez explicable. La explicación que encuentro, desdeñando segundas intenciones, la hallo en la excesiva preponderancia otorgada a aquel «fantasma que recorría Europa» a mediados del siglo XIX, y que el joven Carlos Marx —no había llegado a los treinta años— no solo bautizó al nombrarlo comunismo científico, sino que además lo definió como garantía de felicidad perpetua para el obrero, proyecto sagrado e invariable para la posteridad que él mismo nunca vivió. Así lo asumió Lenin, cuya reinterpretación de la obra se impuso en todo el bloque socialista euroasiático, y llegó también a nuestra isla, como nueva religión. Pero los errores genéticos del proyecto han resultado decisivos.

No me gusta especular sobre la «historia» que no fue, pero al haber sido esta la propuesta que marcó buena parte de la historia real del siglo XX, y la nuestra, me he preguntado cómo habría sido esa historia si Marx hubiera pensado más bien en la «democracia del proletariado», o tan solo en la socialización de los bienes y riquezas creados, que no es sinónimo de estatización general.

El diagnóstico de Marx sobre el capitalismo de su época es bueno, pero la cura que propuso resultó fallida al desconocer la verdadera naturaleza humana, por un lado, y por no prever que el mismo desarrollo ampliaba el progreso social, aunque no eliminara desigualdades o injusticias. Hizo bien en denunciar las barbaries del capitalismo incipiente de entonces, y sus esfuerzos generaron un movimiento que fue dando poder y respeto a los obreros. En realidad lo que se ha conocido históricamente como «la izquierda», ha tenido un peso importante en ciertas mejoras obreras y sociales. Pero Marx se equivocó al considerar que la abolición de la propiedad privada mediante la violencia obrera, y su posterior implantación como dictadura, sería el remedio definitivo de todos los males.

Creo que también se equivocaba al constreñir la cuestión de la libertad a la cuestión de la necesidad. Al intentar explicar —en *El capital*— que «el reino de la libertad solo empieza allí donde termina el trabajo impuesto por la necesidad y por la coacción de los fines externos», y que solo puede florecer con «la reducción de la jornada de trabajo», lo cual estaba vinculado a su pensamiento colectivista y la implantación del comunismo, no solo supeditaba la libertad individual a la colectiva, sino que desconocía la libertad íntima del espíritu que busca incesantemente su autorrealización más allá, o con independencia, de las fuerzas materiales que actúen en la sociedad. La esencia de todo su pensamiento materialista y ateo debió inducirlo a una «redefinición» de la libertad humana, error fundamental en la práctica. Pero incluso condicionar esa libertad colectiva a *un momento oportuno* que ni él ni sus discípulos pudieron pronosticar, permite una restricción permanente a la libertad, lo cual es, además de injusto, contraproducente para la sociedad. Tampoco atinó al justificar la anexión de una parte de México por Estados Unidos, o en sus escritos sobre Bolívar y sobre los judíos. Igualmente se equivocó al «profetizar» en el *Manifiesto del Partido Comunista* que, al romper con el régimen tradicional de la propiedad, la revolución comunista supondría el fin de la religión. Era inteligente, no infalible, aunque haya sido idolatrado por muchos.

Con ese gen torcido que limita las libertades fundamentales se forjó la revolución de octubre de 1917. Se afirmaba que la libertad solo le sería suprimida a los explotadores, pero no fue así. En su obra *El Estado y la revolución* (1917), Lenin cita con frecuencia a Engels para afirmar que solo cuando haya desaparecido la clase capitalista por la violencia y la represión, «desaparecerá el Estado y podrá hablarse de libertad» aunque no tuviera ni idea de cuándo sería eso, y reconoce que mientras dure el proceso revolucionario habrá represión, y «allí donde hay represión, donde hay violencia, no hay libertad ni democracia». Y cuando en 1920, el socialista español Fernando de los Ríos le preguntó que cuándo podría pasarse «del actual período de transición a un régimen de plena libertad para sindicatos, prensa e individuos», la repuesta del líder soviético fue lapidaria: «Nosotros nunca hemos hablado de libertad, sino de dictadura del proletariado…», según anotaba el español en su libro *Mi viaje a la Rusia Soviética* (1921). Así comenzó el despertar del sueño, y se facilitó el camino al feroz estalinismo y, a la postre, al sufrimiento, la debilidad económica y la debacle del Estado soviético.

Si consideraciones políticas como estas prevalecen o no son también «actualizadas», pocas posibilidades tienen de triunfar las reformas económicas y sociales, aun la discriminatoria ley de inversión extranjera puede quedar a medias, y todo cuanto debe llevarnos a una situación de mayor prosperidad, independencia y soberanía económicas podría reducirse a palabras o letra impresa. Porque la historia ha demostrado que aquel *fantasma que recorría Europa* puede ser útil para asustar y expropiar a los ricos, no para crear una sociedad próspera.

La eliminación de algunas restricciones en los últimos tiempos en nuestro país ha resultado beneficiosa, al menos para una parte de la sociedad. Estos pasos señalan que la libertad individual es necesaria para el progreso personal y social, aunque el cuentapropismo muestra ya sus límites. Es necesario posibilitar mayores espacios de libertad, toda la libertad que contribuya al progreso material y espiritual de los ciudadanos y de la nación. Estamos a tiempo. Un modo de lograrlo es mediante el consenso social. Una muestra de este tipo de ejercicio fue la discusión pública de los Lineamientos. No conocemos todas las propuestas ni si todas fueron incluidas, pero es una vía perfectible que se debe abrir a todo asunto de interés público. El problema es de todos, igual debe ser la solución.

La Doctrina Social de la Iglesia ha definido y defendido la función social de la riqueza, y sugiere que, sin desconocer el derecho a la propiedad y la prosperidad personal, se establezcan mecanismos legales que permitan que quien más tiene sea responsable del que tiene menos. No se trata de castigar a quien tiene más para estimular la dependencia de quien tiene menos, sino de socializar también la responsabilidad en el destino de toda la sociedad. Esto se logra con instituciones y ciudadanos que defiendan la justicia individual y social. Porque es cierto que el capitalismo *per se* no soluciona males sociales, ni busca la democracia o la justicia, esa no es su función. Demócratas y justos son los ciudadanos capaces de crear gobiernos, instituciones, asociaciones y leyes para domesticar el capital creado y ponerlo al servicio de todos pero respetando la libertad. De eso se trata.

Noviembre de 2014.

RELACIONES CUBA-ESTADOS UNIDOS:
LA ACTUALIZACIÓN OPORTUNA

Ahora es menos relevante precisar si la hostilidad entre Cuba y Estados Unidos fue generada por la actitud imperial de Dwight Eisenhower o su equipo al negarse a aceptar en 1959 una desafiante revolución popular, de marxismo solapado primero y abierto después, que puso en jaque la hegemonía norteamericana en la región, o aquella carta de Fidel Castro a Celia Sánchez de junio de 1958, en la que aseguraba que «los americanos van a pagar bien caro» el bombardeo a la casa de un campesino en la Sierra Maestra pues después del triunfo, escribió, «empezará para mí una guerra mucho más larga y grande: la guerra que voy a echar contra ellos. Me doy cuenta que ese va a ser mi destino verdadero».

La realidad es que casi cuatro generaciones de cubanos hemos vivido bajo la sofocante presión del enfrentamiento entre nuestros países desde que se rompieron las relaciones formales en enero de 1961, sin olvidar las tramas de la guerra fría y la larga lista de terceros involucrados en el conflicto. El porqué del enfrentamiento se encuentra en un punto, o en todos los puntos, de un entramado de intolerancias e intransigencias, hostilidades y confrontaciones que han dejado abundante sangre, sudor y lágrimas.

La decisión tomada el pasado 17 de diciembre de 2014 por los presidentes Raúl Castro y Barack Obama es un acto de valentía que mira al futuro. Pudo haber contribuido a ello que, por primera vez, los presidentes de ambos países coincidían al decir que era necesario buscar nuevos caminos, o la ausencia de ataques personales si bien no las críticas políticas. Sin dudas influyó también la situación de los presos demandados desde ambos lados, el proceso aún débil pero crucial de reformas en Cuba, el reajuste político regional y el aislamiento de Estados Unidos, cuando la mayor parte América Latina defendía la presencia cubana en la próxima Cumbre de las Américas. Incluso pueden haber influido los cambios de percepción e intereses de la mayoría de los cubanos que viven en Estados Unidos, así como la capacidad diplomática de algunos para reconstruir puentes silenciosos en medio de las algarabías mediáticas, lo cual hoy sabemos ocurría en Canadá. Pero lo cierto es que los anuncios simultáneos de ambos presidentes aquel mediodía, al mostrar su voluntad de colocar las relaciones entre ambos países en el siglo XXI, constituyen un trascendental momento histórico que nadie les podrá arrebatar.

Y claro, no puede olvidarse la intervención «determinante» del papa Francisco, como lo calificara el secretario de Estado de la Santa Sede, cardenal Pietro Parolin. Meses atrás, el Papa latinoamericano, conocedor y sensible al viejo conflicto, escribió personalmente a ambos presidentes invitándolos al diálogo, un gesto totalmente en sintonía por su compromiso con la «cultura del encuentro», aceptado y reconocido por ambas partes. Para algunos todo será pura coincidencia, yo creo que la Divina Providencia ha dispuesto la acción adecuada de las personas adecuadas, en el momento y lugar adecuados.

No es un secreto que, durante años la Iglesia, de forma pública y privada, desde La Habana o desde Washington, ha llamado con insistencia a un diálogo serio y responsable entre los dos gobiernos para poner fin al absurdo desencuentro. Y si ahora sabemos de la intervención del papa Francisco, por estos días recuerdo con particular agrado el llamado que hiciera san Juan Pablo II la noche del 25 de enero de 1998, al concluir su visita a Cuba: «En estos días ninguna nación puede vivir sola. Por eso, el pueblo cubano no puede verse privado de los vínculos con los otros pueblos, que son necesarios para el desarrollo económico, social y cultural, especialmente cuando el aislamiento provocado repercute de manera indiscriminada en la población, acrecentando las dificultades de los más débiles en aspectos básicos como la alimentación, la sanidad o la educación. Todos pueden y deben dar pasos concretos para un cambio en este sentido. Que las naciones, y especialmente las que comparten el mismo patrimonio cristiano y la misma lengua, trabajen eficazmente por extender los beneficios de la unidad y la concordia, por aunar esfuerzos y superar obstáculos para que el pueblo cubano, protagonista de su historia, mantenga relaciones internacionales que favorezcan siempre el bien común. De este modo se contribuirá a superar la angustia causada por la pobreza, material y moral, cuyas causas pueden ser, entre otras, las desigualdades injustas, las limitaciones a las libertades fundamentales, la despersonalización y el desaliento de los individuos y las medidas económicas y restrictivas impuestas desde fuera del país, injustas y éticamente inaceptables».

Para Juan Pablo II era evidente que el aislamiento que vivíamos los cubanos era consecuencia tanto de políticas internas como externas. Las primeras por causas subjetivas, pues se trata de prácticas que dependían —y dependen— exclusivamente de las autoridades cubanas, y así, ciertas limitaciones a las libertades fundamentales de los cubanos han comenzado a desaparecer en los últimos años con independencia de los actos externos. Quedan otras que igualmente deben ser eliminadas para que desaparezca también de entre nosotros la despersonalización y el desaliento. Pero las medidas «impuestas desde fuera del país», alusión clara al embargo-bloqueo aplicado por Estados Unidos, quedaban fuera de la capacidad del Gobierno cubano, y precisamente es esto lo que ha sido cuestionado y modificado abiertamente por el mismo presidente de Estados Unidos.

Para la Iglesia no se trata de intereses políticos, aunque sabe que esto es consustancial con el ejercicio de la materia, sino, ante todo, de la política al servicio del ser humano, de la ética y la importancia de la moral en los asuntos políticos, pues todo ejercicio político que dañe al ser humano, lo prive de relacionarse y realizarse social, cultural, económica o políticamente, es inmoral y éticamente inaceptable.

Este anuncio de normalización de relaciones ha generado alegría y esperanzas en muchos cubanos que residen dentro y fuera de la Isla, también en otras naciones. Y es probable que tan solo el anuncio de restablecer relaciones diplomáticas entre ambos países genere reajustes y replanteamientos en la política exterior de casi todo el mundo respecto a ambos países, incluidas las de instituciones financieras internacionales.

Al mismo tiempo, no se debe ignorar que la alegría de muchos cubanos es insatisfacción para otros. Es normal que esto ocurra, pues las vivencias no se esfuman. Somos un pueblo herido por una larga confrontación, pero el dolor no es más grande en un lado que en el otro. Dolores, esperanzas y sueños rotos, desengaños y traiciones, rupturas y reencuentros desgarradores permanecerán en muchas memorias aun cuando quienes escriban la historia no lo relaten todo. A quienes se duelen porque piensan que de este modo no se hace justicia a sus pérdidas materiales o humanas, con todo respeto se les deberá escuchar en el momento indicado y honrar su dolor, y proponerles vivir hoy el gran desafío que significa enderezar el camino torcido que tantos dolores causó, para no quedar atrapados en el pasado. Ciertamente es difícil y no todos aceptarán, pero la vida seguirá su curso y es momento de hacer la historia presente y preparar el futuro.

Si aquellos se molestan porque entienden que el gesto de Barack Obama y de Raúl Castro es una traición a su dolor personal, otros se indignan porque puede desaparecer el enemigo que justifica su razón de ser o sobrevivencia, y esto es posible encontrarlo también de un lado y de otro, por paradójico que resulte. Habrá obstáculos y dificultades, incluso desde Estados Unidos algunos han amenazado con entorpecer y hasta revertir el anunciado restablecimiento de las relaciones bilaterales. Pero si ellos mismos defienden y promueven la democracia que da oportunidad y posibilidades al deseo y expresión de las mayorías, bien harían en prestar atención a lo expresado por la mayoría de cubanos, cubanoamericanos y norteamericanos. Del lado de acá no oímos amenazas de torpedear el proceso, se comprende. Pero intuyo que no faltarán los ideólogos que continuarán levantando el fantasma del enemigo que nos quiere destruir, ahora con su «poder blando», y tratarán de mantener el pie detrás de la puerta para, al menos, frenar el proceso.

Es cierta la desproporción de ofertas y demandas entre un país y otro, asunto muy sensible por la crisis cubana actual, pero esto no es razón para poner trabas. Primero, porque toda la política practicada por Estados Unidos hacia Cuba hasta el presente no solo ha sido cuestionada, también comienza a ser modificada desde el momento en que se decide reconocer al Gobierno cubano actual y eso entraña ciertos compromisos; no es casual la renuncia casi simultánea del director de la Agencia Internacional para el Desarrollo de los Estados Unidos (USAID), responsable de los millones de dólares para promover la «democratización» de Cuba.

Y por otro lado, si no se desea —y lo comparto— que sea Estados Unidos quien «empodere» a los cubanos, el mejor modo de responder es empoderándolos desde adentro, y esto no se logra con arengas anacrónicas, sino con las necesarias reformas internas, ofreciendo desde ya mayores oportunidades, de modo que estemos mejor preparados económica, social y psicológicamente para no tener que poner todas las esperanzas en esas relaciones. Con independencia de la mejora de estas relaciones, mientras entre nosotros el control sea más importante que el progreso, no habrá desarrollo.

Es cierto que queda el embargo, como llaman allá, un embargo que bloquea incluso a los propios ciudadanos de aquel país, como se reconoce en un pequeño libro titulado *The Language of Trade*, editado por el propio Departamento de Estado y que alguien me entregó en mi oficina hace unos años: «Embargo- En el comercio internacional, son las acciones de gobierno que limitan o prohíben la importación y/o exportación de bienes y/o servicios desde o hacia un país. Estas limitaciones pueden ser aplicadas por el país embargador contra sus propios nacionales, como es el caso del embargo de Estados Unidos contra el comercio con Cuba […]». Pero el «embargo» ha sido ya muy debilitado con las medidas recién anunciadas por el ejecutivo de los Estados Unidos, medidas muy positivas que merecen una respuesta igualmente positiva por parte del Gobierno cubano.

El proceso de normalizar las relaciones tomará tiempo, será tortuoso en ocasiones y sedoso en otras, pero el paso primero ha sido dado y ese es el más importante porque ha roto la parálisis. Los detalles de la conversación que Raúl Castro y Barack Obama sostuvieron la noche del 16 de diciembre de 2014, quizás se conozcan dentro de muchos años, pero las consecuencias debemos comenzar a verlas en breve.

Enero de 2015.

TRAS LA VISITA DEL PAPA FRANCISCO

La visita del papa Francisco a Cuba ya es historia, como la de sus antecesores, sin embargo las claves para su comprensión no están solo en lo que es ya pasado. No diría que esta visita es mejor o superior a las otras, porque me parece una simplificación inapropiada cuando se habla del Sucesor de Pedro. Desde luego, las características personales de san Juan Pablo II, Benedicto XVI y Francisco, unidas a los distintos momentos y contextos de sus respectivas presencias en Cuba, dejan trazos únicos en el lienzo y eso, precisamente, enriquece el mensaje que Dios nos revela.

Juan Pablo II vino a Cuba a inicios de 1998 como Mensajero de la Verdad y la Esperanza. Vivíamos el período especial —algunos todavía lo viven, pues como me dijo un amigo «ahí entramos todos juntos, pero se sale de uno en fondo»—, era el inicio de la desorientación nacional y desestabilización emocional, crisis económica, social, moral y hasta política tras la debacle soviética, porque la estructura y la movilización continuaron, pero la adhesión y la motivación disminuyeron de modo irreversible. Muchos prestaron atención a su mensaje e invitación de apertura al mundo y de no tener miedo a abrir la mente y el corazón a Jesucristo, fuente de verdad y esperanza, otros no. Incluso una parte del mundo escuchó la invitación del Papa y comenzó a acercarse, pero el liderazgo cubano no reciprocó el gesto. Es común concluir que aquella visita fue solo un paréntesis en la vida del país; aunque en realidad fue mucho más que eso.

Por su parte, Benedicto XVI vino a Cuba como Peregrino de la Caridad, y esto fue un gesto pastoral sumamente generoso. Quiso ser un peregrino más, cuando vivíamos el Jubileo por los 400 años de la Virgen de la Caridad y, además, manifestar su respaldo a un proceso de diálogo nuevo y largamente esperado entre la Iglesia y el

Gobierno cubano, iniciado en 2010. También dejó en claro la voluntad de la Iglesia de acompañar el proceso de reformas que se había iniciado.

Finalmente, llega Francisco en un momento singular de la vida del país. Lo que muchos pensaron que nunca verían —y fueron muchísimos los que murieron sin verlo—, había ocurrido. Después de décadas de confrontación fría y caliente, Cuba y Estados Unidos restablecían relaciones, y el papa Francisco había intervenido en un momento crucial del proceso y dejado ahí su huella de Pastor. El acontecimiento es muy importante para nosotros, pero sus consecuencias van más allá de las posibilidades bilaterales, porque el proceso de normalización de relaciones entre los dos países también refuerza la normalización de relaciones entre Cuba y el resto del mundo, tanto con gobiernos como con instituciones, bastante limitados hasta entonces por la gran influencia que mantiene Estados Unidos. Por su parte, el Gobierno cubano ya había dado sustanciales pasos para diversificar sus relaciones internacionales y posicionarse en la región de un modo que no se había visto después de 1959.

Es justo añadir, además, que esta visita deja una estela espiritual de amplia aceptación. He tenido la posibilidad de trabajar en la preparación y desarrollo de las tres visitas papales, y confieso que no había visto en las dos anteriores la disponibilidad que ahora vi en aquellas personas con quienes trabajé, salvo dos o tres empeñadas en mantener sus miradas severas y sus rostros inexpresivos. Vi también en esta ocasión algo más que el compromiso con una «tarea», vi la complacencia y el gusto por ser parte de un equipo encargado de garantizar la múltiple expresión de una visita papal.

El papa Francisco se entregó en alma y cuerpo hasta el extremo, con una resistencia que solo una voluntad de bien puede sostener. Únicamente los miopes de espíritu no apreciaron su cercanía, sencillez y voluntad de tener una expresión para todos los cubanos. Sus llamados a una «revolución de la ternura» y a la reconciliación, su propuesta de servir a las personas antes que a las ideas, o aquello de que «quien no vive para servir no sirve para vivir» (frase original de la santa madre Teresa de Calcuta), han calado en muchos cubanos. Del mismo modo calaron sus palabras a los jóvenes y su propuesta a no dejar de soñar si de veras desean un mundo distinto, a no «arrugarse» y a «crear amistad social»; y es cierto que este encuentro del Papa con los jóvenes, aunque transmitido en vivo por la Televisión Cubana al igual que los demás eventos, no tuvo el eco posterior en la prensa nacional que tuvieron los otros, como si lo visto esa tarde de domingo frente al Centro Cultural Padre Félix Varela no hubiera ocurrido o no fuera importante, lo que da razón al Papa y al joven que le acompañó cuando ambos se refirieron a los «conventillos» de las ideologías y de las religiones. Curiosa omisión por demás, si se tiene en cuenta la acogida que tuvo, tanto en el estudio de televisión como en los televidentes, la presencia oportuna y la intervención acertada del joven sacerdote Rolando Montes de Oca. ¿No ganamos todos del trabajo en equipo logrado entre los profesionales de la Televisión Cubana y el sacerdote? De eso se trata.

Los acontecimientos ocurren distanciados en el tiempo, pero la Providencia obra sin interrupción. Así, recuerdo la respuesta de san Juan Pablo II al término de su visita a Cuba, cuando un periodista le preguntó sobre las posibles consecuencias de su viaje: «¡Quien viva lo verá!», dijo, como si él mismo no esperara verlo. Es ahora, diecisiete años después, que comenzamos a ver la semilla que él sembró con el llamado vigoroso de su primer discurso entre nosotros: «Qué Cuba se abra con todas sus magníficas posibilidades al mundo, y que el mundo se abra a Cuba, para que este pueblo, que como todo hombre y nación busca la verdad, que trabaja por salir adelante, que anhela la concordia y la paz, pueda mirar al futuro con esperanza». Esta realidad ha avivado la todavía débil llama de la esperanza entre nosotros, que puede ser fortalecida con la apertura interna y el acercamiento entre cubanos. Sería un error pretender ignorar la expresión reveladora y dolorosamente sincera de aquellos jóvenes ante el llamado a soñar que hizo el Papa: «¡Si nos dejan!».

Cada visita de los papas a Cuba, conscientes los tres tanto de los límites de la Iglesia en este país como de su compromiso irrenunciable de servir a la sociedad, así como de la «vocación universal» (papa Juan Pablo II) o «vocación de grandeza» (papa Francisco) de esta nación, ha servido para ponernos en primer plano a escala mundial; es cierto, pero mucho más importante es la cercanía del Pastor de la Iglesia y Sucesor de Pedro hacia un país y una nación de espiritualidad cálida y compromiso en ocasiones incoherente y frívolo con la fe, que la mayoría de los nacionales declaramos poseer —no solo religiosa—, nación ansiosa por mostrar sus posibilidades y siempre al acecho de lo novedoso, pero sin deshacerse de la sospecha y la inseguridad. Estos gestos deferentes de los papas hacia Cuba no son exclusivamente para los católicos. Es toda la Iglesia universal la que se acerca y entra en comunión con el país cuando el Papa nos visita; esto merece consideración y justa reciprocidad.

Un paso coherente sería reconocer, de una vez por todas, el lugar que corresponde a la Iglesia en la sociedad y su triple misión: cultual, caritativa y profética. No me refiero solo a la Iglesia como institución, sino en toda su composición, desde los laicos hasta los obispos, pasando por el clero y toda la vida consagrada, pues todos tenemos un lugar y una misión en la sociedad. El deseo de compromiso es alto, pero no está acompañado por las leyes y estructuras sociales.

Hace poco más de dos años (7 de julio de 2013), el presidente Raúl Castro hablaba sobre el grave deterioro o pérdida de valores urbanos y cívicos en el país, y afirmaba que ya era hora de que en esto ayudaran, junto a las demás organizaciones políticas y sociales, las «entidades religiosas». En realidad, es poco lo que pueden hacer las iglesias y otras manifestaciones religiosas que existen hoy en Cuba al respecto, si no se les facilita su capacidad de acción, ni se crean las condiciones que permitan y garanticen de modo permanente y transparente su acción, por más deseos que tengan de demostrar su corresponsabilidad y por muy grave que sea la devaluación ciudadana. Hay una estrecha relación entre la percepción y acción desde el «conventillo ideológico» y la vivencia autorreferencial del «conventillo religioso», atrofia que se debe superar por el bien de todos. La libertad religiosa es algo más que la libertad de cultos.

La mediación humanitaria de la Iglesia hace cinco años, tras la intervención del cardenal Jaime Ortega durante el acoso en las afueras de la iglesia de Santa Rita al grupo de esposas y madres de presos políticos, generó un diálogo de nuevo tipo entre la Iglesia y las autoridades del país. Esa intervención de la Iglesia no se debió, como piensan algunos, a la búsqueda de privilegios o prebendas, pues para la Iglesia la posibilidad de salir ilesa era bien baja, como se demostró después. Más bien era una prueba de que la misión no se circunscribe a las cuatro paredes del templo, y de que la fe debe hacerse vida acercándose con el corazón y con todo el cuerpo a las necesidades de otros, aunque se corra el riesgo de ser ignorados o lastimados, aceptados por unos y rechazados por otros. No sé si fue esto lo que entendió el presidente cubano, pero su respuesta positiva permitió dar solución humanitaria a un viejo problema, lo cual fue beneficioso para los presos y sus familias, pero también para el país. Hay más ejemplos de este tipo en la historia nacional.

Fue este mismo espíritu el que animó al papa Francisco a intervenir en el proceso de diálogo que ya adelantaban los gobiernos de Cuba y de Estados Unidos, intervención que ambos presidentes agradecieron públicamente. Pero lo que agradecieron en realidad fue la fe comprometida, que se manifiesta fuera del ámbito estrictamente eclesial y que existe en todo discípulo de Jesucristo, sea el Papa o un simple misionero en un poblado rural. No está bien pretender que la Iglesia se ocupe solo de las cosas de Dios en el templo y mantenerla aislada del ámbito social, y aceptar su participación social cuando conviene a los políticos. La perspectiva no debe ser qué conviene a la Iglesia o qué conviene a los políticos, sino qué es lo más conveniente, beneficioso y útil para la sociedad y para los ciudadanos.

Así, para que la visita del papa Francisco a Cuba no sea otro paréntesis en la vida nacional, reconocida la creencia y práctica religiosa de la mayoría de los cubanos, urgido el país de rescatar valores y tradiciones urbanas, cívicas, familiares o culturales; sin razón alguna para desconfiar de las intenciones y propósitos de la Iglesia católica, de otras iglesias cristianas o de cualquier otra manifestación religiosa presente en Cuba que desee trabajar por la paz, la fraternidad y la promoción de los cubanos; y cuando se necesita la colaboración de todos en el proceso de cambios que vive el país para evitar «caer en el abismo», un paso necesario sería remover definitivamente las restricciones que pesan sobre todas las instituciones religiosas y permitirles desarrollar su trabajo libremente. Ya es hora. Si la religión no es el opio del pueblo, ¿quién tiene interés en mantener encendida una pipa virtual o difundir una droga artificial?

Septiembre-octubre de 2015.

ÍNDICE ONOMÁSTICO

A

Agramonte y Loynaz, Ignacio 197
Ananías 51, 53
Arafat, Yasir 45
Aragón, Uva de 249

B

Balthasar, Hans Urs von 213
Batista y Zaldívar, Fulgencio 194
Benedicto XVI, papa (Joseph Aloisius Ratzinger) 190, 218, 259, 293
Bergoglio, cardenal Jorge Mario. Véase Francisco
Bolívar, Simón 291
Brinton, Crane 89
Bush, George H. W. (padre) 273
Bush, George W. (hijo) 125, 128, 175, 192

C

Capuletos (familia) 69
Carville, James 273
Castro, Max 192
Castro Ruz, Fidel 27, 65, 68, 88, 111, 112, 116, 193, 201, 202, 209, 285
Castro Ruz, Raúl 168, 175, 188, 194, 197, 205, 242, 247, 254, 256, 257, 260, 285, 288, 290, 296
Chávez Viera, Iván 92
Clinton, Bill (William Jefferson) 46, 175, 273

D
David 26
Deng Xiaoping 164, 232
Domínguez, Jorge I. 175, 249
Duany, Jorge 249

E
Eisenhower, Dwight D. 285
Engels, Federico 181, 184, 283
Estévez, monseñor Felipe 12, 150
Etchegaray, cardenal Roger 104

F
Fariñas Hernández, Guillermo 211, 212, 213
Flores, María de los Ángeles 111
Francisco, papa (Jorge Mario Bergoglio) 286, 293, 294, 296, 297, 298
Freeman Jr., C. W. 134
Furno, cardenal Carlo 34

G
García, monseñor Dionisio 150, 242
Goliat 26
Gómez Báez, Máximo 86, 87
Gorki, Máximo 181
Guevara, Alfredo 269

H
Habermas, Jürgen 122
Hernández, Rafael 186
Huntington, Samuel Phillips 153

J
Jones, James J. 192

L
Lasswell, Harold D. 215
Law, cardenal Bernard 46, 47
Lenin, V. I. 180, 181, 182, 184, 256, 281, 283
López Quintás, Alfonso 145

M
Maceo y Grajales, Antonio de la C. 86
Mandela, Nelson 45
Mao Zedong 83, 272
Márquez Sterling, Manuel 85, 127, 128
Martí Pérez, José J. 24, 38, 55, 56, 57, 86, 87, 88, 89, 90, 108, 109, 110, 125, 126, 129, 162, 174, 184, 185, 256
Martínez Campos, Arsenio 55
Marx, Carlos 20, 21, 22, 181, 184, 187, 202, 218, 219, 267, 281, 282
McLuhan, Marshall 137, 141
Mesa-Lago, Carmelo 249
Messori, Vittorio 52
Moles, Abraham 101
Montero Bistilleiro, Manuel 199
Montes, Ana Belén 106
Montes de Oca, padre Rolando 295
Montes de Oca Ruiz, René 169
Montescos (familia) 69

N
Nicholson, Sir Harold 134

O

Obama, Barack H. 193, 194, 196, 205, 285, 288, 290
Olallo Valdés, padre José 188
Oppenheimer, Andrés 209, 211, 212, 213, 214, 215
Ortega Alamino, cardenal Jaime 59, 61, 62, 75, 76, 108, 209, 210, 212, 213, 214, 240, 241, 242, 243, 244, 295

P

Parolin, cardenal Pietro 282
Pérez, Yunier 147
Pérez Roque, Felipe 124, 125
Pío XII, papa (Eugenio Maria Giuseppe Giovanni Pacelli) 112, 113

R

Rabin, Isaac 45
Ratzinger, cardenal Joseph Aloisius. Véase Benedicto XVI
Reyes, Dagoberto 156
Ríos, Fernando de los 283
Rodríguez, José A. 147
Rodríguez Borrego, Joaquín 168, 170, 171
Rodríguez Parrilla, Bruno 204
Rosa, monseñor Ramón de la 34

S

Saladrigas, Carlos 192, 246
Salomón 26
San Agustín 52, 102, 150, 206
San Ambrosio 259
San Juan Pablo II (Karol Józef Wojtila) 11, 34, 36, 45, 67, 68, 71, 83, 113, 114, 118, 135, 174, 179, 223, 225, 279, 286, 287, 293, 295, 296

San Pablo 51, 53, 74
Sánchez Manduley, Celia 193, 285
Santa Teresa de Calcuta 295
Santa Teresa de Jesús 75
Saunders, K. J. 52
Serguera, Jorge 65
Sodano, cardenal Angelo 111, 112, 113, 114
Spencer, Herbert 185
Suárez Polcari, monseñor Ramón 240

T
Torqueville, Alexis de 257
Trujillo, José A. 148

V
Valdés, Dagoberto 23, 24, 26, 27
Valdés Domínguez, Fermín 108, 109
Varela y Morales, padre Félix (venerable) 34, 54, 55, 56, 60, 88, 92, 140, 184

W
Wensky, monseñor Thomas 192
Wojtyla, Karol Józef. Véase san Juan Pablo II

Y
Yepe, Manuel 164

Z
Zapata Tamayo, Orlando 211º

www.ingramcontent.com/pod-product-compliance
Lightning Source LLC
Chambersburg PA
CBHW030511080526
44586CB00011B/151